Planos para o Império

Os planos de viação do
Segundo Reinado (1869-1889)

Planos para o Império

Os planos de viação do Segundo Reinado (1869-1889)

Manoel Fernandes de Sousa Neto

alameda

Copyright © 2012 Manoel Fernandes de Sousa Neto

Grafia atualizada segundo o Acordo Ortográfico da Língua Portuguesa de 1990, que entrou em vigor no Brasil em 2009.

Publishers: Joana Monteleone/ Haroldo Ceravolo Sereza/ Roberto Cosso
Edição: Joana Monteleone
Editor assistente: Vitor Rodrigo Donofrio Arruda
Revisão: João Paulo Putini
Projeto gráfico e diagramação: Sami Reininger/ Vitor Rodrigo Donofrio Arruda
Assistente de produção: Allan Rodrigo
Capa: Patrícia Jatobá U. de Oliveira

Imagens da capa/contracapa: Carta do Império do Brasil (1875)
Carta da República do Estado do Brasil (1892)
Plano Moraes (1969)

Este livro foi publicado com o apoio da Fapesp

CIP-BRASIL. CATALOGAÇÃO-NA-FONTE
SINDICATO NACIONAL DOS EDITORES DE LIVROS, RJ

F41p

Fernandes, Manoel
PLANOS PARA O IMPÉRIO: OS PLANOS DE VIAÇÃO DO SEGUNDO REINADO (1869-1889)
Manoel Fernandes de Sousa Neto
São Paulo: Alameda, 2012.
264p.

Inclui bibliografia
ISBN 978-85-7939-119-4

1. Brasil – História – II Reinado, 1840-1889. 2. Transportes – Brasil – História.
I. Título.

12-0350.   CDD: 981.04
CDU: 94(81)»1822/1889»

032711

ALAMEDA CASA EDITORIAL
Rua Conselheiro Ramalho, 694, Bela Vista
CEP 01325-000 São Paulo, SP
Tel (11) 3012-2400
www.alamedaeditorial.com.br

Para Zélia, para Arcanjo,
que um dia cruzaram seus caminhos.

"O geógrafo contempla uma paisagem e procura explicá-la. Sabe que este objeto, verdadeira obra de arte, é o resultado de uma longa elaboração, que foi moldado ao longo das eras pela ação coletiva do grupo social instalado neste espaço e que continua a transformá-lo. Em consequência, o geógrafo sente-se obrigado a estudar antes de mais nada o material, ou seja, os elementos físicos modelados pouco a pouco por este grupo social, mas não menos atentamente as forças, os desejos, a configuração deste grupo, tornando-se de certa forma o seu historiador."

(DUBY, 1993, p. 12)

SUMÁRIO

Apresentação	11
Prefácio	17
Prólogo	21
Contextos	27
Periodizações	29
Heranças	36
Consolidações	42
Transições	49
Tessituras	53
Personagens	55
Instituições	69
Formação	70
Associações	76
Profissionalização	86
Saberes	96
Planos	109
Perfis	112
Moraes	113
Queiroz	123
Rebouças	130
Bicalho	140
Bulhões	147
Leituras	153
Intersecções	168

Mapas 207

Impressões 210

Comissões 212

Paralelos 219

Projeções 227

Epílogo 237

Bibliografia 247

Fontes 261

Documentos Cartográficos 263

Lista de Figuras

Figura 1 – Plano Moraes (1869) 199

Figura 2 – Plano Queiroz (1874) 200

Figura 3 – Plano Queiroz (1882) 201

Figura 4 – Plano Rebouças (1874) 202

Figura 5 – Modelo de Taaffe *et al.* 203

Figura 6 – Plano Bicalho (1881) 204

Figura 7 – Plano Bulhões (1882) 205

Figura 8 – Regiões Naturais de Circulação 206

Figura 9 – Carta da República dos 233

Estados Unidos do Brasil (1892)

Figura 10 – Carta do Império do Brasil (1883) 234

Figura 11 – Carta do Império do Brasil (1875) 235

Apresentação

A FLUIDEZ ESPACIAL TALVEZ SEJA UM DOS PONTOS de maior encantamento do pensamento modernista em geografia. O frenesi das relações, da circulação, da velocidade e da rapidez sempre foi objeto de interesse e elogio no campo disciplinar. Já Ratzel entendia a "migração dos povos" como um dos principais tópicos da investigação antropogeográfica, colocando as condições de circulação no centro das preocupações da geografia política. Vidal de LaBlache, por sua vez, via o movimento no espaço terrestre como um motor do processo civilizatório, posição básica de sua "noção geográfica de progresso". Ambos, por diferentes caminhos teóricos, criticavam a situação de isolamento (identificando-a com a estagnação e a barbárie). Postura que encontrou eco em autores bem diferenciados como I. Bowman, Max Sorre e Jean Gottmann, que escreveram obras específicas sobre o tema da mobilidade espacial. Não poucas vezes, a qualificação das localidades e a hierarquização dos lugares estiveram embasadas em suas capacidades de relacionamento espacial, ou em seus equipamentos físicos de locomoção. Uma bibliografia mais recente, de crítica do subdesenvolvimento, alçou a integração territorial a instrumento básico de crescimento econômico e equalização social, vendo o incremento da circulação como indício de autonomia nacional. Enfim, a fluidez sempre foi uma qualidade essencial para a visão moderna do território. Ainda hoje, por paradoxal que seja, muitos geógrafos se fascinam com a tese pós-moderna da anulação da distância pela técnica, a qual redundaria (se correta) na finalização do interesse por uma disciplina que, afinal, busca explicar as influências do espaço, ditas geográficas.

As articulações entre o elogio da circulação e a afirmação do imperialismo, entre a teorização sobre a mobilidade e a defesa da colonização, entre o fascínio do deslocamento e a vigência da modernidade, são evidentes para toda uma literatura crítica que remonta já há décadas. Tomar, por exemplo, os discursos "científicos" como neutros ou isentos de interesses expressa na atualidade – mais do que uma postura ingênua – um grave equívoco epistemológico, pois sabemos que as ideias são veículos políticos e a construção dos consensos é gêmea da justificativa do exercício do poder. Com essa ressalva podemos fazer uma história social da geografia, na qual os planos desenhados para a organização racional do território possam ser lidos como projetos de controle e uso dos espaços por diferentes classes e segmentos sociais. Nas periferias, que já se qualificam por baixa densidade técnica, logo, constituindo áreas menos dotadas de estruturas de transporte, a ordem modernizadora se confunde de forma mais imediata com o equipamento do território, acentuando a relação mencionada entre as ideologias geográficas e as políticas territoriais. Nos contextos de formação colonial, nos quais a expansão e a conquista espacial constituem fundamento e móvel das ações, esse paralelo entre modernidade e condições de circulação ganha significativo reforço. A colonização em muito se substantiva enquanto rotas trafegáveis, logo os itinerários e os caminhos adquirem um peso geopolítico ímpar. Aqui a imaginação geográfica se exercita bastante no tema da modernização dos transportes.

É essa prática discursiva e seus resultados, que Manoel Fernandes de Sousa Neto esmiúça nesse seu trabalho, originalmente uma tese de doutorado defendida na USP em 2004. Ele analisa e compara cinco planos viários elaborados entre 1869 e 1882 que abrangiam o conjunto do território do Império do Brasil. Nenhum desses planos se materializou no espaço nem orientou os sistemas de engenharia que foram efetivamente construídos no período (estes pensados num claro viés provincial, o que se evidencia em seus próprios traçados). Contudo, todos expressam com clareza concepções estratégicas do território imperial, ilustrando com suas características peculiares os projetos nacionais subjacentes ao ordenamento territorial proposto. Além do registro do conhecimento efetivo dos lugares atravessados por cada rede viária, o desenho das malhas também é bastante revelador quanto aos modelos de Estado apreciados por cada propositor. Há planos radiais, reveladores de uma lógica estatal centralizada, assim como há outros de índole fortemente federativa, como o de Andre Rebouças de clara orientação continental e latitudinal. Há propostas que combinam modais aquáticos e terrestres, há outras somente ferroviárias. Em comum, todos trazem o desejo da modernização e a fé nas possibilidades da engenharia. Pode-se lembrar aquele ótimo enunciado de Horacio Capel: "corrigir com arte os defeitos da natureza".

O livro apresentado é exemplar quanto ao tipo de estudos que carecemos para construir "uma teoria do Brasil a partir do território" (tomando emprestada uma frase de Milton Santos). Uma teoria histórica e que combine materialidades e representações.

Antonio Carlos Robert Moraes
Professor Titular do Departamento de Geografia
da Faculdade de Filosofia, Letras e Ciências Humanas
da Universidade de São Paulo

Prefácio

ESTE LIVRO FOI ESCRITO COMO TESE e como tese pensada para ser livro. As modificações que foram realizadas são mínimas e praticamente não se fez alterações substantivas ou mesmo atualizações do texto apresentando nos idos de dois mil e quatro a uma banca de avaliação doutoral do curso de geografia humana da Universidade de São Paulo.

Um capítulo, denominado "Problema" e que tratava de aspectos metodológicos foi retirado. O capítulo "Contextos", já foi objeto de publicação em outro livro que é uma coletânea de textos e adaptado para tal fim. Já as figuras em que constam os planos de viação, têm o nome das cidades atuais e não aquela nomeação do século XIX.

O fato de todos os títulos de capítulos e itens terem apenas uma palavra e um sentido meio literário se deve a opção de procurar ser o mais conciso possível e, ao mesmo tempo, atenderam ao desejo de escrever um texto acadêmico que fosse acessível à maior parte dos leitores.

A gratidão as pessoas e instituições que tornaram possível plasmar a ideia deste livro, desde quando era apenas um projeto indefinido, não tem tamanho, e por mais que citasse nomes ainda seria injusto, até porque aqueles que disso participaram se verão presentes.

A pretensão afinal é contribuir para uma questão que nos parece ainda aberta e bastante atual e diz respeito ao processo de constituição do sistema de transporte no Brasil. Eis nossos planos.

Prólogo

AS RAZÕES ÀS QUAIS ESTÁ LIGADO o problema central levantado por este trabalho permanece nos dias de hoje e ele diz respeito a que sistema de transporte deveria colocar em contato os pontos mais remotos do vasto território brasileiro nas duas últimas décadas do Segundo Reinado, em fins do século XIX. É mais do que evidente que hoje, em função dos artefatos técnicos de que se dispõe, é possível em poucas horas atravessar o país e estar em aeroportos das cidades de fronteira. Mas também é evidente que as dimensões do território não foram reduzidas, nem suas feições geomorfológicas alteradas, muito menos se realizou o antigo desejo de integrar de maneira plena, para os mais distintos fins, as diversas regiões brasileiras.[1]

Uma rápida olhada sobre um mapa atual do país vai apresentar diferenças que, ao longo dos anos, foram se acentuando em proporções relativas: a concentração de significativa parcela da população assentada ao longo do litoral, a desigualdade regional no concernente à infraestrutura de transporte (rodovias, ferrovias, aeroportos, portos) e a manutenção de vastos fundos territoriais à espera de uma valorização do espaço nas áreas de fronteira (MORAES, 2002; COSTA e MORAES, 1993).

---

[1]   Em matéria do jornal *Folha de S. Paulo* de 1 de fevereiro de 2004, o texto ao lado da foto de um caminhão atolado é o seguinte: "*Estrada ruim limita boom agrícola no Brasil*: caminhão em atoleiro em estrada de Mato Grosso; más condições das rodovias, portos sobrecarregados e falta de investimentos em hidrovias e ferrovias dificultam o escoamento da produção e limitam o crescimento da agricultura brasileira, afirma o ministro Roberto Rodrigues." (Caderno Folha Dinheiro, página B1)

Estas questões que nos dizem respeito hoje estavam colocadas já quando foi necessário pensar a constituição do Estado territorial a partir do processo de emancipação política ocorrido com a Independência e tendo como ponto de partida as estruturas herdadas da colônia.[2]

Como sabemos, a manutenção da integridade territorial e, *pari passu*, de uma perspectiva de expansão das fronteiras colocou-se como sendo a mais emergencial das tarefas das elites políticas do Império.[3] Entretanto, não se herdava da colônia apenas um território em vias de fragmentação, mas uma sociedade estruturada sobre o trabalho compulsório dos escravizados, vastos fundos territoriais em disputa na região do rio da Prata e um Estado por construir sobre as ruínas da antiga condição de colônia. É claro que se herdava também os acordos comerciais com a Inglaterra, as dívidas portuguesas em libras e uma série de instituições erigidas à moda francesa.

O fato é que a ocupação e controle do território passou a ser capital para as elites políticas que, até a segunda metade do século XIX, ou mais precisamente, após o fim da Guerra contra o Paraguai, sequer contavam com um Estado consolidado. Assim, é possível dizer que, embora não raro houvesse por parte das elites o desejo de integrar todo o território, faltava-lhes em efetivo os meios que iam desde o seu mais completo esquadrinhamento cartográfico[4] às condições materiais para executar políticas com esse fito (MORAES, 2002, p. 109).

---

2   "[...] a revisão das próprias histórias de formação estatal nacional merecem uma leitura crítica tanto a respeito da consideração dos legados deixados pela ação material e no campo das representações, nos territórios herdados e nas próprias atividades das elites dirigentes dos Estados em conformação. Todavia, as mesmas ações de expansão e reconhecimento territorial que os países europeus levam adiante na segunda escalada colonial [1870-1914] são postas em prática pelos países americanos no momento de conformação de seus Estados. Heranças do primeiro processo de colonização [1500-1800] e ações próprias do segundo processo de colonização confluem na constituição dos países latino-americanos. São práticas que quem sabe revisadas desde uma perspectiva pós-colonial permitem um novo ponto de partida para sua crítica." (ZUSMAN, 2000, p. 62-63)

3   "Transformar as diversas colônias implantadas na América Portuguesa em um corpo político autônomo e territorialmente integrado, centrado no Rio de Janeiro, foi o maior desafio enfrentado pela elite imperial." (ARAÚJO, 2001, p. 5)

4   Aqui apresentamos nossa discordância em relação àqueles que apontam para um completo esquadrinhamento do território já no século XIX, como é o caso de Araújo (2001).

Entretanto é possível dizer que a Guerra contra o Paraguai coloca, – ou recoloca – a questão da integração e da integridade territorial na ordem do dia. Sendo que, a um só tempo, questiona também o trabalho compulsório dos escravizados que se mantém mesmo com o fim do tráfico externo, e o modo como se pensa em construir um Estado moderno (COSTA, 1996).

Por isso é possível imaginar que algumas proposições de caráter geopolítico, em escala que abrangia todo o território, tenham sido pensadas nas duas última décadas do Segundo Reinado, como é o caso do deslocamento da capital do Império para o interior, a transposição do rio São Francisco e os Planos de Viação.[5] Claro, não só em função dos aguçamentos das contradições internas e externas produzidas pela Guerra contra o Paraguai, mas também em função de um sem-número de mudanças materiais e discursivas, desde o surto ferroviário do Ministério Rio Branco àquele *bando de ideias novas* que balançaram os anos em torno de 1870.

Muito bem, os Planos de Viação produzidos durante as duas últimas décadas do Segundo Reinado (1869-1889) visavam, quando a Guerra contra o Paraguai pôs a cru algumas contradições e limites do próprio Estado Imperial, dar respostas à boa parte dos problemas que diziam respeito à integridade territorial, à integração dos habitantes – a que se pretendia transformar em uma única nação – e à interação entre os mercados interno e externo. Estes planos foram propostos por engenheiros, muitos dos quais militares, vários ligados diretamente aos aparatos do Estado como funcionários do Ministério da Agricultura, Comércio e Obras Públicas.

E, embora os Planos de Viação não tenham sequer saído do papel, sua importância está justamente nas questões às quais propunham resolver e, nesse sentido, em um debate entre as elites imperiais do que se poderia fazer com relação à constituição de vias de comunicação que permitissem realizar as tarefas políticas de um Estado centralizado e que o fizesse integrado de maneira efetiva ao mercado mundial desde os confins do Mato Grosso aos portos do Atlântico.

---

5   "A geopolítica objetiva o estudo dos meios de comunicação para determinar a sua importância na formulação da política estratégica nacional. A geopolítica preocupa-se com o espaço e sua posição geográfica. O sistema de comunicação é visto como um meio essencial para se ocupar esse espaço, sem o qual não se torna mesmo possível o fortalecimento do poder estatal." (MIYAMOTO, 2000, 148)

Diante desse quadro o que se nos colocou foi: como as elites liam o território a partir dos Planos de Viação? Como viam a nação a construir, já que propunham banhar os bárbaros do sertão com as águas civilizadoras do Atlântico? Quais problemas identificavam como sendo os mais urgentes do ponto de vista estratégico, comercial ou político para o Estado? Quais as dissensões políticas entre os engenheiros passíveis de serem percebidas nas soluções técnicas apresentadas por eles? Como o discurso técnico em torno das vias de comunicação a construir ganha importância política nas últimas duas décadas do Segundo Reinado?

Contextos

Periodizações

EM SEU LIVRO *O Brasil: território e sociedade no início do século XXI*, Milton Santos e Laura Silveira fazem um apanhado das periodizações possíveis para o entendimento do país realizadas por intelectuais, como Celso Furtado e Caio Prado Junior, Florestan Fernandes e Darcy Ribeiro, para buscar propor uma periodização que seja antes de mais nada geográfica e tenha nos sucessivos meios geográficos brasileiros a base material sobre o qual se assentariam os recortes históricos e suas datações marginais. Já que "a cada período podemos, assim, perguntar-nos o que é novo no espaço e como se combina o que já existia"(SANTOS e SILVEIRA, 2002, p. 11).

A partir da ideia de que, assim como em nível de mundo, no Brasil o *meio natural* deu lugar ao *meio técnico* e este ao *meio técnico-científico-informacional*, a obra estabelece uma periodização para o Brasil que busca abarcar os cinco séculos que se estendem de 1500 a 2000, sendo o processo de constituição do território brasileiro uma forma de retomar sua história.[1]

---

[1] "Procuramos, desse modo, contar a história do território, o caminho percorrido entre etapas, um transcurso que leva do meio natural ao meio técnico e ao meio técnico-científico-informacional. O esforço central foi o de operacionalizar geograficamente a ideia de sistemas técnicos, entendidos como objetos e como formas de fazer e de regular." (SANTOS e SILVEIRA, 2002, p. 11)

O meio técnico no Brasil, por sua vez, se estenderia desde meados dos Setecentos até meados dos Novecentos, entre 1750 e 1970.[2] Entretanto, não poder-se-ia falar na existência de apenas um meio técnico, haja vista que eles se sucederam formando pelo menos três momentos distintos:

1) o Brasil arquipélago de mecanização incompleta (1750-1900);

2) o meio técnico da circulação mecanizada e dos inícios da industrialização (1900-1945/50)[3] e 3) a integração nacional (1945/50-1970).

No concernente à datação do meio técnico da circulação mecanizada e dos inícios da industrialização, qualifica-se-o como de uma "transição [que] pode ser observada entre o período anterior, herança da época colonial pré-mecanizada e a verdadeira integração nacional" (SANTOS E SILVEIRA, 2002, p. 36). Embora se chame atenção para o fato de que "esse período de transição teve, regionalmente, expressão e duração diferentes. Mas, para o conjunto do país, pode-se situá-lo entre o começo do século XX e a década de 1940" (SANTOS e SILVEIRA, 2002, p. 37).

Além das características que são apontadas para a delimitação temporal apresentada para o período, tais como a formação de uma rede brasileira de cidades com uma certa hierarquia, a incipiente hegemonia de São Paulo e a aurora da integração nacional (SANTOS e SILVEIRA, 2002, p. 37), chamamos atenção para aquilo que aqui nos interessa mais de perto

> O aparelhamento dos portos, a construção de estradas de ferro e as novas formas de participação do país na fase industrial do modo de produção capitalista permitiram às cidades beneficiárias aumentar seu comando sobre o espaço regional, enquanto a navegação, muito mais importante para o exterior, apenas enseja um mínimo de contatos entre as diversas capitais regionais, assim como entre os portos de importância. Rompe-se, desse modo, a regência do tempo "natural" para ceder lugar a um novo mosaico: um tempo lento para dentro do território que se associava com um tempo rápido para fora. Este

---

2   É necessário chamar atenção para o fato de que antes do interregno aqui apontado já havia meio técnico, para isso bastaria considerarmos os engenhos utilizados na produção de açúcar.

3   Aqui apresenta-se ainda um subperíodo: 2.1) a formação da região concentrada e a urbanização interior (1930-1945/50).

se encarnava nos portos, nas ferrovias, no telégrafo e na produção mecanizada (SANTOS e SILVEIRA, 2002, p. 37).

É evidente que consideradas as malhas telegráfica, ferroviária e portuária em sua funcionalidade plena, ligando entre si os mais diversos pontos do território brasileiro, só seria possível datar esse fenômeno ocorrendo no segundo quartel do século xx. Entretanto, outra datação é necessária para compreendermos como se iniciou a montagem deste sistema técnico de circulação mecanizada, tendo como foco a consolidação do Estado territorial no Segundo Reinado e sua inserção no mundo capitalista daquele momento histórico.

Nesse sentido, o Segundo Reinado, nomeadamente a partir de 1850, representa um período apontado pela historiografia como de transição de um território de passado colonial para um território estatal pré-nacional.[4] Além, é claro, de múltiplas transições entre um regime senhorial e a formação de uma burguesia nacional,[5] entre o trabalho escravizado e o trabalho livre, entre um território marcadamente de tempos lentos e um território que alternaria temporalidades diferenciadas.

E embora possa se reconhecer que muito pouco se havia feito no sentido da extensão territorial do sistema de comunicação e transporte em fins do Império, é preciso alertar para uma leitura não anacrônica dos processos que reconheça que o Brasil, como reflexo territorial das redes que se estabeleciam em nível internacional, era como os demais países periféricos, ocupante de uma posição que não poderia ser a mesma dos países centrais da economia mundo da época. Em outras palavras, se forem relativizadas as periodizações e uma leitura menos internalista do território brasileiro for feita,

---

4   Sobre o tema há uma vasta bibliografia acerca dos riscos da desagregação territorial e política no período compreendido entre os últimos decênios do Brasil Colônia e as primeiras décadas do Brasil Império, portanto com um recorte excepcional que marca a primeira metade do século XIX. Nesse caso há os clássicos trabalhos de Sérgio Buarque de Holanda (1993) – *A Herança Colonial: os riscos da desagregação* e Maria Odilia Leite Dias (1986) – *A Interiorização da Metrópole*. Já mais recentemente, fazendo uma excelente revisão crítica do tema, apareceram alguns trabalhos como o de João Paulo Pimenta (1998) – *Estado e Nação no Fim dos Impérios Ibéricos do Prata*.

5   Sobre o assunto ver Décio Saes (1985) – *A Formação do Estado Burguês no Brasil* (1888-1891) e Ilmar de Mattos (1990) – *Tempo Saquarema: a formação do Estado Imperial*.

perceberemos que, em países como o Brasil, a implementação desses sistemas de objetos e sistemas de ações à época é similar aos demais países periféricos de passado colonial.

Por outro lado é preciso considerar as singularidades das formações territoriais desses países de passado colonial, tomando a história do território como importante para a compreensão da história da própria sociedade.

Naquele sentido de que:

> toda sociedade para se reproduzir cria formas, mais ou menos duráveis, na superfície terrestre, daí sua condição de processo *universal*. Formas que obedecem a um dado ordenamento sociopolítico do grupo que as constrói, que respondem funcionalmente a uma sociabilidade vigente a qual regula também o uso dos recursos nele contidos, definindo seus modos próprios de apropriação da natureza (MORAES, 2002, p. 51-2).

Essas formas sociais e historicamente criadas, por sua vez, não podem ser entendidas como *sujeitos da história* que as criou ou responsáveis, depois de criadas, por tornar o espaço geográfico ou o território com seus sistemas de objetos e ações responsáveis por regular a ação das sociedades, desistorizando em última análise as próprias formas espaciais e territórios usados que se buscou compreender. Para seguir em último caso, a lição já proposta por Milton Santos (1982, p. 9):

> Pode-se dizer que a Geografia se interessou mais pela forma das coisas que pela sua formação. Seu domínio não era o das dinâmicas sociais que criam e transformam as formas, mas o das coisas já cristalizadas, imagem invertida que impede de apreender a realidade se não se faz intervir a História.

Nesse caso valeria lembrar aquilo a que Hobsbawm denomina em seu *A Era do Capital (1848-1875)* de "A Grande Expansão" (2001, p. 53-77), quando fala da expansão do capitalismo graças aos novos meios técnicos de que se passava a dispor.

O mundo inteiro tornou-se parte dessa economia. Essa criação de um único mundo expandido é talvez a mais importante manifestação do nosso período [1848-1875]. Olhando retrospectivamente meio século depois, H. M. Hyndman, simultaneamente homem de negócios vitoriano e marxista (apesar de atípico em ambos os papéis), comparou corretamente os dez anos de 1847 a 1857 com a era das grandes descobertas geográficas e das conquistas de Colombo, Vasco da Gama, Cortés e Pizarro. Apesar de nenhuma nova descoberta drástica ter ocorrido (com exceções relativamente menores) e de poucas conquistas formais terem sido realizadas por novos conquistadores militares, por razões práticas, um mundo econômico inteiramente novo acrescentou-se ao antigo e a ele se integrou (HOBSBAWM, 2001, p. 59).

A essa integração do mundo de forma desigual,[6] onde fluxos rápidos e lentos se entremeavam, pode-se dizer que para o capital foi a época de uma exponencial expansão geográfica da economia capitalista e ela está diretamente ligada à esfera da circulação, encontrando efetivo significado nos meios de comunicação e transporte que passam a interligar mercados e conformar um tempo hegemônico na medida mesma de conformação de um tempo padrão de caráter universal.[7]

Por isso, uma coisa seria falar no surgimento das ferrovias como criação técnica na primeira metade do século XIX, quando outra coisa diferente é entender que elas só passaram a

---

6   "Como já dissemos, esta transformação física não há avançado uniformemente. As vastas concentrações de força produtiva de uns lugares fazem contato com regiões relativamente vazias. As fortes concentrações de atividade em um lugar contrastam com zonas em que o desenvolvimento está muito disseminado. Tudo isto constitui o que chamamos o 'desenvolvimento geográfico pouco uniforme' do capitalismo." (Harvey, 1990, p. 376) [tradução nossa]

7   "A aceleração da comunicação, tanto nacional quanto internacionalmente, que se seguiu à introdução da telegrafia e à instalação do cabo transatlântico em 1858, revolucionou a conduta dos governos na Inglaterra e no exterior. Era possível enviar um ultimato no momento crítico, exigindo uma resposta imediata, a opinião pública podia ser rapidamente influenciada e os exércitos mobilizados da noite para o dia. A marcha do progresso foi tal que um pânico repentino na bolsa de valores de Nova York durante a tarde podia levar um homem de negócios a se suicidar em Londres, antes do café da manhã do dia seguinte." (WHITROW, 1993, p. 183)

se disseminar mundo afora a partir da segunda metade dos Oitocentos.[8] A grande inovação, portanto, não teria sido, na concepção de Hobsbawm (2001), o do invento dessas máquinas de ferro e sua eficiência técnica, mas a existência de uma rede ferroviária, que, associada à navegação a vapor e ao telégrafo, unificava materialmente o mundo.[9]

Estaríamos, naqueles anos, vivendo uma segunda revolução industrial, em que se punha de maneira efetiva o domínio do capital industrial, que associava planeta afora, de um modo espetacular, o ferro e o carvão, na figura das locomotivas que eram a um só tempo vapor e movimento. Não por acaso acabou conhecida por ficar como a era ferroviária.[10]

Entretanto, seria um equívoco pensar os trens dissociados da navegação a vapor e, no âmbito da informação, do telégrafo. Era o conjunto dessa nova esfera técnica que criava

---

8   "Em 1845, fora da Europa, o único país 'subdesenvolvido' a possuir uma milha que fosse de estrada de ferro era Cuba. Em 1855, havia linhas em todos os cinco continentes, apesar de na América do Sul (Brasil, Chile, Peru) e na Austrália serem dificilmente visíveis. Em 1865, a Nova Zelândia, a Argélia, o México e a África do Sul já tinham suas primeiras estradas de ferro e, por volta de 1875, enquanto Brasil, Argentina, Peru e Egito tinham perto de mil milhas ou mais de trilhos, Ceilão, Java, Japão e mesmo o remoto Taiti já tinham adquirido as suas primeiras linhas." (HOBSBAWM, 2001, p. 86)

9   "Com a ferrovia e a navegação à vapor, o mercado mundial ganhava ao mesmo tempo concretude, o que vale dizer, nesse caso, que a forma-fetiche das mercadorias estava definitivamente liberada para encantar toda a humanidade. Daí, também, muito da intransparência e mistério romântico que envolvem o espaço das estações ferroviárias, essas catedrais do século XIX, até mesmo em suas estruturas despojadas, à base do ferro, vidro e tijolo aparente. É que, sob o peso e envergadura das relações internacionais que nelas tinham vazão, suportando em sua liberdade de cada vão em seus espaços amplíssimos, 'já não conseguiam tornar palpável para os passageiros a rede de tráfego a que davam acesso; nada que se comparasse à clareza com que outrora os portões da cidade sugeriam as ligações concretas com as vilas adjacentes e a cidade mais próxima'."(HARDMAN, 1988, p. 15)

10 "Não pode haver dúvida de que no período seguinte às guerras napoleônicas a influência conjunta desses fatores era expansionista em grau até então sem paralelo. Mas por volta dos anos seguintes a 1840 e 1850 surgiu em cena uma atividade nova que, em sua absorção de capital e bens de capital, ultrapassou em importância qualquer tipo anterior de despesa de investimento. Mesmo quando rotulamos essas décadas no meado do século XIX como a 'era ferroviária', deixamos muitas vêzes de medir inteiramente a singular importância estratégica que a construção ferroviária ocupou no desenvolvimento econômico do período." (DOBB, 1976, p. 361)

também um espírito do tempo para a época[11] e, não ao acaso, as exposições universais vão ser a celebração de uma profunda fé no progresso e na civilização.[12]

Ao todo, no século XIX, realizaram-se oito exposições. Somente uma delas fora da Europa, em 1876 na Filadélfia, tendo a primeira delas ocorrido em 1851 em Londres. Em todas elas celebra-se o advento das descobertas científicas e os novos engenhos técnicos, reunindo o mundo civilizado em torno desse espetáculo em que se transformara a ciência a serviço do capital.[13]

O Brasil está representado em quase todas elas à exceção de Londres e, fato marcante, o monarca D. Pedro II, em visita àquela que ocorrera na Filadélfia, não só a inaugura com o Presidente Grant (BANDEIRA, 1973, p. 123) como testa o invento de Bell.[14] O fato é marcante por ilustrar que em meio àquilo que era esse mundo de ideias luminosas e máquinas perfeitas, estava o Imperador de um país tropical onde habitavam "selvagens" e escravizados e a marca das contradições que encerrava esse soberano com o símbolo de seus atos.[15]

---

11   "As técnicas se dão como famílias. Nunca, na história do homem, aparece uma técnica isolada; o que se instala são grupos de técnicas, verdadeiros sistemas." (SANTOS, 2000, p. 24)

12   Milton Santos (1994) propõe que toda nova esfera técnica desperta uma nova esfera psicológica, às quais nomeia respectivamente de tecnoesfera e pscicoesfera.

13   "Do deslumbrante Palácio de Cristal em Londres (1851) à sublime Torre Eifel em Paris (1889): entre a transparência do vidro e a maleabilidade do ferro, desvela-se, muito mais do que um ensaio de combinação dos materiais, a própria *exhibitio* universal da civilização burguesa – didática em sua nova taxinomia dos produtos do trabalho humano, magnífica em seu mosaico iluminista de curiosidades nacionais, insuperável na construção de santuários destinados ao fetiche-mercadoria." (HARDMAN, 1988, p. 49)

14   Sobre o assunto ver os capítulos "14 – Um Monarca Intinerante" (p. 357-383) e "15 – Exposições Universais: festas do trabalho, festas do progresso" (p. 385-407), Disponível em: SCHWARCZ, Lilia Moritz. *As Barbas do Imperador: D. Pedro II*, um monarca nos trópico. São Paulo: Companhia das Letras, 1998.

15   Margarida Souza Neves (2001), em artigo intitulado "A 'Machina' e o Indígena: O Império do Brasil e a Exposição Internacional de 1862", analisa um pouco essas contradições para propor o que caracterizava a participação do Brasil nas Exposições era o exotismo.
"Uma vez aberta à visitação pública no Rio de Janeiro, antecipava o retrato do Brasil que seria apresentado em Londres em 1862. A imagem do Império nos trópicos que esse retrato revelava associava,

Em torno do mundo perfilava-se o Império e, enquanto expandia-se o território imperial, embora isso não passe de uma tautologia, nele se construíam ou ao seu solo se agregavam as maravilhas que haviam estado nas Exposições: os trens carregados de dívidas inglesas, telégrafos informantes da cotação diária do café na bolsa de Nova York, navios de navegação de longo curso trazendo perfumes franceses.

Assim, participante desse movimento exterior, o que viria a ser um país realizava um movimento interior que se dava de forma complementar e subordinada, mas sobretudo não apenas como reflexo de tudo aquilo que ocorria fora das plásticas fronteiras de seu já vasto território, embora compondo o todo que era o mundo, uma totalidade singular, porque "a unidade do mundo implicava sua divisão. O sistema mundial do capitalismo era uma estrutura de 'economia nacionais' rivais" (HOBSBAWM, 2001, p. 103). E isso, não somente após o advento desses fantásticos meios de comunicação e transporte, mas ainda como produto de uma herança dos tempos coloniais, com sua longa duração inscrita no palimpsesto território.

Heranças

As bases materiais da formação do território brasileiro apontam, desde o período colonial, para a ocupação das áreas litorâneas em função mesmo de um padrão de ocupação nomeadamente português e mercantil.[16] Assim, a partir do litoral se abririam, à medida mesma dos fluxos exigidos pela economia de *plantation,* os caminhos para o interior do território.

É importante dizer que produto da inexistência de uma exploração de metais preciosos, o processo de ocupação no litoral significou uma ação militar que visava ampliar

---

certamente, ciência e civilização, como também procurava pôr em associação, aquela que relacionava as incomensuráveis riquezas naturais do Brasil ao sonho do progresso. No entanto, a despeito de seus mentores e organizadores, as cores desse particular retrato do Brasil eram, inequivocamente, as do exótico." (NEVES, 2001, p. 178)

16   "Na verdade, como já visto, o padrão lusitano em todas as partes do globo pautou-se por uma ocupação pontual e litorânea; um império filiforme e talassocrático, como qualificou um comentarista. Estranho seria a adoção de um novo comportamento nas terras brasileiras." (MORAES, 2000, p. 307)

os fundos territoriais da Coroa Portuguesa no além-mar das Américas.[17] Só depois, com a implementação de vastos canaviais e a produção de açúcar para o mercado europeu, é que se pode falar de pontos ao litoral que serviam como focos de disseminação do povoamento que se estabeleceria a oeste. Assim, para aprisionar índios e constituir uma economia subsidiária àquela açucareira, em muitas das trilhas feitas pelos próprios indígenas se fizeram muitos dos caminhos dos "colonizadores".

Em princípio, três são os pontos de irradiação apontados por uma vasta historiografia: Pernambuco e os "sertões de fora", já que a partir de Olinda fundamentalmente se estabeleceram caminhos que, bordejando o litoral, chegaram até o Ceará ao Norte e Alagoas ao Sul, Bahia e os "sertões de dentro", fundamentalmente a partir dos caminhos que se fizeram pelo Recôncavo Baiano e depois daqueles que seguindo pelas margens do rio São Francisco chegaram até o Piauí; e, por fim, o terceiro deles, seria o de São Vicente, que seguindo de algum modo o padrão hidrográfico endorreico da região buscou aprisionar índios em distâncias ocidentais cada vez mais dilatadas (ABREU, 1975; MORAES, 2000, p. 309-322).

Desse modo, aprisionavam-se índios para impor-lhes o trabalho compulsório. E em muitos dos lugares que se povoavam sertões adentro, a economia passava a residir na criação de gado e no cultivo de culturas de subsistência. Sobre as trilhas abertas pelos índios e os caminhos feitos pelo gado, ao longo dos percursos líquidos e a partir de fundos territoriais com riquíssimos bens ambientais, se estabeleceram nexos de comunicação com o litoral que costurava a entrada atlântica da colônia portuguesa na América e produzia açúcar para os mercados do além-mar.

A interiorização mais efetiva, entretanto, só se daria com a descoberta do ouro em Minas Gerais, Goiás e Mato Grosso, em fins dos séculos XVII e XVIII (DINIZ, 1987, p. 207), propiciando de fato que se estabelecessem redes de comunicação um pouco mais extensas no território, bem como a criação de cidades planejadas pela Coroa Portuguesa nas áreas de fronteira (DELSON, 1997), e ainda gerasse, no mesmo movimento, a subdivisão

---

17   "Vale bem assinalar as razões que estimulam os países centrais do capitalismo a exercitarem esse controle político da periferia. Em primeiro lugar, cabe apontar o acesso aos fundo territoriais como um motivo de grande importância na história desse modo de produção. A utilização atual ou futura de recursos raros e/ou escassos demanda essa possibilidade de acesso aos patrimônios naturais localizados – em sua maior parte – nos territórios periféricos." (MORAES, 2002, p. 107)

administrativa dos domínios coloniais lusitanos, como ocorreu com a criação da capitania de Mato Grosso que fora separada de São Paulo e deveria agora incorporar Cuiabá.[18]

Por outro lado, o transporte do ouro, pelo seu alto valor e baixo peso, acabou por não exigir meios de transporte que fossem demasiado complexos, dando perfeitamente conta da atividade as tropas de mulas. Já o abastecimento das áreas mineradoras era feita de tal modo que "a mercadoria principal era ao mesmo tempo transporte" (DINIZ, 1987, p. 208), o que acabava por fazer com que os "fazendeiros" preferissem criar bois ao invés de galinhas.[19]

Para além de tudo isso havia ainda a proibição criada pela própria Coroa Portuguesa de não se construírem rotas de comunicação entre as capitanias hereditárias, em função do controle exercido direto de Portugal e do Rei (GORDILHO, 1956, p. 32). Mesmo assim, poderia se aventar que foi na criação de uma economia voltada para dentro do território, ainda que subsidiária da economia precípua do açúcar e da mineração, marginal sob todos os sentidos, inclusive do ponto de vista do atendimento às normas renois, que se consubstanciou uma economia interna que gestou caminhos, povoados e alguma acumulação de capital sob formas diversas.[20]

Por isso, em um certo sentido, propõe Caio Prado Jr (2000, p. 245) aquilo que podemos chamar de um momento inicial de internalização que parte dos focos de povoamento do litoral para o interior e, posteriormente, realiza um movimento que se dá do interior em direção ao litoral quando os núcleos de povoamento já estão conformados, ou seja, em

---

18   "A atividade dos mineradores, próxima à fronteira, atrai a atenção dos castelhanos que a cada passo entram em choque com os portugueses, e inspiram cuidado. Daí a criação em 1748 da capitania de Cuiabá, e a designação de D. Antonio Rolim de Moura Tavares para governá-la, com 'Instruções Régias' para transferir a 'cabeça do Governo' de Cuiabá (embora mais povoada) para Mato Grosso, onde o fidalgo deveria fundar uma vila e residir." (SANTOS, 2001, p. 65)

19   "Um fazendeiro, criador de gados em Pernambuco, me disse que, enquanto ele pudesse vender um boi nas grandes vilas e cidades pelo preço que nelas se vende uma galinha, queria antes criar bois naqueles sertões do que galinhas, porque estas precisam de milho e de quem as carregue para as feiras e praças públicas, e os bois vão por seus próprios pés e têm pastos por toda parte." (AZEREDO COUTINHO *apud* PÁDUA, 2002, p. 77)

20   Sobre o assunto ver os trabalhos de Manolo Florentino e João Fragoso (1997) – *O Arcaísmo como Projeto* e João Felipe Alencastro (2000) – *O Trato dos Viventes*

um primeiro momento os portos procuram produtos para explorar, no segundo momento os produtos procuram os portos. Embora, seja importante ressaltar, os caminhos que buscam o interior partindo do litoral não necessariamente são os mesmos caminhos que depois partindo do interior buscam o litoral.

Por essa via, poder-se-ia dizer que algumas novas teses historiográficas têm levantado uma preocupação bem razoável em compreender as dinâmicas internas da economia brasileira do período colonial e imperial, apontando para as atividades relacionadas ao comércio interno – que exigiam caminhos e mercados – como formadoras de um território de intensas trocas, mais dinâmicas que aquelas apontadas pela vetusta historiografia econômica que só via o Brasil com olhos estranhamente estrangeiros.

Nesse caso na formação de um conjunto de povoados, vilas e cidades – fossem elas constituintes de uma tessitura rapidamente articulada pela navegação fluvial ou como resultante mesmo de tempos lentos que rasgavam o território sob os pés dos escravos, o lombo das mulas ou cascos dos bois – não se pode negar tempos internos do território que não necessariamente se desfaziam com as oscilações dos tempos externos.

Uma clara demonstração dessa dinâmica interna está na historiografia sobre o abastecimento da Corte;[21] nos vínculos socioespaciais criados pelo tropeirismo no estabelecimento de uma complexa rede articulada em torno do comércio de muares;[22] nas tentativas de constituir vias comerciais a partir de rios que ligassem regiões interiores e pudessem articulá-las com o litoral.[23]

Outrossim, é preciso considerar que a economia colonial baseada na lógica mercantilista deixará suas marcas, posto que, para além da produção de culturas para

---

21 Sobre o tema há o já clássico trabalho de Alcir Lenharo (1993) – *As Tropas da Moderação*.

22 Ver os trabalhos de Aluísio Almeida (1968) – O *Tropeirismo e a Feira de Sorocaba* e GOULART, José Alípio (1961) – *Tropas e Tropeiros na Formação do Brasil*, bem como o trabalho de Cássia Badini (1998) – *Sorocaba no Império* e o trabalho monográfico de Rafael Straforini (1997) – *No Caminho das Tropas*.

23 Nesse caso ver a tese de doutorado de Dalísia Doles (1978) – *As Comunicações Fluviais pelo Tocantins Araguaia no Século XIX*.

exportação no mercado europeu ou da mineração, fundava-se sobretudo no binômio latifúndio – trabalho compulsório.

As terras eram garantidas por doações feitas pelo rei e, em último caso, sendo o território colonial português propriedade do rei, todas as terras lhe pertenciam. Mas de onde saíam os escravizados para o trabalho compulsório? Os escravizados eram uma mercadoria especialíssima na economia colonial portuguesa e, em particular, no Brasil-Colônia. Sem seu trabalho compulsório não se produziriam riquezas exportáveis no imenso território, mas antes que os escravizados tocassem a terra já se produziam lucros derivados do comércio de que participavam como mercadoria.

Desse comércio que se realizava com a compra de escravizados da África, nomeadamente de Angol,a e a venda para donos de minas e de fazendas no Brasil, dependia a equação que garantia à Metrópole vender com exclusividade para a Europa ouro, outros metais preciosos e produtos agrícolas tropicais e, para os poucos que podiam na Colônia, comprar produtos exportados da Europa via Portugal (CALDEIRA, 2001).

Em meio a esse processo estavam aqueles que nem eram donos da terra nem eram escravizados, mas que realizavam o negócio que mais permitia acumular capitais: a compra e venda de escravizados. Esses comerciantes, em realidade, tinham nos escravizados sua principal mercadoria, entretanto negociavam também aquilo que era considerado contrabando antes da abertura dos portos às nações amigas em 1808: produtos europeus e do resto do mundo. E realizavam, desse modo, em um comércio triangular que envolvia três continentes diretamente – Europa, África e América do Sul – um estupendo processo de acumulação de capitais no âmbito da Colônia, embora fossem em sua expressiva maioria nascidos em Portugal.

> Os navios desses comerciantes deixavam o Rio de Janeiro carregados de tabaco e aguardente. Quando se aproximavam da costa da África, seguiam para certos pontos de encontro de traficantes, onde os capitães trocavam parte da carga com seus concorrentes de outros países, os quais usavam as mercadorias brasileiras para comprar seus escravos. Com esse escambo os capitães conseguiam armas e pólvora, sedas do Oriente, especiarias da Índia, tecidos ingleses. Uma vez abastecido desses bens, negociavam o resto da carga de ida por escravos (CALDEIRA, 2001, p. 72).

Depois, esses comerciantes de *grossa ventura*, grandes atacadistas, realizavam boa parte das operações que garantiam o comércio interno e o financiamento – concentrado em escravizados, armas, equipamentos, especiarias e quinquilharias – com os fazendeiros, na medida em que vendiam fiado esses bens e cobravam os juros quando da venda da safra dos produtos que eram exportados para a Europa. Assim esses comerciantes se apropriavam dos lucros em todas as partes do processo e ficavam com o grosso do capital circulante.

Embora se conceba a existência de um comércio triangular, nos é fundamental a compreensão de uma economia colonial complementar entre o Brasil e a África portuguesa, em que as atividades econômicas são complementares e não concorrenciais. Em uma das margens do Atlântico produzia-se monoculturas de exportação; a outra margem fornecia os braços escravizados.[24]

A vinda da Família Real para o Brasil e as mudanças que se operaram no período que antecedeu a Independência, como a abertura dos portos (1808) e a garantia de taxas alfandegárias de 15% para os produtos ingleses (1810), não retiraram, já sob forte pressão inglesa, os comerciantes de escravizados de seu principal negócio; apenas estavam fora do contrabando.

A emancipação política, depois do retorno da família real em 1821 e dos riscos que estavam postos para a desagregação territorial e política do Brasil, viu as questões centrais que constituíam a sociedade colonial serem resolvidas de modo bastante original, em vista das experiências de países colonizados em que havia trabalho escravizado. Os casos extremos levantados por Fernando Novais e Carlos Guilherme Mota (1996) apontam para as revoltas sangrentas do Haiti, de um lado, e para a continuidade do domínio inglês posterior a abolição da escravidão nas Antilhas, do outro. A terceira via apontada pelos autores estaria centrada em três outras possibilidades: a norte-americana, que proclamou a República sem abolir a escravidão; a da América espanhola, que proclamou a República e aboliu a escravidão, e a da América portuguesa, que manteve a monarquia e a escravidão.

Nesse caso, podemos considerar, assim como Florestan Fernandes (1987) e Fernando Novais e Carlos Guilherme Mota (1996), que a emancipação realizada pela Independência

---

24   "A colonização será complementar e não concorrencial: o Brasil produzirá o açúcar, o tabaco, o algodão, o café; a África portuguesa fornecerá os escravos."(ALENCASTRO, 2000, p. 35)

em 1822 significou uma revolução na medida em que rompeu com o estatuto colonial. Entretanto, e de forma muito original, o Brasil passou à subordinação econômica da Inglaterra, mantendo as estruturas fundamentais herdadas da colônia.

Abordando o problema do tráfico e da abolição de escravizados no período entre 1800 e 1850 no Brasil, Jaime Rodrigues (2000) resgata as teias de um complexo debate em que a gradualidade da emancipação do trabalho compulsório é apresentada sob diversos matizes, mas para revelar uma única posição de fundo das classes senhoriais: o fim da escravidão não poderia dar-se de maneira imediata.[25]

Não por acaso, os ecos da independência se fariam ouvir até por volta de 1850. Quando se abole o tráfico de escravizados para salvar a escravidão, o Estado desbarata todas as revoltas regionais dominando quase integralmente o território e se pondo em vias de uma consolidação definitiva. Não por acaso, alguns dos caminhos mais utilizados entre Minas Gerais e o Rio de Janeiro, abertos à época da febre mineradora, são aqueles que foram dados como concessão a antigos traficantes de escravizados e agora servem também para trazer o café e abastecer a Corte.

O mundo capitalista, no entanto, passa por grandes transformações econômicas e técnicas, sob os ventos da ideia de um progresso e de uma modernização da qual ainda que sob a forma de figurante, o que seria um dia uma nação teria que participar.

Consolidações

Pensados os meios de comunicação e transporte herdados do período colonial e de parte do período monárquico, poder-se-ia dizer que a consolidação do Estado também seria produto da capacidade de articulação interna entre o poder central e as diversas elites regionais que compunham um complexo mosaico político.[26]

---

25 [...] procuro discutir que muitas vezes as propostas de ações graduais – contra o tráfico ou contra a escravidão, mas não necessariamente mantendo uma relação de causalidade entre as duas – eram instrumentos para evitar uma solução imediata, remetendo para o futuro a questão do fim da escravidão." (RODRIGUES, 2000, p. 70)

26 Sobre o assunto já havíamos falado em *Senador Pompeu: um geógrafo do poder no Império do Brasil* (1997), entretanto a ideia é de Lia Osório Machado em artigo *A Questão da Unidade Territorial do Brasil* (1990).

O período irá encontrar-se, por sua vez, com a existência de novos suportes técnicos na área de comunicação e transportes, que serão adicionados ao território como forma de coesionar de maneira ainda mais eficiente as costuras herdadas do período anterior. Por isso, mesmo que ainda na Regência já houvesse a intenção de implantar estradas de ferro, elas só passaram a existir a partir da década de 1850.[27] O telégrafo, por sua vez, embora também fosse uma invenção anterior e já existisse em outras partes do mundo, só teria suas primeiras linhas instaladas no país por volta de 1854.[28] E também a navegação a vapor só encontraria de fato uso nas comunicações internas a partir desse interregno temporal.

Por isso Mattos afirmaria:

> Com efeito, os anos cinquenta [1850] não seriam distinguidos apenas pela estabilidade política, simbolizada pela Conciliação; assinalam-nos também a extinção do tráfico negreiro intercontinental, as bem sucedidas intervenções militares na área platina, a liquidação da onerosa herança ibérica dos limites; e, ainda mais, a regularização das comunicações a vapor com a Europa, ao lado dos inúmeros empreendimentos que demonstravam o avanço do "progresso" e as conquistas da civilização – como a construção de vias férreas e os melhoramentos urbanos, aos quais o nome de Mauá quase sempre aparece associado (1990, p. 13).

---

27 "Somente em 1854, quase vinte anos depois da Lei de 31 de outubro de 1835 [que previa a construção de ferrovias], é concluído o primeiro passo na consecução dos objetivos daquela lei: a 30 de abril de 1854 foram inaugurados os 14,5 km da primeira seção da estrada de Mauá" (SAES, 1981, p. 21).

28 "No Brasil, coincidindo com o surto de progresso no apogeu do Segundo Império, D. Pedro II, em 1852, incumbiu Guilherme Capanema de estudar e implantar nosso primeiro sistema de telégrafo. Capanema, engenheiro e professor de Física na Escola Central (futura Politécnica) do Rio de Janeiro, fez então a ligação telegráfica entre São Cristóvão e o Ministério da Guerra, em 1854, estendendo-a no ano seguinte até a cidade de Petrópolis, sendo esta a inauguração efetiva de serviços interurbanos de telégrafo no país. Num crescendo, a capital imperial foi sendo interligada a outras cidades e capitais de província, com Vitória (1875) e ao extremo norte de Belém (1886). Ao final da Monarquia, já se havia estendido quase 19 mil quilômetros de linhas telegráficas." (MAGALHÃES, 1994, p. 316)

Uma certa modernização material do país dar-se-ia a partir da década de 1850 e encontraria em alguns nomes e instituições uma tradução da modernização que se queria fazer e daquela que efetivamente realizar-se-ia. Não por acaso se bateriam projetos que visavam manter a escravidão e aqueles que queriam abolir o trabalho compulsório, interesses do capital inglês e dos trapicheiros, monarquistas e republicanos. Em torno do tempo que povoa os últimos trinta e nove anos de Império, alguns personagens vão se repetir e serão centrais na trama histórica do país – Mauá, André Rebouças, Joaquim Nabuco, Tavares Bastos – e algumas instituições estatais ou civis serão decisivas no interior desse processo – Sociedade Auxiliadora da Indústria Nacional – SAIN, Escola Politécnica, Faculdades de Direito, Sociedade Central de Imigração.

A questão central a considerar continua sendo o fato de, mesmo com o fim do tráfico escravo, manter-se o estatuto da escravidão. Em *Mauá: empresário no Império*, Jorge Caldeira (2001) propõe uma interessante antinomia quando se trata da modernização brasileira nos Oitocentos: o que financia a construção de ferrovias, portos e outros equipamentos é, em última análise, uma política econômica de caráter mercantilista, o café e os demais produtos que compõem as articulações entre fazendeiros endividados, comissários rentistas e Estado centralizado.

Em outras palavras, a modernização nas comunicações e transportes talvez não tivesse, necessariamente, o interesse de modernizar as relações sociais de produção, mas de fazer perdurar o mais que pudesse as relações de produção herdadas do período colonial: monopólio da terra, monocultura e trabalho compulsório.

Por isso afirma Cesar Honorato (1994, p. 57) que "o Império que tinha as suas bases no escravismo era o mesmo que introduzira o telégrafo elétrico, o telefone e se preocupou em dotar a Escola de Minas de Ouro Preto e a Escola Politécnica do Rio de Janeiro de recursos financeiros, preocupado que estava em gerar uma produção científica nacional.

Entretanto, o mesmo Honorato parece não compreender a unidade dos elementos que articulam essa contradição, quando diz:

> Merece destaque o fato desse empreendimento [a estrada de ferro D. Pedro II, iniciada em 1855], para atender ao setor cafeeiro exportador, ser criado com capitais oriundos da esfera da circulação – banqueiros

e comerciantes da praça do Rio de Janeiro e não o setor que mais se beneficiaria, o cafeeiro. De qualquer forma, as sucessivas crises administrativas, financeiras e políticas demonstravam a fragilidade da burguesia, naquele momento, para estabelecer um projeto de tamanha magnitude. Por conta disso, tornou-se necessária a participação cada vez maior do Poder Público, até a completa estatização da empresa em 1865 (1994, p. 63; 1996, p. 48).

Ora, "os banqueiros e comerciantes da praça do Rio de Janeiro" seriam beneficiários em larga escala do empreendimento modernizador, apropriando-se de uma fatia ainda mais considerável dos lucros gerados pelo café.[29] E, por outro lado, o Estado monárquico e centralizado garantiria a "banqueiros e comerciantes" que os mesmos seriam ressarcidos pelo Estado que absorveria os prejuízos privados com fundos públicos, o que aconteceria em 1865 e tornar-se-ia uma prática corrente em todo o período imperial e mesmo depois dele.

O fato é que o grosso da rede ferroviária constituída no Império estava indissociavelmente ligada ao café, ocupando majoritariamente os territórios de Minas Gerais, Rio de Janeiro e São Paulo, sendo que somente São Paulo, em 1890, detinha aproximadamente 25% das estradas de ferro de todo o país. E essa estreita ligação café-ferrovia fica muito clara exatamente em estudo realizado sobre as ferrovias paulistas no interregno entre 1870 e 1940: Flavio Saes (1981) analisa duas hipóteses para explicar seu declínio financeiro e a encampação pelo Estado em nível provincial ou nacional, já no século xx.

A primeira hipótese refere-se à própria estruturação da rede ferroviária, ligando a fazenda ao porto, em torno da economia cafeeira. A segunda hipótese, já apontada por Fernando de Azevedo (1960), seria a de que o insucesso se deveria à má administração estatal das estradas de ferro.

Saes põe por terra a segunda hipótese ao comparar duas empresas. A Paulista, privada, emprega mais que a Sorocabana, estatizada, seja por quilômetro de linha,

---

29   Tratando dessa questão quando diz desaparecerem os comissários do café, em definitivo substituídos pelos banqueiros, afirma Flávio Saes: "Cabe notar que a mesma época (década de 1880) o setor cafeeiro observa mudança semelhante: o 'banqueiro' do cafeicultor era o comissário do café, em decorrência de suas múltiplas funções (exportador de café, importador de produtos para os fazendeiros." (1981, p. 193)

seja por volume transportado (1981, p. 138). Assim, tenta-se demonstrar o acerto da primeira hipótese, qual seja, o fato de as ferrovias serem eficientes e rentáveis quando se tratava da exploração do café, mas, dependentes desse produto, ineficazes e caras quando se tratava de atingir outras áreas e fazer circular outras mercadorias. O declínio dar-se-ia então de modo efetivo já na República, pela queda do percentual do café transportado, com a consequente redução das receitas e o aumento das despesas, derivadas também da queda do câmbio e dos encargos dos empréstimos.

Pode-se imaginar, durante o Império, que as ferrovias mineiras e fluminenses não tenham fugido a essa lógica, considerando-se ainda que as mais rentáveis ferrovias brasileiras do período eram exatamente as paulistas. Por outro lado, essa era a mesma lógica que tornava todas as ferrovias ao Norte investimentos predominantemente estatais e de baixíssima lucratividade operacional, com obras que só iriam alcançar seu traçado definitivo após a queda da monarquia. Modo tal que a situação de desigualdade regional na implantação da rede ferroviária em nível nacional nos Oitocentos, ser assim tratada por Evaldo Cabral de Melo (1984, p. 192).

> Quando em 1871 iniciou-se o grande surto ferroviário do Ministério Rio Branco, o Brasil dispunha de 820 quilômetros de ferrovias, das quais 33% correspondiam as estradas nortistas. Em 1889 a rede ferroviária do Império já cobre, isso para nos atermos às linhas em tráfego, excluindo as que estavam em vias de construção ou simplesmente projetadas, 8.930 quilômetros, mas a participação nortista achava-se reduzida a 26% do total, enquanto a sulista atingia 74%

Esta desigualdade na distribuição espacial da infraestrutura de transporte no território, por sua vez, acarretava dificuldades bastante razoáveis quando se tratava de implementar as políticas – nas suas mais diversas matizes –, que eram tomadas na Corte.

Em seu *Teatro das Sombras*, José Murilo de Carvalho (2003) faz, a partir de uma análise comparativa das receitas e despesas do Império Brasileiro e da República dos Estados Unidos, uma série de ilações com os interesses políticos e econômicos que estavam em jogo, situando em torno da questão fiscal um interessante quadro das sociedades daquele período.

Assinala o quanto, a centralização no Brasil Império e a descentralização nos EUA, podem ser percebidas mediante a captação e distribuição de recursos no interior do Estado. Demonstra o quanto no caso do Brasil, era importante para suas receitas o movimento realizado com o comércio exterior, em detrimento do incentivo à produção industrial e outras atividades econômicas que não dependessem, em última análise, da esfera da circulação *stricto senso*, o que coloca um importante papel para a distribuição espacial dos portos e suas respectivas alfândegas. E isso, entre outras coisas, pela dificuldade que o Estado tinha de criar impostos territoriais ou de renda, já que afetaria diretamente os proprietários rurais e outros setores das classes senhoriais do Império.

Assim, quando analisa as receitas internas do Estado brasileiro no período de 1870 a 1889, José Murilo de Carvalho demonstra claramente o quanto as estradas de ferro são fundamentais para sua composição:

> Cabe, por último, observar que era grande o peso das atividades do próprio Estado. Ao final do período, elas representavam quase a metade da receita interna. O Estado era, em boa parte, sua própria fonte geradora de receita, no que poderíamos chamar de incesto fiscal. A grande vedete aí eram as estradas de ferro do governo, responsáveis por cerca de 70% do total das receitas das empresas estatais (CARVALHO, 2003, p. 272).

Ademais, salienta que, enquanto os Estados Unidos saíram da Guerra Civil para entrar em um período de permanentes *superávites* orçamentários, o Brasil, após a Guerra contra o Paraguai, passou a ter, depois de um período superavitário até o conflito, orçamentos deficitários e um processo crescente de endividamento externo (CARVALHO, 2003, p. 264).

Em função dessas características, que se expressavam do ponto de vista da distribuição espacial dos melhoramentos materiais sobre o meio geográfico, quando eclodiu a Guerra contra o Paraguai a questão da articulação do território se pôs a nu. A precariedade de mobilizar rapidamente homens, máquinas de guerra e alimentos para as regiões de fronteira acabou por tornar urgente, em meio ao conflito, a necessidade de pensar as melhores maneiras de fazê-lo.[30]

Ao ponto, como bem afirma Wilma Peres Costa, de as tropas brasileiras só terem acesso fluvial ao Paraguai por intermédio do território argentino, coisa só possível em função da Tríplice Aliança.

> É necessário enfatizar, portanto, o caráter vital da Tríplice Aliança para o Império. Esse caráter se revelava, nos momentos iniciais da guerra, tanto pelos contingentes que os aliados puderam acrescentar ao esforço brasileiro como pela condição geopolítica, *que fazia necessariamente do território argentino o cenário da primeira fase da guerra.* Se a primeira condição foi declinante ao longo do conflito, a segunda permaneceu fundamental até o final. O único caminho estrategicamente adequado para atingir o Paraguai, a partir do território brasileiro, era através do território argentino de Corrientes, porque era o único que, pelas vias fluviais, permitia a colaboração entre a Marinha e as forças de terra (1996, p. 160).

O conflito de uma monarquia escravista com um exército republicano moderno nas fronteiras do Império, trouxe ainda outras inquietações à Coroa (COSTA, 1996, p. 184) e fez emergir os traços de um desenho para o Estado em que novos atores, novas instituições e novas ideias haviam de aparecer. Por isso desde há muito já se associava, as estradas de ferro à civilização, como aparece nas páginas do Auxiliador da Indústria Nacional em 1834. O que dizer então do período que marca os últimos vinte anos do Império entre o fim da Guerra contra o Paraguai e a queda da Monarquia, quando se trata de discutir, entre outras questões modernizantes, os Planos de Viação para todo o território?

---

30 "A Guerra do Paraguai evidenciou a precariedade dos transportes terrestres no sul do Brasil, a necessidade premente de melhorá-los, inclusive por imperativo de segurança e a integridade nacional. Os engenheiros brasileiros foram então convocados para resolver dois problemas: a chamada Rede Estratégica da Província do Rio Grande do Sul e as comunicações com Mato Grosso." (TELLES, 1994, p. 414)

Transições

Uma vez mais a lição parece vir de Hobsbawm, ao propor que o mundo surgido no último quartel do século XIX reclamava-se ocidentalizado, impunha-se como um modelo de economias estatais nacionais detentoras de um território sobre o qual uma nação exercia sua soberania, e que, de certa maneira, só havia uma forma de permanecer fora desse desenho: estando subsumido de modo direto aos Impérios.[31]

Dessa maneira, pode-se imaginar que por volta de 1870, o Império do Segundo Pedro se encontrava em um mundo que modernizava-se de maneira global (WALLENSTEIN, 2002, p. 92; BATISTA JR., 1998, p. 180), em um processo cada vez mais veloz de uniformização política, técnica e cultural, derivada da capacidade de o imperialismo impor regras e criar normas no sentido de realizar uma certa universalização do mundo, a sua universalização.

E essa onda modernizante, vinda talvez nas águas atlânticas, misturava-se com as águas das modernizações internas. E, não ao acaso, se via surgir *um bando de ideias novas*, fundava-se um clube republicano, libertava-se o fruto do ventre das mulheres negras, um surto ferroviário ocorria.

---

31 "Por mais profundas e evidentes que fossem as diferenças econômicas entre os dois setores do mundo, é difícil descrevê-las em duas palavras; também não é fácil sintetizar as diferenças políticas entre elas. Existia claramente um modelo geral referencial das instituições e estrutura adequada a um país "avançado", com algumas variações locais. Esse país deveria ser um Estado territorial mais ou menos homogêneo, internacionalmente soberano, com extensão suficiente para proporcionar a base de um desenvolvimento econômico nacional; deveria dispor de um corpo único de instituições políticas e jurídicas de tipo amplamente liberal e representativo (isto é, deveria contar com uma constituição única e ser um Estado de direito), mas também, a um nível mais baixo, garantir autonomia e iniciativas locais. Deveria ser composto de 'cidadãos', isto é, da totalidade dos habitantes individuais de seu território que desfrutassem de certos direitos jurídicos e políticos básicos, antes que, digamos, de associações ou outros tipos de grupos e comunidades. As relações dos cidadãos com o governo nacional seriam diretas e não mediadas por tais grupos. E assim por diante. Essas eram as aspirações não só dos países 'desenvolvidos' (todos os quais estavam, até certo ponto, ajustados a esse modelo ao redor de 1880), mas de todos os outros que não queriam se alienar do progresso moderno. Nesse sentido, o modelo da nação-Estado-liberal-constitucional não estava confinado ao mundo 'desenvolvido'." (HOBSBAWM, 2002, p. 41)

A "sociedade" que habitava aquele Estado territorial era sacudida, por dentro e por fora das fronteiras que, de modo mais efetivo, haviam se delineado após a Guerra contra o Paraguai (MAGNOLI, 1997). De posse de um Estado territorial em meio à modernização do mundo, era chegada a hora de construir um Estado-nação ou uma nação para um território estatal. Isso implicava, uma vez mais de maneira antinômica e complementar, em unificar em torno de um mesmo projeto uma população tão diversa (histórica, cultural e materialmente), distribuída de modo absolutamente desigual em território tão imenso. O projeto modernizador sairia, é claro, daqueles que controlavam o Estado e eram responsáveis, segundo eles próprios, por civilizar as gentes, estabelecer a ordem e realizar o progresso.

Dentre as missões que se impunham estava a de conhecer, controlar e ordenar as populações tidas como bárbaras, o território ainda desconhecido em muitos lugares sertões adentro e a natureza hostil (GALETTI, 2000). É também a partir de 1870 que aparecerão um sem-número de reflexões baseadas em matrizes científicas como o darwinismo social e o evolucionismo (MACHADO, 1995; SCHWARCZ, 1993), que proporão a partir de certas ideias que ganharão o seu devido lugar (BOSI, 1992), o branqueamento da população, a imigração, o higienismo, o melhoramento das vias de comunicação para que se coloque em contato o litoral civilizado com a incivilidade dos sertões.[32]

O pragmatismo realizador, pois, se impõe como uma necessidade, e certas profissões deliberadamente técnicas ganham importância e se tornam essenciais ao Estado, como ocorre com a Engenharia. Embora os engenheiros não houvessem conquistado a mesma importância que médicos e advogados para a sociedade civil, tendo em vista ser sua formação eminentemente livresca e tributária de uma larga tradição militar (DIAS, 1994, p. 15 a 17) sua atuação estava estreitamente ligada aos interesses do Estado na fiscalização de obras portuárias e ferroviárias, ou ainda na condição de dirigir as ferrovias e portos estatais.

---

32   "A difusão mais extensa das correntes cientificistas no Brasil aconteceu nos anos que se seguiram ao término da guerra com o Paraguai, em 1870. Nesses anos, mudanças substanciais ocorriam no país, com a crescente representatividade política dos grupos ligados à produção cafeeira, o que, somado a outros fatores, aprofundou a crise do regime imperial. As mudanças internas integraram-se ao avanço da política imperialista dos países industrializados, constituindo um quadro favorável ao fortalecimento das relações do Brasil com esses países." (DANTES, 1996, p. 51)

Analisando as profissões imperiais, Edmundo Campos Coelho (1999, p. 95), nos informará que, embora os engenheiros ganhassem em média menos que médicos e advogados, aqueles profissionais que eram diretores de estradas de ferro como a Pedro II chegavam a ganhar mais que ministros de Estado e tinham um importantíssimo papel na sociedade imperial.

Não por acaso, durante todo o período imperial, participaram de associações em que cada vez mais ficavam claros seus interesses de dotar o país de infraestruturas modernas que atendessem ao mesmo tempo a fins agrícolas, comerciais, políticos e militares. Assim podemos nos reportar à Sociedade Auxiliadora do Indústria Nacional (1824), ao Instituto Politécnico (1862) e ao Clube de Engenharia (1880).

É claro que eram também fundamentais ao Estado, na medida em que, quando a pasta do Império foi desmembrada em 1860 e foi criado o ministério da Agricultura, Comércio e Obras Públicas – MACOP, já aí se criou um corpo de engenheiros ligados à divisão de Viação e Obras Públicas. Entretanto, a atuação dos engenheiros se intensificará de maneira efetiva a partir dos anos 1870, inclusive por haverem mudanças, ainda que pequenas, nos currículos de formação de engenheiros e pelo aparecimento da Escola de Minas de Ouro Preto, além da intensificação observada no período com a construção e expansão da linha ferroviária e melhoramentos dos portos.

A partir de 1870, entretanto, ver-se-ia um intenso debate de caráter técnico, que mobilizaria ao mesmo tempo o conhecimento acerca do tipo de madeira utilizada para os dormentes até a bitola mais apropriada para a construção da rede ferroviária brasileira, mas também um debate envolvendo os custos no processo de constituição da infraestrutura de transportes no território e a melhor maneira de construir um sistema viário integrado que se apropriasse das condições físicas existentes nesse mesmo território.

Desse debate infenso, onde interesses múltiplos se alinhavam, apenas alguns poucos participariam e o fariam a partir da condição de engenheiros ligados ao aparato do Estado Imperial. O conhecimento geográfico desses homens mostrar-se-ia um dos mais importantes elementos na defesa que fariam de suas ideias. Caber-lhes-ia, de posse da documentação cartográfica e escrita, nas diversas memórias publicadas, acerca do território e de um certo conhecimento prático decorrente de suas próprias viagens de exploração e reconhecimento, dizer quais as melhores vias de comunicação a construir para tornar integrado territorialmente o *país*.

Como já se disse, o Estado territorial daquele presente histórico reclamava uma nação e era chegada a hora de criá-la, para poder enfim fazer parte de modo definitivo do *concerto das nações civilizadas*. Sob a égide do Segundo Pedro, nas duas últimas décadas de seu reinado que acabaria poucos dias após o baile da Ilha Fiscal, o Estado saído das entranhas dos conflitos com o Paraguai modernizava-se para deixar de ser monárquico, porque a monarquia, assim como a escravidão e as demais heranças coloniais, já haviam cumprido um importante papel: tornar patrimônio, sob o signo do Estado, os vastos fundos territoriais que a mesma classe senhorial que um dia fora monárquica e escravista utilizaria de maneira republicana.[33]

---

33 "Esse período [1850-1914] pode ser dividido tanto de 1865-70 como de 1888-90. O ritmo das transformações foi inicialmente tão lento que as modificações, durante os primeiros quinze ou vinte anos, não foram facilmente percebidas. Mas elas, no entanto, foram bem reais e abalaram de tal maneira as fundações do velho regime que bastaria qualquer acontecimento de maiores proporções para produzir falhas na estrutura exterior e alarmar ao extremo os partidários das antigas instituições. A maior crise foi a guerra com o Paraguai. Iniciada em 1865, só terminou depois de cinco desanimadores anos. Ao seu término, o Brasil enfrentou um período caracterizado por ataques, cada vez mais violentos, dirigidos contra a comunidade tradicional. Lentamente, o velho edifício começou a desmoronar-se e, em vinte anos, algumas das vigas mais grossas do conservantismo tinham cedido." (GRAHAM, 1973, p. 31)

Tessituras

AO CRUZAR AS HISTÓRIAS DE *personagens, instituições e saberes*, o desejo foi o de tratar disso como um conjunto articulado, um tecido de tramas bem urdidas, em que nenhum dos fios da tessitura se permitia compreender em separado. O que vimos foi que os personagens não existiam fora das instituições de que faziam parte e seus saberes lhes eram fundamentais para tanto. Assim, as relações que se estabeleciam giravam em torno de projetos comuns, embora, é claro, em um jogo permanente de alianças e de conflitos.

Personagens

Os personagens dessa história são todos homens e engenheiros. Formaram-se nas mesmas escolas e muitos eram bacharéis em ciências físicas e matemáticas. A maioria tinha ligações profissionais com o Estado Monárquico e um certo número deles foi à Guerra contra o Paraguai em função da condição de militar. Além disso, é claro, a biografia de todos eles é passível de ser achada no *Diccionario Bibliographico Brazileiro* do médico baiano Augusto Victorino Alves Sacramento Blake, publicado em sete volumes entre 1883 e 1903, e uma referência legitimadora àqueles que eram letrados, haviam escrito alguma obra e faziam parte da *boa sociedade imperial*. Como não poderia deixar de ser, seus nomes figurariam também muitas vezes, um ano após o outro, no *Almanak Laemmert*, e ali constaria que o endereço era a Corte, onde afinal de contas as coisas aconteciam com outra velocidade e onde estavam, além dos poderes constituídos do Estado, uma razoável quantidade de sociedades ditas nacionais e com os mais diferentes tipos de sócios, algumas delas essenciais a certos projetos que eram levados adiante pelo Rei.

Assim, ao folhear o *Laemmert* do ano de 1882, leremos na página 1522 que o Diretor de Obras Públicas do Ministério da Agricultura em 1881 residia na rua da Assumpção sob o número 6 e ao ler a sua biografia (BLAKE, vol. 3, 1895, p. 246-7), veremos que ele havendo realizado seu curso de engenharia com bacharelado em ciências matemáticas na antiga Escola Militar, havia complementado sua formação em Paris durante os anos de 1870, tendo estudado na prestigiosa Escola de Pontes e Calçadas do *centro do mundo civilizado* e se especializado em hidráulica.[1]

É em Paris, por sinal, que um primo deste mineiro especializado em hidráulica e nascido em 1839, irá encontrar-se em 1861, alojado na mesma pensão que receberá dois jovens irmãos (BLAKE, vol. 1, 1883, p. 82-85 e p. 284-286) em viagem à Europa. Com o mais velho deles, no ano de 1880, o *homem das pontes e calçadas* trabalhará na comissão técnica que vistoriaria os acidentes no reservatório Pedro II (SANTOS, 1985, p. 20).

Os dois jovens engenheiros nascidos na Bahia, formados pela mesma Escola Militar, ambos bacharéis em ciências físicas e matemáticas, por algum tempo desenvolveriam atividades na província de Santa Catarina junto ao Ministério da Guerra, um dos dois ministérios imperiais a contar com um corpo de engenheiros, e estavam com seus próprios recursos em viagem à Europa.

A viagem à Europa tinha a finalidade de lhes possibilitar entrar em contato com a experiência científica e técnica desenvolvida naqueles países em que se realizavam exposições universais desde 1851, para fundamentalmente ver de perto maravilhosas inovações ligadas a portos e ferrovias e tudo mais que se relacionasse às máquinas de circulação que haviam revolucionado o mundo em meados dos Oitocentos (HARDMAM, 1988; SANTOS, 1985; CARVALHO, 1999)

Um desses jovens morreria ainda cedo, o outro tornar-se-ia uma das mais importantes figuras do cenário político do Segundo Reinado, embora fizesse política por intermédio

---

1   "A *École Nationale des Ponts et Chaussés*, fundada em Paris em 1747, por iniciativa de Daniel Trudaine foi certamente o primeiro estabelecimento de ensino, em todo o mundo, onde se ministrou um curso regular de engenharia, e que diplomou profissionais com esse título." (TELLES, 1994, p. 1)

de várias associações científicas e culturais, escrevendo livros e se enfronhando em debates acerca dos melhores caminhos para a construção do país. Esse talentoso engenheiro que morreria no exílio leu, em uma sessão do Instituto Politécnico Brasileiro ocorrida em dezembro de 1874, parecer que escrevera acerca de trabalho apresentado por um outro engenheiro baiano que versava sobre o rio Sapucaí e rio Verde e os traçados da estrada de ferro que ligaria suas águas ao Rio de Janeiro e a São Paulo (QUEIROZ, 1874).

O outro engenheiro baiano, por sua vez, estudou na Escola Central, que já fora Escola Militar e viria a se transformar anos depois em Escola Politécnica. Assim, como muitos de seus colegas de profissão, escreveu um sem-número de trabalhos ligados à construção de vias férreas e, em certos casos, com uma preocupação muito especial sobre o papel do rio São Francisco na integração de diversas regiões do país (BLAKE, vol. II, 1893, p. 29 e 30). Talvez por isso, em um de seus trabalhos, fez referência a um outro engenheiro nascido também na Bahia em 1830, com grande preocupação em entender o conjunto articulado que conformavam, as bacias hidrográficas no território e que tivera a oportunidade de produzir uma série de vinte cartas sobre a hidrografia do alto São Francisco e rio das Velhas, como resultado de um trabalho feito sob a direção de Emmanuel Liais, em companhia de Ladislau da Silva e publicadas em Paris em 1865 (PEREIRA, 1994).

Além de participar desse trabalho exploratório com Liais, esse engenheiro geógrafo, formado na Escola Militar, produziu um sem-número de trabalhos que versavam sobre a constituição de sub-sistemas de transporte relativos à Amazônia, Rio Grande do Sul e "Nordeste". Sua preocupação fundamental fora a de pensar o transporte interior a partir da extensa rede hidrográfica que cortava o território em todos os seus quadrantes (BLAKE, vol. II, 1893, p. 249 a 252).

Por fim, o último dos engenheiros que queríamos apresentar, também por algum tempo militar, nasceu no Rio de Janeiro, trabalhou em obras públicas na Corte após voltar de um curso na Escola de Pontes e Calçadas de Paris (TELLES, 1994; CURY, 2000) e, dentre outros serviços que executou, foi engenheiro chefe da construção das obras da Estrada União e Indústria, uma das poucas rodovias existentes à época do Império que tinham tráfego regular e excelente pavimentação (BLAKE, vol. I, 1883, p. 259).

É possível que o leitor, a esta altura do texto, já esteja indignado pela não revelação dos nomes. E nós concordamos, os nomes dizem muito.[2] Se até agora eles ficaram de certo modo implícitos, é porque queríamos ressaltar que eles estavam no interior da mesma arena, foram coetâneos, conviveram, citavam uns aos outros, estabeleciam contendas, trabalhavam juntos, viajavam à Europa para se especializar e entrar em contato com o que havia de mais recente no *mundo civilizado*. Quer dizer, seus nomes ganham relevância na medida em que são mediados por certos temas que lhes são caros e dão concreção a uma existência tanto simbólica quanto material deles próprios e da sociedade em que viveram.

Ademais, todos eles, além das coisas em comum de que falamos, redigiram sozinhos ou em comissão, proposta de planos de viação para o país, o que exigia, dentre outras questões, um certo conhecimento geográfico do território e a legitimidade mínima de outros pares que lhes permitissem formular proposições dessa natureza. Por conseguinte, poderia se dizer que, mesmo com biografias bastante desiguais em termos de relevância, esses nomes estivessem circunscritos a um pequeno círculo de ilustres letrados e técnicos, capazes de propor projetos em escala que abrangia todo o território estatal do Império. Por isso os nomes só ganham significação quando se inscrevem em algo que lhes dá sentido e, ao mesmo tempo, servem para explicar o contexto maior de que fizeram parte.

A ordem em que expusemos no princípio do texto os nomes é a seguinte: Honório Bicalho é o primeiro deles; depois vêm os irmãos Rebouças, André e Antonio, a quem se segue o nome de João Ramos de Queiroz, para depois dar lugar a Eduardo José Moraes e encerrar com Antonio Maria de Oliveira Bulhões. A ordem, como se poderá perceber, não é cronológica, na medida em que se privilegiou a ideia de que todos partilharam de um certo interregno histórico e estão, desse modo, imersos nele. Mas falemos de um por um, ao menos em parte, a partir de uma rápida biografia.

Comecemos por Honório Bicalho. Pelo que indica o verbete Bicalho do Dicionário das Famílias Brasileiras, "o nome Honório lhe foi dado em homenagem a seu tio materno, o Marquês de Paraná, Honório Hermeto Carneiro Leão" (BUENO e BARATA, 2000, p. 475), ninguém menos que um dos membros da *trindade saquarema* (MATTOS, 1989) e uma das

---

2   Sobre como nomes são importantes no processo de estruturação do poder no Brasil ver: Francisco Doria (1995) – *Os Herdeiros do Poder*.

mais importantes figuras da história monárquica brasileira. Assim, nascido aos sete dias do mês de fevereiro de 1839, segundo consta do batistério registrado na Matriz do Pilar,[3] este mineiro que tivera a oportunidade de estudar em Paris e especializar-se em hidráulica, tornar-se-ia, em 1881, responsável pela Diretoria de Obras Públicas do Ministério da Agricultura, onde publicaria, nos anexos do volume terceiro do relatório ministerial daquele ano, um projeto para a consecução de uma *Rede Geral de Comunicação*.

A publicação desse trabalho, com vistas a auxiliar o então Ministro Interino Antonio José Saraiva, na discussão que se faria no parlamento sobre o tema é, em realidade, precedida de uma série de estudos realizados sobre estradas de ferro e antecede aos seus últimos trabalhos sobre a melhoria da barra do Rio Grande do Sul. Assim como seus demais colegas de ofício, publicou em 1877 um *Estudo Sobre a Largura das Estradas de Ferro e a Resistência dos Trens*, que nada mais era que sua participação no acirrado debate sobre que tipo de bitola se deveria utilizar na construção das ferrovias.

Honório Bicalho fez parte do quadro permanente de engenheiros da Estrada de Ferro D. Pedro II, que era de longe a empresa que mais empregava engenheiros no Segundo Reinado (TELLES, 1994, p. 106). Participou ainda de diversas comissões técnicas ligadas a ferrovias e obras hidráulicas, tendo sido, dentre outras razões e em função do reconhecimento à sua competência técnica, membro da seção de revisão que elaborou o primeiro *Vocabulário Técnico de Engenharia* de 1876, decorrente do decreto governamental n. 6.277, e do qual fizeram parte figuras como Guilherme Capanema, Francisco Pereira Passos, Charles Hartt e André Rebouças (TELLES, 1994, p. 571). Sua principal obra, entretanto, seria o estudo e parecer que faria já ao final de sua vida sobre a Barra do Rio Grande, em função do grau de dificuldade técnica[4] e da necessidade mercantil e fundamentalmente estratégica de um porto que permitisse a passagem de navios de grande calado naquela região de fronteira. Para se ter uma ideia de como o problema se encaminhou, foram realizados estudos e apresentados sugestões por Ricardo José Gomes Jardim, em 1857; Charles Neate em 1871, encarregado pelo Governo Imperial, apontou os muitos problemas e se disse

---

3   Fundo Família Bicalho, A.N.

4   "A Barra do Rio Grande, isto é, a saída da Lagoa dos Patos, no Rio Grande do Sul, representou o mais difícil problema de engenharia portuária em toda a costa do Brasil." (TELLES, 1994, p. 338)

incapaz de apresentar uma solução plausível; já em 1875 John Hawkshaw propôs a feitura de dois molhes que acabaram não sendo levados a efeito em função dos custo necessários para a sua execução (TELLES, 1994, p. 338 e 339)

> Em 1881, a situação da barra estava calamitosa, permitindo somente a passagem de navios com até 2 m de calado, e assim depois de grande espera e muitos perigos. Isso fez com que muitos engenheiros estudassem novamente essa questão, entre os quais Henrique Hargreaves, Alfredo Lisboa e o francês Charles Fray. O conhecido engenheiro americano William Milnor Roberts chegou também a ser encarregado desse estudo, mas faleceu antes de iniciar qualquer trabalho.
>
> Em vista das divergências dos diversos estudos e projetos, de alto custo das obras propostas, das dúvidas sobre os possíveis resultados e da necessidade cada vez maior de uma solução para o problema, o Ministro da Agricultura nomeou, em janeiro de 1883, uma comissão com o objetivo de fazer um reestudo completo da questão e apresentar um projeto definitivo. A chefia dessa comissão foi dada ao ilustre Eng. Honório Bicalho, que se fez cercar de um notável grupo de auxiliares, entre os quais se destacaram Domingos Sérgio de Sabóia e Ernesto Otero (TELLES, 1994, p. 339).

Assim, retomando a proposta feita inicialmente por Hawkshaw da construção de dois molhes, o relatório da Comissão Bicalho apresenta, ainda em 1883, o que viria a ser já ao final do século XIX, a obra de engenharia que se realizaria para garantir a navegabilidade da Lagoa dos Patos e o uso daquele terminal portuário para navegações de maior envergadura (TELLES, 1994, p. 340)

Honório Bicalho, entretanto, morto em 1886, não será tão famoso quanto o irmão mais novo Francisco de Paula Bicalho, também engenheiro e parte de uma extensa família de profissionais da área.

E por falar em família, lembremos agora dos irmãos André e Antonio Rebouças, respectivamente os filhos mais velhos de Antonio Pereira Rebouças e Carolina Pinto Rebouças. O primogênito André herdou o nome do avô materno e o segundo filho do casal o nome do pai, que era um rábula e adquiriu grande notoriedade como advogado prático no Império, tendo morrido na condição de Conselheiro e, depois de ocupar com algumas interrupções a Câmara dos Deputados como representante da Bahia entre 1830 e 1873 (SANTOS, 1985, p. 9-11)

André veio ao mundo em meio à Sabinada no dia 13 de janeiro de 1838 (SANTOS, 1985, p. 14), na mesma cidade de Cachoeira na Bahia onde o irmão Antonio nasceria cerca de um ano e meio depois, a 13 de junho de 1839 (BLAKE, 1883, p. 284). Em 15 de março de 1854, quando já contavam 16 e 15 anos respectivamente, entraram juntos na Escola Militar e fizeram o mesmo percurso de assentar praça como cadetes do 1º Batalhão de Artilharia a Pé em 1855, para serem promovidos, em março de 1857, à condição de alferes aluno e, em dezembro do mesmo ano, à patente de 2º tenente do Corpo de Engenheiros (BLAKE, 1883, p. 284-285; SANTOS, 1985, p. 19 e 30). Depois disso, e com vistas à obtenção do título de Engenheiros Militares, tendo André sido recusado na Escola da Marinha (SANTOS, 1985, p. 19), complementaram seus estudos na Escola Central e obtiveram o título de bacharel em Ciências Físicas e Matemática em 1859 e de Engenheiros Militares em 1860 (CARVALHO, 1998, p. 11; SANTOS, 1985; BLAKE, 1883; TELLES, 1994).

Após o término da formação acadêmica no Brasil, os irmãos Rebouças solicitam ao Governo Imperial ajuda que lhes é recusada para viagem à Europa; mesmo assim viajam com seus salários militares e a ajuda do pai para um período de estudos científicos e técnicos que se realizariam entre os meses iniciais de 1861 e fins de 1862. Chegados a Paris em 24 de março,

> a permanência dos dois Rebouças, Antonio e André, na Europa em missão de estudos, cumpre eficazmente sua finalidade: visitam obras numerosas, instituições de ensino, fábricas, arsenais e portos. Na França passaram por Bordeaux, Tours, Vannes, Lorient, Decazeville, Cette, Bayonne, Marselha, Boulogne e Calais, sempre estudando, observando e anotando. Três memórias resultaram desses estudos e visitas: "Memória sobre as fundações com ar comprimido da ponte Lavulte sobre o Ródano", "Estudos sobre os caminhos de ferro franceses", "Estudos sobre portos de mar", todos publicados no Rio de Janeiro em pequenos volumes isolados (SANTOS, 1985, p. 20).

Ao chegarem à Inglaterra, André e Antonio, visitariam o que à época era o centro das grandes transformações técnicas do mundo e vão a Londres, Liverpool e Manchester. Em Londres, André Rebouças iria repetidamente às docas e, ao entrar em contato com os aparelhos de reparação de navios de Edwin Clark, desenvolveria as primeiras ideias sobre diques múltiplos que tentaria depois aplicar no Brasil (SANTOS, 1985, p. 20-1). É ainda em Londres que os irmãos se agregariam, a convite do Barão de Penedo, à comissão brasileira que visitaria a exposição universal de 1862.

Essa será apenas a primeira viagem de André Rebouças em seu giro de curiosidade pragmática e poética pelo mundo. Entre os anos de 1872 e 1873, voltaria à Europa onde iria a outros recantos e visitaria a Exposição de Viena antes que suas portas fossem abertas ao público, e daí partiria para os Estados Unidos. Entreguemo-nos ao relato de Hardman que fala do fascínio de Rebouças em suas preferências pela oficina em absoluto detrimento ao bazar:

> [Em suas notas autobiográficas], vai ficando claro que o mundo querido de Rebouças não é o da circulação de mercadorias, mas sim o laboratório secreto de sua produção, os mistérios do mecanismo e os segredos da fábrica. Tanto assim que prefere fazer seus estudos na Exposição de Viena antes da abertura oficial ao público, antes de sua conversão em um "imenso bazar". Em vez de apreciar um relógio na vitrine, é dos que amam antes desmontá-lo no ambiente recolhido de uma oficina; tem mais afinidade com as galerias subterrâneas do que com as fachadas exteriores (1988, p. 82).

Após o retorno ao Brasil, os irmão Rebouças viajariam juntos para Santa Catarina em 1863 para realização de trabalhos de engenharia militar a serviço do Estado Imperial como a reparação e construção de fortes, portos e estradas. Após um período de dez meses em que moraram em diferentes localidades da mesma província, ainda que desfrutassem da companhia um do outro durante os sábados e domingos, quando o irmão André visitava

Antonio, separaram-se em dezembro de 1863, tendo André voltado ao Rio de Janeiro e o irmão permanecido em Santa Catarina.[5] (CARVALHO, 1998, p. 11)

André Rebouças participaria da Guerra contra o Paraguai entre os anos de 1865 e 1866, quando retornaria à Corte e buscaria seguir carreira docente na Escola Central sem sucesso, já que lhe barraram a entrada, ainda que provisoriamente. A partir daí tentaria diversas empresas e se enfronharia junto com o irmão Antonio em uma série de projetos portuários, ferroviários e de abastecimento de águas do Rio de Janeiro. Em muitos casos os irmãos Rebouças seriam concessionários juntos com alguns empresários, como no projeto de criação de uma estrada de ferro no Paraná, mas na condição de empresários tudo daria em nada.

O caráter enciclopédico de André Rebouças permitiria que, como professor interino, ministrasse disciplinas de Zoologia e Botânica, nos anos de 1867 e 1868, quando é obrigado a se afastar da Escola Central, só a ela retornando em 1876, ainda interinamente, para ministrar as mesmas disciplinas. Em 1877 seria nomeado para lecionar disciplinas da área de engenharia como Resistência dos Materiais, Construção e Arquitetura. Só tornar-se-ia professor catedrático em 1880, após concurso em que concorreria com Paulo de Frontin e Viriato Duarte (SANTOS, 1985, p. 187).

A década de 1870 seria marcada pela imensa produção escrita de André Rebouças, boa parte dela publicada no Jornal do Comércio. Participaria também de um sem-número de comissões nomeadas pelo Governo Imperial, e junto com Charles Neate trabalharia na elaboração dos projetos de ampliação e construção de diversos portos e alfândegas do país, dentre eles o da Alfândega do Rio de Janeiro. Porém, em 1874 perderia o irmão Antonio, que morreria enquanto realizava trabalho de campo com vistas à construção de estradas de ferro em São Paulo, o que o abalaria profundamente.

Por fim, André Rebouças seria redator, por muitos anos, da *Revista do Instituto Politécnico Brasileiro* e sócio do Clube de Engenharia, sendo um de seus mais ativos participantes. A década de 1880 marcaria o seu engajamento na luta abolicionista, e ele fundaria juntamente

---

5 "Parti às 4 da tarde. Acompanharam-me ao embarque o Dr. Pitanga, o tenente Pereira, e o meu caro irmão Antonio. Separei-me dele pela primeira vez na minha vida. Em Santa Catarina, apesar de habitar ele em um hotel da cidade, passávamos quase sempre juntos as noites de sábado e os domingos até a tarde, quando voltava para a ilha de Anhatomirim." (ANDRÉ REBOUÇAS *apud* SANTOS, 1985, p. 37)

com seus alunos na Escola Politécnica, uma Sociedade Abolicionista, e participaria ainda, da Sociedade Central de Imigração. A Proclamação da República faria com que André Rebouças deixasse o país junto com a família imperial. Depois disso, ele jamais retornaria ao Brasil, morrendo no exílio em Funchal, na Ilha da Madeira em 1898.

O Plano de Viação proposto por André Rebouças está em trabalho intitulado *Garantia de Juros*, publicado em 1874, no qual discute as subvenções dadas pelo Governo Imperial à construção de estradas de ferro no *país* criadas no ano anterior. É em 1874, por sinal, que João Ramos de Queiroz apresentaria, pela primeira vez em sessão do Instituto Politécnico Brasileiro, do qual era sócio, o seu *Esboço de um Plano de Viação Geral para o Império*.

Soteropolitano, João Ramos de Queiroz nasceu a 5 de setembro de 1848 e faleceu em 12 de maio de 1892 em sua cidade natal, depois de ser nos últimos anos de sua vida considerado louco ou alienado, como se dizia nos Oitocentos, e sofrer isolamento por internação. Embora seja o menos citado e biografado dentre todos aqueles que compuseram planos de viação, teve uma intensa vida profissional e esteve ligado aos debates políticos mais proeminentes que ocorriam no Segundo Reinado no âmbito da Corte, entrando em choque várias vezes com seus superiores e coetâneos, como atesta a descrição que Blake faz de um escrito de 1881 dirigido a Buarque de Macedo, então Ministro da Agricultura.

> *A Tribuna* de Ramos Queiroz. Rio de Janeiro. 1881, in-4° gr. – É uma publicação de quatro páginas e três colunas, contendo a "Conferência que fez no domingo 20 de fevereiro de 1881 no Teatro Príncipe Imperial". É contra o ministro de sua repartição e pode ser avaliado pelos títulos das partes em que é dividida: Ameaças. O Sr. Buarque (o ministro). Difamação. O louvor e o vitupério. A fé dos contratos. Baixeza e inércia. Escandalosa patota. As gorjetas. A cadeira de espinhos e a febre salvadora. O filho do ministro. Procurador não me enganas. O Plagio e o Imperador. Legislação. Ministro testa de ferro. Inventario de horrores (vol. 04, 1898, p. 30).

Ocupou ainda o espaço da mídia e uma das arenas em que mais se fazia política. No jornal *Globo* publicou parte de seu plano de viação, tendo fundado a revista *O Economista Brasileiro,* que teve apenas três volumes entre 1878 e 1880, e uma folha diária *O Trabalho,* que não obteve êxito em função das ausências que João Ramos tinha na Corte quando da realização dos trabalhos de engenharia em diversos pontos geográficos do Império (BLAKE, vol. 4, 1898, p. 30).

Destes trabalhos resultaram escritos, cartas e mapas sobre o melhor caminho de ferro que se deveria construir entre a província de São Paulo e o rio São Francisco, os problemas referentes à decadência da marinha mercante e o pedido de concessão baseado em uma *Planta Geral de via-ferrea Circular* em 1884-1885, que permitiu a João Ramos de Queiroz tornar-se empresário dos transportes urbanos como fundador da linha circular da Bahia (BLAKE, vol. 4, p. 29-30).

A Escola Central também foi o lugar onde João Ramos de Queiroz cursou engenharia, não chegando a ser militar como o fora Eduardo José de Moraes, que por sinal era baiano e chegou à condição de General de Brigada, tendo inclusive recebido medalhas e honrarias em função de sua participação na Guerra contra o Paraguai.

Eduardo José de Moraes, nascido a 30 de maio de 1830, foi um dos maiores conhecedores do sistema hidrográfico do território do Estado Monárquico à sua época. Tinha, em função da possibilidade de participar de uma série de comissões do Ministério da Guerra e Ministério da Agricultura, condições de elaborar suas proposições baseado em trabalhos de campo e no conhecimento do material cartográfico produzido no período (BLAKE, vol. 2, p. 249). Disso resulta que o plano de viação por ele apresentado em 1869 pela primeira vez veio a receber o título *Navegação Interior do Brasil: noticia dos projetos apresentados para a junção de diversas bacias hidrográficas do Brasil, ou esboço da futura rede geral de suas vias navegáveis.* Assim se reportaria José Veríssimo Pereira acerca deste trabalho:

> Na história da geografia no Brasil, a intensificação dos estudos e explorações hidrográficas foi, finalmente, a nota característica do decênio de 1860 a 1870. Eduardo José de Morais organizou uma classificação das bacias hidrográficas brasileiras segundo a sua importância para a navegação e a sua distribuição geográfica. Levantou uma carta dos rios brasileiros em conformidade com suas explorações e publicou, em 1869, um livro que teve logo segunda edição. Neste trabalho – *Navegação Interior do Brasil* – Morais (sic) expôs os seus projetos e

ideias acerca da ligação entre as diversas bacias hidrográficas brasileiras (1994, p. 374).

Tendo iniciado sua formação pela Escola Militar e adquirido o título de bacharel em matemática e ciências físicas, Eduardo José de Moraes concluiu, já na então denominada Escola Central, os cursos de engenheiro geógrafo e engenheiro civil entre fins dos anos 1850 e início do anos 1860. O primeiro trabalho em que se tem notícia de sua participação e no qual esteve engajado com a função de executar a triangulação de parte do Rio São Francisco foi quando, em companhia de Ladislau Neto, colaborou com o astrônomo Emmanuel Liais no que resultou em trabalho publicado na França em 1865, intitulado *Hydrographie du haut San Francisco et du Rio das Velhas*.

A exemplo de seus contemporâneos, Moraes foi membro de um sem-número de associações científicas e culturais, como o Instituto Histórico e Geográfico Brasileiro e o Instituto Politécnico, tendo publicado alguns de seus trabalhos no Jornal do Comércio do Rio de Janeiro e no jornal Liberal no Pará, o que de certa forma indica ter participado das discussões que se realizavam naquele momento histórico, como se pode perceber nos livros que escreveu sobre as polêmicas acerca da melhor via de comunicação para Mato Grosso e a rede de viação para o Rio Grande do Sul. Como funcionário do Estado Monárquico exerceu funções destacadas, tendo sido diretor da Estrada de rodagem D. Francisca no Paraná, que era de responsabilidade do Ministério da Agricultura e contribuído com o estudo e traçado de um muitos caminhos de ferro em várias regiões do território estatal do Império, sob designação comissionada do Governo (BLAKE, vol. 2, 1893 p. 249-252).

Eduardo José de Moraes foi militar até o último de seus dias, coisa que não ocorreu a Antonio Maria de Oliveira Bulhões, que largou a carreira militar quando já havia alcançado a patente de Capitão do corpo de engenheiros em 1856. Por isso não é de certa forma necessário dizer que, nascido no Rio de Janeiro aos dezoito dias do mês outubro de 1828, sua formação se deu por dentro da Escola Militar onde, depois de tornar-se bacharel em matemáticas, faria o curso de engenharia, que concluiria em 1849 (CURY, 2000, p. 132).

O percurso de Bulhões se assemelha muito ao de Bicalho, posto que tendo concluído seus estudos na Escola Militar quando contava 21 anos de idade, viaja para estudar na mais antiga e famosa escola de engenharia do mundo civilizado, a *École des Ponts et Chaussées*, e chega a trabalhar em uma importante estrada de ferro na França. Ao retornar ao Brasil em 1856, envolve-se com uma série de estudos sobre o melhor traçado para a linha da Estrada de Ferro D. Pedro II, que deveria subir a Serra do Mar (TELLES, 1994, p. 281).

Uma das mais importantes ocupações de Bulhões entretanto, foi a da construção de boa parte da Estrada de rodagem União e Indústria, a melhor de tantas quantas foram construídas nos Oitocentos e uma das poucas com diligências regulares durante o período em que não foi obrigada a concorrer com a ferrovia que seguia um traçado paralelo ao seu. Depois disso, por volta de 1865 tornou-se parte do quadro permanente de engenheiros que atuavam na Estrada de Ferro D. Pedro II, e em mais de um momento é designado para tratar de problemas de planejamento e construção ferroviária, como ocorreu no caso do parecer sobre o prolongamento da ferrovia Bahia ao São Francisco, após estudos realizados em 1873 e apresentado em relatório publicado no ano seguinte (TELLES, 1994, p. 281; BLAKE, vol. I, 1883, p. 259).

Oliveira Bulhões trabalharia ainda como Inspetor Geral de Obras Públicas, um dos mais importantes cargos do Ministério da Agricultura, e faria uma série de projetos com engenheiros famosos como Aarão Reis, como aquele que versa sobre abastecimento de água do Rio de Janeiro. Por duas vezes, uma no período monárquico (1884-85) e outra no republicano (1898-99), seria Presidente do Clube de Engenharia que ajudara a fundar em 1880 e uma das mais importantes associações profissionais daquele período de múltiplas transições (TELLES, 1994, p. 282; CURY, 2000, p. 132).

Quando da realização do 1º Congresso Ferroviário pelo Clube de Engenharia em 1882, Oliveira Bulhões seria o presidente da comissão que apresentaria parecer sobre um *Plano Geral de Viação* para o território estatal, que acabou por isso mesmo ficando conhecido como Plano Bulhões. A morte viria em julho de 1900, quando ainda participava ativamente da organização do Congresso de Engenharia e Indústria que ocorreria nesse mesmo ano (CURY, 2000, p. 132).

Como pudemos perceber ao longo dessas notas biográficas, realizava-se, a exemplo do que já demonstrou José Murilo de Carvalho em seu *A Construção da Ordem: a elite política imperial*, a conformação de uma elite técnica que era essencial ao Estado Monárquico e a qual poderíamos classificar como uma espécie de tecnocracia monárquica. Sinal dos tempos em que se precisava modernizar as infraestruturas de comunicação e transporte naquele território estatal pré-nacional, implementando os "melhoramentos materiais" que eram necessários à manutenção dos fundos territoriais e, concomitantemente, realizando sua inserção tropical naquele mundo civilizado de ciência, mecanismos e espetáculos.

Nesse sentido, aplica-se com perfeição para a análise dessas elites técnicas a mesma levada a cabo por José Murilo de Carvalho, quando fala da homogeneização da elite política imperial:

> A homogeneidade em geral era garantida por outros fatores, particularmente pela socialização, treinamento e carreira [...] Foi o caso das elites burocráticas que, mesmo se não recrutadas em setores homogêneos da população, desenvolviam pela educação, treinamento e carreira traços de união que as levavam a agir coesamente (1980, p. 33).

Ora, se *socialização, treinamento* e *carreira* era o necessário para criar uma certa homogeneização das elites, isso se aplica perfeitamente a esse grupo de engenheiros que elaborou planos de viação. Esses homens frequentaram a mesma Escola Militar ou Central, onde entraram quando contavam cerca de 16 anos de idade; percorreram os mesmos rituais de treinamento profissional, não raro indo à Europa quando mal iniciavam a segunda década de suas vidas; faziam parte das mais prestigiosas sociedades científicas e culturais da Corte, em muitas das quais eram membros fundadores e onde ocuparam cargos de relevância; foram, sem exceção, funcionários do Estado Monárquico e circularam, com menor ou maior abrangência, por diversos pontos do território em missão designada pelo Governo Imperial, sendo o Ministério da Agricultura, Viação e Obras a instituição que mais uso fez de seus serviços.

Por outro lado, se um "elemento poderoso de unificação ideológica da política imperial foi a educação superior" (CARVALHO, 1980, p. 51), é importante considerar o caráter ainda mais restrito e restritivo que, *naquela ilha de letrados*, os portadores dos saberes técnicos modernizadores iam acabar assumindo, nos dois últimos decênios do Segundo Reinado, como os únicos capazes de melhorar portos do mar, cravar no chão longos caminhos de ferro, garantir que as águas interiores pudessem ser largamente navegadas e estender fios e cabos por terra e mar que permitissem uma rápida comunicação entre pontos geográficos distantes. Isso para não falar que nenhum corpo técnico conhecia mais o território do Império e era capaz de representá-lo cartograficamente que os engenheiros militares e civis dos quais os personagens aqui apresentados faziam parte.

Analisemos, pois, para compreender um pouco mais certas ideias e ações, as escolas em que se formaram, as sociedades em que debateram seus projetos e as instituições onde exerceram suas funções profissionais.

Instituições

Poderíamos aqui dividir, para efeito de classificação, as instituições que pretendemos analisar em três tipos: *1) as de formação, 2) as de socialização e 3) as de exercício profissional.* É claro que uma separação como essa é problemática quando se tem em vista que boa parte do aprendizado da engenharia no Brasil naquele período se deu, muitas vezes, mais nos trabalhos de campo e nas discussões realizadas nas sociedades científico-culturais do que necessariamente nas escolas superiores. Bem como, geralmente, o que definia uma certa inserção profissional não era necessariamente competência técnica, mas os *círculos de afinidade* que se definiam, não raramente, fora do âmbito profissional *stricto senso*, a partir de relações políticas e familiares que eram costuradas dentro e fora da corporação dos engenheiros e suas associações. Portanto, a finalidade precípua dessa taxonomização se deve a uma certa preocupação que é mais didática e se sobrepõe a qualquer outra, com o intuito de que conhecidas as instituições isoladamente se possa fazer certos cruzamentos delas a *posteriori*.

Formação

A engenharia moderna teria nascido, em grande parte, como resultante do advento de uma certa preocupação primordialmente militar, em resposta ao alcance das técnicas de artilharia que se desenvolveram sobejamente após o advento da pólvora, o que pressupunha a construção de fortificações cada vez mais sólidas e engenhosas. Para fazê-las, foi necessário formar pessoas especializadas nessas artes, que fossem ao mesmo tempo capazes de, no domínio das ciências físicas e matemáticas, planejar e construir um sem-número de artefatos técnicos no território, como estradas, pontes, canais e portos (TELLES, 1994, p. 2-3).

> [Daí], a necessidade de realizar obras que fossem ao mesmo tempo sólidas e econômicas e, também, estradas, pontes e portos para fins militares forçou o surgimento dos oficiais – engenheiros e a criação de corpos especializados de engenharia nos exércitos. Tal se deu em França, em 1716, por iniciativa de Vauban, e em Portugal, em 1763, no reinado de D. José I, como parte da reorganização do exército português, promovida pelo Conde de Lippe, contratado para esse fim pelo Marquês de Pombal (TELLES, 1994, p. 2-3).

Em função quiçá dessas demandas, a formação de engenheiros no *Brasil* iniciar-se-ia ainda no período colonial e teria começado, segundo Paulo Pardal, citado por Pedro Telles (1994, p. 87), com a fundação de uma instituição similar à uma congênere sua criada dois anos antes em Lisboa. Assim, se organizaria no Rio de Janeiro no ano de 1792, a *Real Academia de Artilharia, Fortificação e Desenho*, com estatutos e programas definidos e aulas reunidas sob um mesmo teto. A afirmação de que a *Real Academia de Artilharia* veio a se transformar em *Academia Real Militar* deve-se ao fato de, quando na criação dessa última em 1810, os alunos que estudavam na instituição anterior terem sido para ela transferidos.

Para Marilda Nagamini (1994, p. 133), a importância da "Academia Real Militar[...] está na consolidação do ensino militar e na institucionalização da engenharia civil", carregando as heranças da ilustração colonialista militar portuguesa e uma vasta bibliografia e currículo

Planos para o Império 71

à francesa.[6] Não ao acaso, seu fundador foi D. Rodrigo de Souza Coutinho, o Conde de Linhares e à época Ministro da Guerra (NAGAMINI, 1994, p. 133; TELLES, 1994, p. 89).

D. Rodrigo de Souza Coutinho, *esse homem entre dois mundos*, fazia parte daquele seleto grupo de homens que compunha a Academia Real das Ciências de Lisboa e desejava, antes de mais nada, que uma nova espécie de colonização se realizasse, ou que viesse enfim a se realizar nos trópicos o sonho português do Quinto Império.[7] Para tanto, deveria se aliar o conhecimento do mundo natural com sua imensidade de riquezas e o uso cada vez mais pragmático que delas se deveria fazer.[8]

> Na virada do século XVIII, em consequência da potencial ameaça napoleônica de invadir Portugal, a ideia de transferir o trono da monarquia para o Brasil começou a ser nutrida por alguns estadistas portugueses. Rodrigo de Souza Coutinho, o principal porta-voz dessa ideia, associou a transferência à visão de um novo império (MURILO DE CARVALHO, 2003, p. 407).

Um império que era preciso, *segundo as regras das melhores sociedades de ciência do ramo em atividade naquele momento histórico*, conhecer em toda a sua extensão e riqueza e sobre o qual se deveria erguer sólidas fronteiras móveis a partir da constituição de

---

6   "É interessante notar o pragmatismo do Governo Português da época, que, apesar do estado de guerra com a França, que havia invadido Portugal, reconhecia a evidente primazia e superioridade francesa no campo da engenharia, decalcando o programa do que havia na França, e indicando como obras adotadas quase só livros franceses." (TELLES, 1994, p. 99)

7   "Essa crença veio de Portugal e é baseada num mito de origem portuguesa, o Milagre de Ourique. De acordo com esse mito, Cristo apareceu para o príncipe Afonso Henriques antes da batalha de Ourique, em 1139, na qual os portugueses enfrentaram e derrotaram cinco reis mouros. Cristo supostamente também prometeu a Afonso Henriques construir um império sob o poder de seus descendentes, com a missão de divulgar o seu nome entre as nações." (CARVALHO, 2003b, p. 406)

8   "O conhecimento científico, aplicado de forma prática e eficiente, poderia ser capaz de mudar a rota do abismo. Cabia aos intelectuais da Academia [de Lisboa], convertidos paulatinamente em 'sócios', portanto institucionalizados, a (re)descoberta do atalho que levaria Portugal a uma nova ordem econômica pautada no monopólio funcionalizado para a prodigalidade do Mundo Natural das Colônias." (MUNTEAL FILHO, 1999, p. 86)

um corpo de profissionais que seria a um só tempo um misto de cientistas naturais e engenheiros militares. Por isso mesmo,

> embora fosse um estabelecimento militar, a Academia [Real Militar] destinava-se, como está declarado no preâmbulo da lei, ao ensino das ciências exatas e da Engenharia em geral, no sentido mais amplo da sua época, formando não só oficiais de engenharia e de artilharia, como também "engenheiros geógrafos e topógrafos que também possam ter o útil emprego de dirigir objetos administrativos de minas, caminhos, portos, canais, pontes, fontes e calçadas". Teria para isso um "curso completo de ciências matemáticas e de observação, quais [sejam] a física, química, mineralogia, metalurgia e história natural"; além das ciências militares "em toda a sua extensão", e também disciplinas científicas básicas, como cálculo infinitesimal, geometria descritiva, astronomia e geodesia (TELLES, 1994, p. 89).

Os cursos oferecidos variavam sua duração em função do título que se desejava obter, de tal maneira que só se obtinha o título de engenheiro com competência para a construção de fortificações ao final do sétimo ano, quando já se era formado nos cursos de infantaria e/ou artilharia. Por isso mesmo, os alunos que entravam com cerca de quinze ou dezesseis anos, só se formavam plenamente por volta dos vinte e dois anos (TELLES, 1994, p. 90-92).

Quando da Independência a instituição passou a se chamar Academia Imperial Militar, sendo também denominada de Academia Militar da Corte e sofrendo ao longo de sua história diversas reformas estatutárias e curriculares. A mais importantes delas ocorreria em 1842 já no Segundo Reinado e, de certa forma, prepararia o campo para o surgimento posterior da Escola Central.

> Em março de 1842, pelo Decreto n. 140, uma outra reforma corrigia o erro anterior, reformulando os cursos, criando disciplinas nitidamente pertinentes à engenharia civil, e, o que é mais importante, instituindo os títulos de *Bacharel* e de *Doutor em Ciências Físicas e Matemáticas* e em *Ciências Físicas e Naturais*, primeiros títulos de

nível superior na área de engenharia inteiramente desvinculados do caráter militar (TELLES, 1994, p. 102).

A *Escola Central* surgiria em 1858, separando pelo menos em termos de espaço físico as ciências e a engenharia civil da formação militar que, a partir daquele momento, passaria a ser realizada na *Escola de Aplicação do Exército*. A *Escola Central* entretanto, continuou vinculada ao Ministério da Guerra e só viria a ser efetivamente civil quando transformada em *Escola Politécnica* em 1874.[9]

Ao longo desse processo, durante os Oitocentos, o que se pode perceber é que a engenharia, mesmo no Estado Monárquico, foi se tornando cada vez menos militar e mais voltada para as necessidades que passaram a sacudir o mundo por volta de meados do século XIX. Em realidade, fundamentalmente após a segunda revolução industrial inglesa, além de máquinas e ciência, era necessário que houvesse quadros profissionais formados para pôr em curso o espetáculo do capital em sua unificação material do mundo.

Entretanto, é importante notar um fato na orientação que existiu, desde o princípio, na formação dos quadros técnicos de engenharia, que eram os modelos franceses, adotados também em todas as áreas de ensino desde a formação básica às demais formações superiores como Direito e Medicina. O ensino secundário no Império, como nos lembra Maria de Lourdes Mariotto Haidar (1972), utilizava-se largamente de currículos e manuais franceses.

Isso explica porque, desde o princípio, mesmo na Academia Real Militar, já havia uma certa tradição politécnica[10] que permaneceria ainda até as primeiras décadas do século XX, e se caracterizaria por uma espécie de formação enciclopédica e científica,

---

9   "O ensino de engenharia no Brasil, até final do século XIX, esteve restrito a poucas escolas. Criada em 1810, a Academia Real Militar, no Rio de Janeiro, além de formar engenheiros, a partir de 1842 passou a oferecer um curso de ciências matemáticas e ciências físicas e naturais. Para a obtenção do grau de doutor em ciências, o aluno devia apresentar e defender uma tese. Essa escola transformou-se em Escola Central em 1858, tendo ocorrido em 1874 a separação dos cursos de engenharia civil e militar, com a constituição da Escola Politécnica e da Escola Militar do Rio de Janeiro." (DANTES, 1996, p. 59)

10   "O regulamento [da Academia Real Militar] era, em grande parte, baseado no que regia a famosa Escola Politécnica de Paris, modelo de muitas escolas em todo o mundo, como, por exemplo, a

com vistas a formar um corpo profissional que se qualificaria por sua competência técnica (ALVES, 1996, p. 65-67).

O enciclopedismo científico aparece, por exemplo, no currículo aprovado quando da criação da Escola Central em 1858, onde ao "fim do 4º ano, [eram outorgados] títulos de *Engenheiro Geógrafo e de Bacharel em Ciências Físicas e Matemática ou em Ciências Física e Naturais*" (TELLES, 1994, p. 109). Já o título de Engenheiro Civil só viria ao final do 6º ano e esse é o primeiro programa em que aparece a designação *civil*.

Curso de Matemáticas e de Ciências Físicas e Naturais

1º ano – 1ª Cadeira: Álgebra Superior, Trigonometria Plana e Geometria Analítica.
2ª Cadeira: Física Experimental e Meteorologia.
Aula de Desenho Linear, Topográfico e Paisagem.

2º ano – 1ª Cadeira: Geometria Descritiva, Cálculo Diferencial, Integral, das Probabilidades, das Variações e Diferenciais Finitas.
2ª Cadeira: Química
Aulas de Desenho Descritivo e Topografia.

3º ano – 1ª Cadeira: Mecânica Racional e Aplicada às Máquinas em Geral, Máquinas a Vapor e suas aplicações.
2ª Cadeira: Mineralogia e Geologia.
Aula de Desenhos e Máquinas.

4º ano – 1ª Cadeira: Trigonometria Esférica, Óptica, Astronomia e Geodesia.
2ª Cadeira: Botânica e Zoologia.
Aulas de Desenho Geográfico.

ênfase em matérias básicas e no ensino prático, a obrigação dos professores escreverem livros etc." (TELLES, 1994, p. 92)

Curso de Engenharia Civil

1° ano – 1ª Cadeira: Mecânica Aplicada, Arquitetura Civil, Construção de Obras de Pedra, Madeira e Ferro; Estudo da Resistência dos Materiais e suas aplicações; Abertura, Calçamento, Conservação e Reparação de Estradas e vias Férreas; Aterros e Dissecação de Pântanos.

2ª Cadeira: Montanística e Metalurgia.
Aulas de Desenho de Arquitetura e Execução de Projetos.

2° ano – 1ª Cadeira: Canais navegáveis e estudo dos materiais empregados nessa espécie de obra. Regime e melhoramento de portos, rios, barras e sua desobstrução. Derivação e encanamento de águas, aquedutos, fontes e poços artesianos. Construção relativa a portos marítimos, molhes, diques, faróis, obras de segurança das costas contra a força e velocidade dos ventos e das águas. Aula de Desenho de Construção de Máquina Hidráulicas (TELLES, 1994, p. 108-9).

Concordamos, portanto com a ideia de que o modelo politécnico seria responsável, tornando-se isso mais claro após os anos 1870, por formar uma elite técnica e científica, que visava responder às perspectivas de modernização do Estado ainda sob a égide do regime monárquico. Ao ponto de Isidoro Alves tratar da questão com as seguintes palavras

> O que nós chamamos de *modelo politécnico* configura a formação e a reprodução, através do sistema de ensino, de uma camada intelectual que se caracterizaria pela "competência técnica" e científica para atuar no campo das engenharias e constituir-se como domínio de ação de novas categorias sociais que se opunham à predominância do *bacharel* e do *beletrista* (1996, p. 65-6).

Embora todos aqueles engenheiros de que falamos até aqui, que foram autores de planos de viação, tenham estudado e se formado na Escola Militar e/ou Escola Central, é importante lembrar que apesar das diferenças políticas e acadêmicas existentes entre a Escola Politécnica e a Escola de Minas de Ouro Preto (1876),[11] esta última também atendia

---

11   Estas diferenças estão expostas na obra de José Murilo de Carvalho – *A Escola de Minas de Ouro Preto: o peso da glória*, como, por exemplo, no parecer dado pelos docentes da Politécnica quanto ao

ao mesmo modelo politécnico e era francesa até no calendário escolar europeu que se seguia à risca sob o céu dos trópicos.

É possível vislumbrar no conjunto de transformações por que passava o Império do Brasil, em torno dos anos 1870, o surgimento das primeiras associações profissionais nomeadamente de engenheiros. Exatamente para reforçar, além do enciclopedismo científico, a ideia de que era preciso legitimar esse corpo técnico não somente por intermédio de diplomas auferidos por essas instituições de formação, mas sobretudo pela capacidade de uma tão importante corporação de ofício se fazer reconhecer como a única com capacidade de executar determinadas modernizações materiais e de, ao mesmo tempo, convencer a *boa sociedade* letrada da imperiosa necessidade de realizá-las.

Associações

As sociedades, institutos e clubes aos quais os engenheiros se congregaram foram diversas e tinham interesses variados. Por esse motivo apenas duas instituições reuniam prioritária e majoritariamente os profissionais de engenharia, no caso o Instituto Politécnico Brasileiro, surgido em 1862, e o Clube de Engenharia, criado em 1880. Como se pode ver, sinal dos tempos, já que foram fundadas em meados dos Oitocentos, em torno dos anos 1870.

Antes de falar delas, entretanto, cabe tratar da mais antiga de todas as sociedades preocupadas com a modernização material do Império, "outra associação importante frequentada principalmente por engenheiros" (COELHO, 1999, p. 96) e berço de onde saíram outras instituições, no caso, a Sociedade Auxiliadora da Indústria Nacional (SAIN), que surgiu em 1824, tendo seus estatutos aprovados por D. Pedro I em 1825 e funcionamento iniciado em 1827. Foi das salas dessa instituição, por exemplo, que nasceram, em 1838, o Instituto Histórico e Geográfico Brasileiro e, em 1860, o Imperial Instituto Fluminense de Agricultura (DOMINGUES, 2001, p. 85; SILVA, 1989, p. 14).

projeto de seu fundador e primeiro diretor Claude Henri Gorceix quando da criação da Escola de Minas, (2002 p. 53-54).

A partir de 1833 e até 1892 a SAIN editou sua revista o Auxiliador da Indústria Nacional, que "procurava vulgarizar no país os conhecimentos úteis à lavoura e às demais indústrias nacionais" (Silva, 1989, p. 14), considerando que a palavra indústria tinha um caráter abrangente e se referia ao conjunto das forças produtivas existentes naquele momento histórico.

O fato importante é que a Sociedade Auxiliadora congregava os mais diferentes setores das elites econômicas do Império, denominados proprietários – fazendeiros, comerciantes, industriais –, além de profissionais *liberais,* que abrangiam desde bacharéis a funcionários públicos e profissionais especializados como médicos, naturalistas, professores, bem como militares e padres.[12] Por isso mesmo, embora tivesse no seu interior posições bastante claras como aquela referente à necessidade de *impulsionar*, por intermédio da ciência, os melhoramentos econômicos necessários ao *progresso do país*, servia como fórum de debates às principais questões que assolaram o Estado no período monárquico.

> De qualquer forma, parece correto aceitar, na posição e na função relativas da Sociedade Auxiliadora, o que se poderá chamar de "dialética da ambiguidade". A visão de mundo dominante na Sociedade Auxiliadora, na linha do pensamento de Edgar Carone, era produto da sua oscilação entre o mundo da indústria agrícola e o mundo da indústria fabril, ambiguidade não resolvida esta que se patenteava no momento em que se definia em face do problema da mão de obra, da questão do ensino primário e profissional e da participação nas Exposições que nela eram sempre qualificadas como "revoluções calculadas" (SILVA, 1989, p. 15).

O que nos é essencial ressaltar aqui, em concordância com Luiz Werneck da Silva (1989), é, mesmo nos tempos de forte conservadorismo nos rumos políticos do Estado, o caráter modernizador da SAIN.[13] Sendo que, à medida que a Monarquia foi chegando ao

---

12   Esta classificação foi feita por Heloísa Bertol Domingues (2001, p. 92).

13   "Esta concepção 'progressista', no mínimo modernizadora da economia que a Sociedade Auxiliadora mentalizava, subsistia mesmo quando a 'consciência conservadora' ou o 'regresso' marcava ideologicamente sua tendência política." (SILVA, 1989, p. 15)

seu final e em função das muitas dissensões internas à Sociedade Auxiliadora, ela acabou perdendo espaço para outras instituições mais identificadas e que surgiam com os novos tempos, como a Associação Industrial ou o Clube de Engenharia. Essas últimas associações vicejaram na República, enquanto a SAIN cerrou suas portas em 1904.

É possível talvez propor que a SAIN, nascida para contribuir com a consolidação do Estado Monárquico logo após a *independência* e preocupada com a modernização científica, econômica e cultural do Império, não tenha conseguido se desvencilhar das antinomias que eram inerentes ao regime, já que

> embora sendo iniciativa de um grupo de particulares, nasceu sob a jurisdição do Governo, inicialmente ligada ao Ministério dos Negócios do Império, passou à do Ministério da Agricultura, Comércio e Obras Públicas (MACOP) em 1860, quando este foi criado (CARONE *apud* DOMINGUES, 2001, p. 87).

Outrossim, o que mais de perto nos interessa na SAIN para as questões que se discutem neste trabalho é o modo como ela reuniu sob o mesmo teto uma longa tradição preocupada com o domínio das ciências naturais e sua aplicação ao progresso econômico do Império. Ao ponto de, em alguns casos, o conjunto de saberes científicos apontados como necessários ao progresso da agricultura parecerem com os programas de disciplinas das escolas que formavam bacharéis em ciências físicas e naturais e engenheiros, tais como: *meteorologia, mecânica, zoologia, fisiologia vegetal, química e botânica.*[14] Por isso mesmo, uma vez mais as palavras de Werneck da Silva resumem o que pensamos, quando diz que

> a Sociedade Auxiliadora, além de uma "agência" situada no campo da produção intelectual foi uma, também e principalmente, "agência" inserida no campo econômico da produção de bens materiais. Os seus "intelectuais", se os havia "tradicionais", os havia, também

---

14   "[...]a SAIN desenvolveria atividades para amarrar o conhecimento produzido e os objetivos do Estado de formar os alicerces econômicos da nação, até aquele momento restritos à atividade agrícola." (DOMINGUES, 2001, p. 87)

e majoritariamente "orgânicos", ligados, como já se viu, à modernização no processo produtivo, com reflexos nas relações sociais (1989,
p. 19).

Assim, repetia-se na SAIN o que era de certo modo comum nas suas congêneres à época, em que o trabalho interno se dividia mais ou menos com a assistência pouco ilustrada
dos que davam-lhe sustentação financeira, era presidida por figuras influentes na política monárquica, tendo não raro títulos de nobreza, e suas revistas, pareceres e comissões
eram dirigidas, redigidas e constituídas por intelectuais que eram formados nas melhores
escolas superiores da Europa e daquele Império meridional. E como não era incomum à
SAIN dar pareceres técnicos diante da solicitação do Governo Monárquico, à medida que
a Sociedade servia mesmo para isso, ou seja, auxiliar o Estado, suas comissões buscavam
atender a complexificação da economia, cada vez mais *dinâmica* após o fim do tráfico
escravo e do advento dos anos cinquenta dos Oitocentos. Assim, dentre as dez comissões
existentes em 1869 (DOMINGUES, 2001, p. 96), uma nos é de extremo interesse e se denominava *Comissão de Comércio e Meios de Transporte*.

É evidente, entretanto, que a SAIN se preocupava com a questão das vias de comunicação no território desde os seus primórdios, como se pode perceber no trecho abaixo em
que já se defendia a construção de estradas de ferro:

> Meus Srs., duas creaturas vivendo a huma legoa de distancia no meio
> do mato, são dous selvagens; e logo que ambos cedem aos impulsos
> de approximar-se, impulso innato nos mortaes, a primeira cousa que
> fazem he abrir huma carreira, que lhes facilite a communicação entre
> os seus respectivos Tejupares, e he então que principia o seu estado
> de civilisação, isto he, a segunda época da existencia dos homens.
> Seguindo-se consecutivamente aos carreiros picadas, a estas cami-
> nhos, a estes estradas, depois canaes, e por fim – *Rail Roads* –, as
> quaes se pode em vulgar, me parece, chamar – Estradas Artificiaes –;
> sendo assim demonstração clara do estado de civilisação dos Povos,
> e aperfeiçoamento do seu modo de communicar-se (AIN, Ano II, n.
> 10, 1834, p. 289).

Por volta dos anos 1870, como bem constata Heloísa Domingues (2001, p. 97-98), ver--se-ia uma mudança significativa nos pareceres solicitados pelo Ministério da Agricultura à SAIN, passando eles a ser cada vez menos ligados à Agricultura e mais centrados na química industrial, na geologia, nas artes mecânicas e nos transportes com suas *máquinas maravilhosas* que passaram a habitar o mundo das Exposições Universais e a espalhar pelo planeta caminhos artificiais.

A partir de 1862, no esteio dessas transformações, mas ainda como resultante de uma forte preocupação com as ciências físicas e naturais (DOMINGUES, 2001, p. 85) proveniente da tradição iluminista,[15] apareceu a primeira associação de engenheiros que viria depois a ser, em função de suas características, uma "espécie de precursora da atual Academia Brasileira de Ciências" (TELLES, 1994, p. 491), no caso o Instituto Politécnico Brasileiro.

Edmundo Campos Coelho, ensaísta avesso a *bongobongoísmos*,[16] faz uma deliciosa descrição do local onde a egrégia sociedade iria se reunir para lavrar seu ato de nascimento à exatas trinta e seis ilustres mãos masculinas.

> A construção, de dois pavimentos, é de alvenaria de pedra. Visto do Largo da Sé destacam-se as platibandas no telhado e as três portas e janelas em arco; no vão central, mais saliente, sobressaem as grandes colunas e o frontão triangular. Em data desconhecida foi acrescentado o belo terraço fronteiriço com a balaustrada de pedra lavrada. O estilo neoclássico do edifício sugere equilíbrio e dignidade. Por sua escadaria monumental e pelas rampas laterais chegam à Escola Central pela noitinha do dia 11 de setembro de 1862 dezoito cavalheiros que logo se reúnem no Salão da Congregação no pavimento superior (1999, p. 192).

---

15 "À maneira de outras associações assemelhadas em que foi fecundo o Império, também o Instituto [Politécnico Brasileiro] destinava-se à difusão das luzes da Ciência." (COELHO, 1999, p. 203)

16 Coelho (1999, p. 59) lembra um trabalho de antropologia publicado em Pequim em 1978, no qual se afirma a necessidade de o antropólogo e demais cientistas sociais terem o cuidado ao criar modelos universalizáveis porque o modelo pode não ser aplicável em Bongo-Bongo.

Ali reunidos estão os nomes de dois ministros que foram os primeiros a comandar a pasta da Agricultura, Comércio e Obras Públicas, um deles em pleno exercício de suas funções e o outro seu sucessor imediato: respectivamente Manoel Felizardo de Souza e Mello e Pedro de Alcântara Bellegarde. Além deles se fazem presentes importantes nomes do Arsenal da Marinha como Carlos Braconnot, Napoleão Baptista Level e Antonio Gomes de Matos. Por fim, para abrilhantar com lustro científico, os nomes de Christiano de Azeredo Coutinho e Guilherme Schuch de Capanema.

Guilherme Schuch de Capanema, que seria responsável por dirigir durante todo o período monárquico o setor de telegrafia desde sua implementação e administração, abriria a reunião de fundação do Instituto que teria por finalidade reunir os engenheiros para discutirem questões relevantes à profissão, tratando de um amplo leque de assuntos técnicos e científicos, não caracterizando-se, portanto, "como entidade representativa de interesses corporativos" (COELHO, 1999, p. 203).

Por razões bastante evidentes, o lugar onde se fundou e onde ocorreriam as reuniões, sempre às quintas-feiras, era o mesmo onde se formara boa parte, senão a totalidade daquele grupo de senhores. Era de alguma maneira o retorno de profissionais ao banco escolar para atualizar suas leituras, trocar informações sobre o que ocorria no mundo das ciências e das técnicas, debater sobre temas que estavam tomando a ordem do dia como a implementação de ferrovias no território estatal e a melhoria do portos do mar.

Até porque, como veremos melhor logo adiante, a formação técnica dos engenheiros até aquele momento e por muito tempo ainda, seria bastante livresca e caracterizada, como já dissemos, pelo *modelo politécnico*.

> Ao fim e ao cabo, o que caracterizou os trabalhos do Instituto Polytechnico foi a abrangência dos interesses. Nisso se refletia claramente o enciclopedismo da formação adquirida na Escola Central e na Polytechnica. O caráter abstrato ou teórico das memórias e dos debates devia-se não somente à presença dos doutores em matemáticas e ciências físicas, mas também à generalizada carência de treinamento e experiência prática (COELHO, 1999, p. 203).

A partir de 1867, já sob a presidência do Conde D'Eu que ficaria no cargo até 1889, iniciar-se-ia a publicação da *Revista do Instituto Politécnico Brasileiro*,[17] que teria por muitos anos como seu redator não menos que André Rebouças.[18] A revista, que funcionaria como uma espécie de espelho impresso, traria a gama variada de assuntos que tratava em suas sessões e deixaria perceber o modo como trabalhavam suas comissões técnicas e o teor dos pareceres que por elas eram exarados. Um resumo desse caráter é apresentado por Edmundo Coelho:

> O Instituto dedicou várias de suas sessões a assuntos estritamente técnicos de engenharia: o barão de Capanema e Francisco Pereira Passos trazem à discussão o tema da organização dos orçamentos de obras (sessões de 19 de abril e 14 de julho de 1864); a necessidade de normatizar o sistema de pesos e medidas e a adoção dos sistema métrico são discutidos por Capanema e por Giacomo Raja Gabaglia (sessões de 13 e de 27 de agosto de 1867); em maio de 1867 André Rebouças apresenta sua Memória sobre a resistência do cimento Portland (resultado de suas experiências na direção das obras hidráulicas no cais da Alfândega), e Capanema discorre sobre a resistência de diversos tipos de cabos telegráficos, na sessão de 9 de julho do mesmo ano; [...] Além disso, através de suas diversas comissões o Instituto respondia com certa frequência a consulta do governo e de particulares. Evitava escrupulosamente a vizinhança de matérias políticas, constrangido pelos títulos do seu Presidente [Conde D'Eu] (1999, p. 205).

O curso dos acontecimentos, naquele contexto imediatamente posterior à Guerra contra o Paraguai, seria marcado por muitas viragens no Estado monárquico, e o desenlace de certos conflitos, até então amainados, viria à baila. Haveria, além de *um bando de ideias novas* no ar, novos objetos materiais e geográficos de grande envergadura em sua

---

17   "A seu tempo a revista do Instituto era o único órgão do país onde se publicavam trabalhos científicos e técnicos, exceção feita das teses de concurso, editadas isoladamente." (SANTOS, 1985, p. 75)

18   "Foi profundamente construtiva a rotina profissional de André Rebouças[...], foi Secretário do Instituto Politécnico, cujas sessões frequentava com assiduidade; anotava a baixa frequência, chegando a escrever que a instituição estava extinguindo-se com tanta ausência. Colaborou densamente na Revista, de que era também redator geral." (SANTOS, 1985, p. 73-4)

materialidade prenhe de símbolos e de uma ética nova do trabalho em seu rastilho de pólvora que se espalharia em forma de aço e de fios, com sinais e muita fumaça.

Por isso, o positivismo se faria mais presente em sua versão tropical, mas também haveria surtos como o ferroviário, ampliando de forma excepcional a necessidade de técnicos especializados em engenharia e, embora de forma moderada, ampliar-se-ia o número de profissionais nessa área.

O período em questão, os últimos vinte anos da Monarquia, marcariam a separação da engenharia civil e militar, como ficaria expresso na criação da Escola Politécnica em 1874, e a presença cada vez menor de militares no corpo do Instituto Politécnico.

Entretanto, o Instituto, por suas características *bacharelescas* e *academicistas*, bem como sua fortíssima ligação com os cânones do poder monárquico, não poderia propiciar aquilo que uma corporação técnica indispensável à expansão capitalista de meados dos Oitocentos requeria.[19]

Por essas razões, os engenheiros, muitos deles sócios do Instituto Politécnico, fundariam, em fins de 1880, o Clube de Engenharia, a um só tempo produto dessas transformações de conjuntura econômica e política e propiciadora delas. A prova mais cabal disso está no fato de tanto a SAIN[20] quanto o Instituto Politécnico terem desaparecido como eram, para fundirem-se aos modelos do novo regime político. Já o Clube de Engenharia não só sobreviveu às mudanças como foi agente delas e fortaleceu-se imensamente com a República.

---

19 "O mundo ganha velocidade a cada momento nos trilhos de um progresso cuja estação terminal parece cada vez mais distante, embora muitos até desconfiassem da existência de um final para esses novos tempos de prosperidade e progresso. O símbolo do período, o novo agente social, arauto da modernidade, seu construtor: o engenheiro." (HONORATO, 1996, p. 15)

20 "O Clube de Engenharia criado em 1880 nasceu nessa conjuntura de desestabilização da Sociedade Auxiliadora da Indústria Nacional. Apesar das semelhanças que possam ser identificadas entre as duas associações, principalmente quanto à defesa da 'indústria nacional', a especificidade do Clube de Engenharia reside exatamente na sua configuração profissional, traço de distinção que lhe foi fundamental, e que não devemos perder de vista." (CURY, 2000, p. 94)

A nova associação reuniria não apenas engenheiros, como também empresários preocupados com a modernização, mesclando não raro a ação de uns e outros, sendo que muitos engenheiros se tornariam cada vez mais empresários.[21]

> Coube ao Clube de Engenharia o comando desse processo. Nascido em 24 de Dezembro de 1880, no sobrado de uma casa comercial na Rua do Ouvidor, selou desde o início a sua firme proposição de associar engenharia e indústria. Em grande medida, essa afirmação simbolizava pensamento e ação. Ao contrário do Instituto Politécnico, o Clube de Engenharia pretendeu marcar a sua adesão aos princípios da realização, desconsiderando o caráter meramente acadêmico que uma organização desse tipo poderia associar (CURY, 2000, p. 80).

No fundo, os engenheiros defenderiam para o *país* os melhoramentos materiais que só eles seriam capazes de realizar, o que se poderia colocar de outro modo: que progresso material poderia realizar aquele *país* carente de tantas realizações sem o concurso dos engenheiros? Naquele sentido de que os profissionais criam os problemas para os quais apenas eles têm solução (BOURDIEU, 1998, p. 232; COELHO, 1999, p. 65)

O Clube de Engenharia tornar-se-ia assim, o responsável por defender os interesses corporativos dos profissionais, buscando não só ampliar as possibilidades de emprego, como criando condições efetivas para que o mesmo acontecesse. Por isso, no ano seguinte à sua fundação, preparar-se-ia o Primeiro Congresso Ferroviário, que se realizaria em 1882 e contaria com assistência de um sem-número de profissionais do ramo, como de boa parte das empresas ferroviárias existentes no Brasil à época.

---

21   "[...] o Clube de Engenharia, criado no Rio de Janeiro no ano de 1880, logo de início reuniu em suas fileiras engenheiros do Brasil e do exterior, industriais, políticos e negociantes de várias partes do país, mas principalmente do Rio de Janeiro, interessados no desenvolvimento da engenharia enquanto instrumento para o 'engrandecimento da pátria pelo trabalho'. Por isso mesmo, não era um clube de engenheiros apenas, mas antes uma instituição 'a serviço da engenharia', compreendida já em seus estatutos a partir de sua estreita ligação com o 'desenvolvimento da indústria no Brasil e a prosperidade e coesão das duas classes – engenheiros e industriais –'que a nova entidade propunha-se representar.'" (TURAZZI, 1989, p. 39)

Uma das razões para a realização de um Congresso como esse deve-se ao fato de que o principal empregador à época eram, as ferrovias, mesmo que a maioria dos engenheiros *brasileiros* que nelas trabalhavam fizessem parte de funções não diretamente ligadas à sua construção, mas à fiscalização e administração. Por outro lado, a maior parte dos engenheiros que naquele momento histórico fundavam uma associação que tinha por meta corroborar com seu campo de atuação, eram funcionários de empresas ferroviárias estatais como a D. Pedro II, que ao final do Império empregaria sozinha cerca de 130 engenheiros.[22]

> O programa do Primeiro Congresso das Estradas de Ferro do Brasil contemplou, principalmente, questões técnicas relativas à construção e ao funcionamento das estradas de ferro. Contando com a participação de representantes das principais ferrovias brasileiras, públicas e privadas, com exceção das inglesas, examinou assuntos como a redução das tarifas de transporte, as concessões para prolongamentos, ramais e novas estradas, a lei de desapropriação para construção de vias férreas, e organizou ainda um esboço de um plano geral de viação ferroviária e fluvial para o Brasil. Tendo no sistema de transporte por trens a sua atividade primordial, os engenheiros procuravam ampliar o campo de sua ação profissional (CURY, 2000, p. 97).

O que é importante perceber na mudança do cenário e na atuação desse corpo de profissionais que aliavam ciência e técnica na realização do progresso e da civilização, é o fato de sua qualificação tomar uma importância política cada vez maior, estando pois no período em questão a gênese do que viria a ser uma das poderosas elites burocráticas da República (DIAS, 1994).

---

22 "Em 1869, a estrada [D. Pedro II] contava com 29 engenheiros em quadro de pessoal (os engenheiros auxiliares eram, erroneamente, chamados de *condutores*); esse número subiu para 86, em 1880, e para 130, em 1884, sendo então a E. F. D. Pedro II a maior empregadora de engenheiros no Brasil. Até cerca de 1890, eram os seguintes os ordenados anuais na estrada: Diretor – 18 contos, engenheiro-chefe da construção – 12 contos, chefes de locomoção e do tráfego e primeiro engenheiro da construção – 8:400, chefe de seção – 6 contos, demais engenheiros – 4:800 a 2:400. Esses salários eram muito bons para a época, considerando-se que os diretores das Escolas Superiores ganhavam 6 contos por ano e os catedráticos 4:800." (TELLES, 1994, p. 405)

Assim como suas congêneres, o Clube de Engenharia também teria uma revista, manteria contatos regulares com entidades similares no exterior, participaria de eventos de magnitude internacional por intermédio de seus sócios, discutiria temas de relevância para o país a partir das soluções técnicas que a engenharia pudesse proporcionar como por exemplo, a solução hídrica para o problema das secas no *norte* (CURY, 2000, p. 103).

Uma das questões que estará na pauta dessa associação de maneira preponderante, além das melhorias urbanas de que as grandes cidades necessitavam, diz respeito ao sistema de comunicação e transporte.

> A elaboração de um esboço de plano viário geral do país, a ser entregue ao governo para fins de implementação, evidenciava a preocupação com o desenvolvimento integrado do sistema de comunicações e transportes a ser consolidado no território brasileiro. Uma tal ação articuladora implicava, necessariamente, a presença de uma instituição reguladora, capaz de assegurar o cumprimento das normas e a continuidade das construções. Esse papel caberia ao Estado (CURY, 2000, p. 102).

Seria na estrutura do Estado monárquico e depois republicano que a expressiva maioria dos engenheiros encontraria ocupação profissional. Sua conexão dar-se-ia por intermédio do Ministério, que tinha como função primordial despejar luzes e realizar os espetáculos da *machina* em comunhão com o indígena, símbolos daquele paraíso tropical que se civilizava a passos largos. O Ministério da Agricultura, Comércio e Obras Públicas, seria o *locus* de confluência das luzes e da realização material empírica. Sob sua tutela estarão os bazares das exposições nacionais e os canteiros de obras em que se construiria a riqueza material no território estatal.

Profissionalização

Os profissionais de engenharia que viveram debaixo do manto daquele Império tropical atuaram, pelo menos até fins dos Oitocentos, sob a égide do Estado e com ligações que eram mais sensíveis em três Ministérios – o da Guerra, o da Marinha e o da Agricultura. Os Ministérios da Guerra e o da Marinha, em um Estado com território não definido e em processo de expansão, existiram desde antes da emancipação política,[23] e seria neles, construindo fortificações e portos, caminhos e faróis, bem como os mapas diversos, que esse corpo técnico de engenheiros[24] teria a sua profissionalização inicial. O Ministério da Agricultura Comércio e Obras Públicas, que surgiria em 1860 e passaria a ter relatórios anuais a partir de 1861, representaria de maneira sintomática o momento de viragem nas novas necessidades do Estado monárquico do Segundo Reinado, no âmbito das modificações que ocorriam em escala planetária do ponto de vista da economia, da ciência e da técnica.

Assim, poder-se-ia dizer que a própria *modernização* daquele momento histórico exigiria o surgimento de um Ministério que se apropriasse de questões ligadas concomitantemente à *agricultura,* ao *comércio* e a *obras públicas*, tornando distintiva a sua atuação do campo das estratégias e técnicas militares, e dando às necessidades *industriosas* um tratamento mais específico.

Como já vimos anteriormente, por volta de fins dos anos 1850 inicia-se a separação na formação de engenheiros militares e civis que, embora só efetivada no Brasil com a Politécnica em 1874 e com a Escola de Minas de Ouro Preto em 1876, já teria com a Escola Central em 1858 dado grandes passos nesse sentido. Isso, podemos pensar, não seria casual, mas resultante de um contexto em que novas necessidades vinham à baila, novos recursos técnicos estavam à disposição, a ciência era celebrada pelo capital mundo afora em suas magníficas exposições universais.

Por essas questões, resolvemos focar nossa análise principalmente no papel que o Ministério da Agricultura, Comércio e Obras Públicas – (MACOP), jogou na consecução de uma geografia política que aliava interesses múltiplos e retirava do âmbito estritamente geopolítico o debate sobre a conformação de uma rede de viação para o território estatal. Era esse o lugar, para usar expressão coloquial, onde se casariam, nos mesmos traçados de vias férreas e linhas telegráficas, os diversos interesses que estavam em jogo.

---

23   Os Ministérios da Guerra e da Marinha existiam antes da Independência, ainda quando do período colonial. Seus primeiros relatórios no regime monárquico são de 1827, e quando o Segundo Reinado se inicia, os dois ministérios sofrem reformas em 1841. Ver FLEIUSS, 1925.

24   É importante salientar que só o Ministério da Guerra tinha um corpo de engenheiros, no caso da Marinha não havia este tipo de designação, embora houvessem engenheiros atuando em seus arsenais.

Para além disso, ao olhar para o percurso profissional dos personagens apresentados outrora, pode-se dizer que quase todos teriam sido militares um dia, já que de alguma maneira essa era condição *sine qua non* para que se tornassem engenheiros, mas só um desses personagens seria militar até o fim da vida: Eduardo José de Moraes. Todos, sem exceção, trabalharam de forma permanente ou temporária ligados ao Ministério da Agricultura, Comércio e Obras Públicas.

Os demais engenheiros, que não apareciam nesses Ministérios, estavam na pasta do Império, que agrupava todas as atividades ligadas à educação, inclusive as Escolas Superiores de Engenharia, como a Escola Politécnica e a Escola de Minas, este era o caso de André Rebouças. E até fins do regime monárquico, pouquíssimos seriam os engenheiros brasileiros que atuariam de alguma maneira por conta própria ou a partir de empreendimentos privados, porque quase toda a comunidade profissional estava ligada ao Estado e dependia dele para realizar-se como tal.[25]

Uma série de estudos apontam que mesmo no caso da construção de casas, prédios e melhorias urbanas, os *engenheiros nacionais* quase não são utilizados, já que o mercado está ocupado por profissionais práticos e sem título superior, que nessas artes superam em muito os letrados engenheiros em seus livrescos e enciclopédicos saberes. Mesmo quando se trata de contratos para construção de obras do Estado – ferrovias, portos, estradas de rodagem etc. –, são engenheiros estrangeiros que estão à testa, cabendo aos brasileiros a fiscalização e a administração. Esse quadro só sofrerá modificações significativas com a emergência da República (TELLES, 1994).

> [...] o fato é que a educação dos primeiros engenheiros, tanto os da [escola] Central quanto os da Polytechnica, permaneceria por um largo período tecnicamente irrelevante para os trabalhos para os quais seriam convocados. Foi esse o caso da construção de ferrovias, iniciada por volta de 1852 e impulsionada nos anos [18]60 pela crescente demanda de transporte da cultura cafeeira. Ao mesmo tempo,

---

25 "Como em outras sociedades, também no Brasil a engenharia, ao contrário da medicina e da advocacia, nasceu como uma profissão assalariada. Na medida em que a Polytechnia formava seus engenheiros civis, a burocracia imperial os absorvia como principal, senão único empregador." (COELHO, 1999, p. 197)

o contínuo adensamento demográfico no principais centros urbanos começara a solicitar obras de infraestrutura. Esses projetos e obras de engenharia e de construção civil de grande porte – estradas de ferro, redes de esgoto, iluminação pública, estações ferroviárias etc. – foram entregues a ingleses e, em menor escala, a americanos, a grande maioria deles sem títulos acadêmicos dada a implantação tardia e a lenta expansão da "cultura escolar" nas engenharias inglesa e americana. Simplesmente não havia no Brasil competência técnica para dar conta desses empreendimentos. Já nos anos [18]60 e [18]70 era curioso observar os engenheiros brasileiros, diploma no bolso e anel de grau no dedo, subordinados, nos canteiros de obras, à autoridade técnica dos "práticos" estrangeiros (COELHO, 1999, p. 196-7).

Por essas razões, todos os planos de viação e seus formuladores estariam ligados ao MACOP, pois seriam dirigidos em última análise a essa pasta do governo, responsável por sua elaboração definitiva, efetiva execução e posterior administração. E por fim, seria por dentro desse Ministério que se daria a profissionalização não só dos engenheiros que pensaram planos viários, mas da expressiva maioria daqueles que viriam a conformar um campo profissional.

O Decreto n. 2748 de 16 de fevereiro de 1861, publicado no anexo A do Relatório do Ministério da Agricultura referente a este mesmo ano e com vistas à "execução do disposto no art. 1º § 3º do Decreto n. 1067 de 28 de julho de 1860" (RELATÓRIO MACOP, Anexo 1, 1861, p. 1), organiza a *Secretaria do Estado dos Negócios da Agricultura, Comércio e Obras Públicas*. Ali, a estrutura apresentada contaria com quatro diretorias, todas elas imediatamente subsumidas ao Ministro da pasta serão elas: 1ª) Diretoria Central e dos Negócios da Agricultura, Comércio e Indústria; 2ª) Diretoria das Obras Públicas e Navegação; 3ª) Diretoria das Terras Públicas e Colonização e 4ª) Diretoria dos Correios.

Como se pode perceber, esse *superministério* cuidaria de tudo aquilo que dissesse respeito aos temas mais candentes do processo de modernização material do território, estando enfronhado em importantes debates do período, como se pode ver na estrutura de cada uma das diretorias e o que envolviam desde o sistema de comunicação até a imigração, o registro de terras ao estabelecimento de obras públicas na Corte e demais províncias. Isso para não dizer que sob sua tutela encontravam-se ainda "agregadas [instituições] como o Museu Nacional, os institutos agrícolas e a Sociedade Auxiliadora da Indústria Nacional" (DANTES, 2001, p. 233).

A *2ª Diretoria das Obras Públicas e Navegação*, por sua vez, tinha as seguintes atribuições: a) estradas de ferro, de rodagem e outras; b) telégrafos; c) navegação fluvial e paquetes; d) as obras gerais no município da Corte e nas províncias; e) extinção de incêndios e companhias de bombeiros e f) iluminação pública. Porém, importantíssimo é perceber a composição dos cargos:

> Art. 30 – A 2a Diretoria se comporá de:
> Um Diretor;
> Dois Chefes de Secção;
> Três primeiros oficiais;
> Dois segundos oficiais;
> Dois Amanuenses;
> Dois contínuos, servindo um de Correio.
>
> Art. 40 – Além dos empregados acima mencionados, terá a 2a Diretoria um Corpo de Engenheiros, e os auxiliares precisos para o exame, inspeção, execução e fiscalização das obras públicas, os quais vencerão as gratificações que lhes forem arbitradas em tabela especial (Relatório MACOP, Anexo I, 1861, p. I).

Assim, para explicitarmos melhor algumas atribuições no Capítulo II, do Título II do Decreto que organiza essa Secretaria do Estado, leiamos o seguinte:

> Art. 10. – A Diretoria das Obras Públicas e Navegação terá especialmente a seu cargo:
> § 1° Os negócios concernentes às estradas de ferro, de rodagem e quaisquer outras, e as empresas ou companhias encarregadas de sua construção, conservação e custeio (Relatório MACOP, Anexo I, 1861, p. 3).

Isso implica em dizer que eram muitos os cargos para engenheiros no Ministério, bem como aí se encontravam os melhores salários que estes profissionais poderiam obter na praça e que chegavam, em muitos casos, a ser superiores aos de outras profissões imperiais como medicina e direito.[26]

Além desses elementos organizacionais da primeira estrutura do Ministério da Agricultura, havia o cargo de consultor. O consultor era acionado sempre que o Ministro dele necessitava e participava das reuniões da junta – uma espécie de conselho – que era conformada ainda pelo chefe da pasta e os diretores das seções.

Durante o período monárquico, a organização do Ministério da Agricultura sofreu duas restruturações. A primeira em 29 de abril de 1868 e a última em 31 de dezembro de 1873, sendo esta vigente até a ascensão da República.

Na reforma por que passou em 1868, o Ministério teria, além do ministro, um diretor geral e, subordinadas a ele, seis seções. Desapareciam assim as diretorias e o papel do consultor. As seções teriam chefias, sendo o Diretor Geral o chefe da primeira delas, que era responsável em conjunto com a 6ª seção pelas questões de caráter burocrático e de pessoal. Os correios, que eram uma diretoria, passaram a fazer parte do que fora a 1ª diretoria da estrutura anterior e agora transformara-se em 2ª seção. Já a antiga 2ª diretoria dividira-se em duas, tendo a 3ª seção ficado responsável por tudo o que dissesse respeito a estradas de ferro, navegação fluvial e telégrafos, das construções à fiscalização e administração. A 4ª seção responderia por outras obras gerais na Corte e nas províncias, iluminação pública e extinção de incêndios. A 5ª seção mantinha-se tal como era a Diretoria das Terras Públicas e Colonização.

Na reforma de 31 de dezembro de 1873, o Ministério da Agricultura passou a ter quatro diretorias e seções internas a cada uma delas: 1) *Diretoria Central*, com duas seções; 2)

---

26 "Quase todos funcionários públicos numa sociedade agroexportadora onde pouco lugar havia para a perícia técnica e escasso era o capital para aventuras empresariais, os nossos engenheiros desfrutavam de depauperado prestígio social e exatamente por isso, mais do que os médicos e os advogados atribuíam desproporcional importância aos títulos acadêmicos e ao anel de grau (a maioria era de doutores em matemáticas e ciências físicas e naturais). Os mais notáveis eram 'lentes' na Escola Central e, depois dela, na Polytechnica. A despeito disso, alguns poucos afortunados (uma minoria reduzidíssima é verdade) podiam chegar a receber os mais altos salários do Império, não raro superiores à renda dos médicos e dos advogados de melhor clientela. O diretor da Estrada de Ferro D. Pedro II, normalmente um engenheiro, ganhava em 1886 exatos 18:000$, duas vezes o salário de um juiz do Supremo Tribunal de Justiça e mais do que o de um Ministro de Estado." (COELHO, 1999, p. 95)

Diretoria da Agricultura, com três seções; 3) *Diretoria do Comércio*, com duas seções e 4) *Diretoria das Obras Públicas*, com três seções. As mudanças realizadas agrupam na *Diretoria Central* as atribuições da 1ª e 6ª seções da estrutura anterior; colocam sob a *Diretoria do Comércio* os telégrafos, as instituições científicas e o ensino profissionalizante; já à *Diretoria de Obras Públicas*, organizada em três seções, atribuir-se-ia as mesmas responsabilidades, só que agora em três seções que, em realidade, representavam o desmembramento da 3ª seção da estrutura anterior, ficando as estradas, fossem quais fossem, dissociadas da navegação fluvial e obras hidráulicas, e mantinha-se uma seção para as obras ditas urbanas.

O que se percebe nessas mudanças é o grau de complexidade de funções que vai adquirindo o próprio Estado e ainda a necessidade de dar especial atenção para algumas áreas, a exemplo das seções que cuidariam em separado das estradas de ferro e da navegação fluvial. Por essa razão, de algum modo, ia também se transitando de uma formação mais enciclopédica para outra especializada. Além do que, para falarmos aqui das ferrovias, os canteiros de obras passaram a funcionar como verdadeiras escolas práticas, a exemplo do que nos propõe Pedro Telles:

> A Segunda Seção da E. F. D. Pedro II, além de ter sido uma obra muito importante para a época foi principalmente uma grande escola prática de engenheiros. Ali se formou o primeiro núcleo de engenheiros ferroviários brasileiros, muitos dos quais se notabilizariam depois, na própria estrada, ou em muitas outras atividades. Os principais responsáveis por essa escola prática foram os engenheiros irmãos Ellison, que souberam se cercar de um grupo de jovens brasileiros, e transmitir-lhes toda a experiência que possuíam. Pode-se dizer que a E. F. D. Pedro II (e a E. F. Central do Brasil que a sucedeu), foi durante muito tempo a grande escola, onde tiveram treinamento prático várias gerações de engenheiros (1994, p. 263).

Além de todas as atribuições que lhe eram inerentes,[27] o Ministério da Agricultura, tinha a responsabilidade por organizar as exposições nacionais[28] que eram preparatórias às exposições universais, e essa tarefa ficava a cargo da Sociedade Auxiliadora Nacional.[29]

A ideia era que o MACOP, ao ser responsável por organizar a materialização do progresso, o era também pela difusão ideológica de novos tempos feitos de aço e velocidade. Por um lado, cabia-lhe gerenciar os *melhoramentos materiais* e, por outro, convencer a *boa sociedade do Império* da necessidade desses melhoramentos, da difusão de uma certa ética do trabalho e realização de um projeto civilizatório.

Outrossim, as exposições serviram para incutir nas consciências dos visitantes a imagem do vasto território e a necessidade de dominá-lo do litoral ao sertão entre os seus pontos extremos. Por isso também, e não por acaso, o indígena se somava à máquina e os recursos naturais eram mostrados como riquezas, tanto quanto os avanços provocados pelos aparatos técnicos.

Por fim e ao cabo, ao organizar as exposições nacionais, os muitos engenheiros que faziam parte das comissões organizadoras, estavam de fato propagandeando as maravilhas da engenharia e as coisas mágicas que os profissionais ligados a ela podiam fazer. Por isso, e não casualmente, como bem lembra Inês Turazzi (2001), o MACOP seria o lugar onde se faria uma documentação cuidadosa – escrita e iconográfica – dos feitos tecnológicos desenvolvidos pelos engenheiros e pela engenharia.

---

27   "Todo esse acúmulo de responsabilidades pelo esquadrinhamento e ordenação das riquezas do país, pelo melhoramento material e moral da nação, refletiu-se, no âmbito da Secretaria [de Agricultura], na preocupação crescente com a documentação sistemática e o arquivamento criterioso das informações relativas ao território, à população, às riquezas naturais, aos empreendimentos econômicos do Império, como por exemplo as exposições." (TURAZZI, 2001, p. 152-3)

28   "O Decreto n. 2747 de 16 de fevereiro de 1861 já determinava que a organização das exposições nacionais ficaria subordinada à Secretaria da Agricultura, Comércio e Obras Públicas, como uma das atribuições da Diretoria Central do ministério que também ficaria responsável pelo envio das mostras brasileiras a diversas exposições no exterior." (TURAZZI, 2001, p. 154)

29   "A Coordenação da Exposição Nacional de 1861, como aliás de todas as Exposições que se realizarão sob a Monarquia, será confiada à Sociedade Auxiliadora Nacional." (NEVES, 2001, p. 190)

Assim, constituía-se, como é possível perceber, um campo profissional que, voltando agora ao corpo de engenheiros do MACOP, era apontado como indispensável às transformações pelas quais o Estado deveria passar. Daí não ser de estranhar as palavras assinaladas no relatório apresentado pelo primeiro diretor da Diretoria das Obras Públicas e Navegação do MACOP, Manuel da Cunha Galvão, em que defendia que só dois Ministérios estariam preparados para realizar as obras públicas de todo o Império, por uma razão simples; serem os únicos a contarem com pessoal especializado para tanto.

> Convenho na utilidade de separar as obras militares, porque o Ministério da Guerra tem o seu Corpo de Engenheiros organizado de maneira a bem poder desempenhar os serviços de obras militares, que lhe são especiaes.
>
> Mas as obras de outros Ministerios, embora lhe sejão especiaes, não sei como serão bem desempenhadas, uma vez que não sejão dirigidas ou pelo Corpo de Engenheiros do Ministerio da Agricultura, Commercio e Obras Publicas, ou pelo Corpo de Engenheiros do Ministerio da Guerra; Ministerios estes que unicos, tem os elementos precisos para execução, fiscalisação e inspecção das obras publicas (RELATÓRIO. MACOP, Anexo G, 1861, p. 1).

Não por acaso, a tentativa de regulamentar o Corpo de Engenheiros, já apontado no Decreto nº 2748 de 16 de fevereiro de 1861 que criava o MACOP, seria ratificada por novo decreto de nº 2922 de 10 de maio de 1862, inclusive com estabelecimento de regulamentação com essa finalidade. Entretanto, em Relatório de 1863 do Ministro Pedro de Alcântara Bellegarde, apresentado à Terceira Sessão da 11ª Legislatura, seria possível ler o seguinte:

> Foi publicado, porém não pôde ser ainda executado em consequencia das difficuldades que apresenta a escolha do pessoal, o decreto n. 2.922 de 10 de maio do anno passado que aprovou o regulamento da creação do corpo de engenheiros, expedido para execução do disposto no art. 4º do decreto n. 2.748 de 16 de fevereiro de 1861, bem como os outros que lhe são connexos:

entretanto procuro providenciar para que não soffram os serviços que são por elle regulados (RELATÓRIO. MACOP, 1863, p. 4).

A questão é que os engenheiros, pelo menos os mineiros e ferroviários eram, por seus saberes técnicos, esses especialistas que apareceram com a Revolução Industrial[30] saídos das minas de carvão em trilhos,[31] como os *engineer* ingleses sem formação escolar mas com experiência e prática.[32] No Brasil, assim como em outros países colonizados a oeste, tratava-se de um novo tipo de intelectual (GRAMSCI, 2002) e ao mesmo tempo da conformação de um campo, de um corpo e de um *habitus* profissional (BOURDIEU, 1998). Tratava-se de desenhar uma elite técnica (DIAS, 1994), distinta por seus saberes que circulavam nos jornais, nas salas das instituições de ensino superior, nas sessões das sociedades científico-técnicas e culturais, no aparato burocrático do Estado Monárquico.

A um só tempo cabia àqueles personagens que figurariam como feiticeiros desse novo canto de sereias em forma de máquinas no espetáculo das exposições, constituir-se a si como comunidade profissional e lançar um olhar sobre o território do Estado que pretendiam constituir como sendo o corpo da nação ainda inexistente.

---

30 "A consolidação da hegemonia burguesa na sociedade capitalista, portanto, dependeu da ação de diversas categorias profissionais, entre as quais se destacaram os engenheiros." (CURY, 2000, p. 32)

31 "Evidentemente, foram necessidades de transporte que deram origem à estrada de ferro. Era racional puxar vagonetes de carvão por carris, da boca da mina até um canal ou um rio, era racional puxá-los com máquinas a vapor estacionárias, e era sensato inventar uma máquina a vapor *móvel* (a locomotiva), que os arrastasse ou empurrasse. Fazia sentido ligar uma mina de carvão, distante de rios, até a costa por meio de uma longa ferrovia de Darlington a Stockton (1825), uma vez que os elevados custos de construção dessa linha seriam mais que compensados pelas vendas de carvão que ela possibilitaria, mesmo que seus próprios lucros fossem modestos." (HOBSBAWM, 2000, p. 103)

32 "Em nenhum momento, por exemplo, o país [a Inglaterra] sofreu visivelmente a escassez de homens competentes no trabalho de metais, e como indica o uso da palavra *engineer* os profissionais mais qualificados podiam ser facilmente recrutados entre pessoas com experiência prática em oficinas. A Grã-Bretanha pôde até mesmo passar sem um sistema de educação elementar pública até 1870, e de educação secundária até 1902." (HOBSBAWM, 2000, p. 58)

Saberes

Já em seus segundo e terceiro aforismos sobre a *Interpretação da Natureza e o Reino do Homem* no livro I do *Novum Organum*, publicado pela primeira vez em 1620, Francis Bacon enuncia:

> Nem a mão nua nem o intelecto, deixados a si mesmos, logram muito. Todos os feitos se cumprem com instrumentos e recursos auxiliares, de que dependem, em igual medida, tanto do intelecto quanto das mãos. Assim como os instrumentos mecânicos regulam e ampliam o movimento das mãos, os da mente aguçam o intelecto e o precavêm (1984, p. 13).

E em seguida arremata: "Ciência e poder do homem coincidem, uma vez que sendo a causa ignorada, frustra-se o efeito. Pois a natureza não se vence se não quando se lhe obedece. E o que à contemplação apresenta-se como causa é regra na prática"(1984, 13). O projeto do qual Bacon é uma espécie de arauto, entretanto, aparece com toda a força, como já ressaltado por Max Horkheimer e Theodor Adorno no início de sua *Dialética do Iluminismo* (1989, p. 3), quando Bacon diz:

> Vale também recordar a força, a virtude e as consequências das coisas descobertas, o que em nada é tão manifesto quanto naquelas três descobertas que eram desconhecidas dos antigos e cujas origens, embora recentes, são obscuras e inglórias. Referimo-nos à arte da imprensa, à pólvora e à agulha de marear [bússola]. Efetivamente essas três descobertas mudaram o aspecto e o estado das coisas em todo o mundo: a primeira nas letras, a segunda na arte militar e a terceira na navegação. Daí se seguirem inúmeras mudanças e essas foram de tal ordem que não consta que nenhum império, nenhuma seita, nenhum astro tenham tido maior poder e exercido maior influência sobre os assuntos humanos que esses três inventos mecânicos. Pois bem, o Império do homem sobre as coisas se apoia unicamente nas arte e nas ciências. A natureza não se domina, senão obedecendo-lhe (1984, p. 88).

Para Horkheimer e Adorno, o projeto de desencantamento do mundo proporcionado pelo Iluminismo colocou ao homem a tarefa do pleno domínio da natureza por intermédio da razão instrumental. A razão instrumental estaria pois radicada em algo até bastante precedente, já encontrado em Ulisses de Homero quando do uso da *argúcia da razão*, através da qual o precursor do burguês sobrevive ao canto das sereias amarrado ao mastro, enquanto os seus empregados, com os ouvidos tapados, remam ritmadamente. Na razão instrumental, o conceito tornou-se uma abstração em que o sujeito não se reconhece no objeto e "o número se tornou o cânon do iluminismo." (1989, p. 6). Como desdobramento desse processo,

> o mito passa a ser iluminação e a natureza, mera objetividade. O preço que os homens pagam pela multiplicação do seu poder é a sua alienação daquilo sobre o que exercem o poder. O iluminismo se relaciona com as coisas assim como o ditador se relaciona com os homens. Ele os conhece na medida em que as pode manipular. O homem de ciência conhece as coisas na medida em que as pode produzir (HOERKHEIMER e ADORNO, 1989, p. 7).

A ciência e a técnica passam a ser, com o advento da modernidade nascida do iluminismo, faces de uma mesma moeda. Trata-se agora de uma ciência interessada à serviço das classes que emergiram com a revoluções setecentistas e com elas, evidentemente, trata-se do surgimento de um novo tipo de intelectual,[33] organicamente ligado às classes dirigentes, porque para seguir a lição de Gramsci (2000, p. 15);

---

33 "Na medida em que os novos ramos da engenharia se desenvolveram como partes integrantes da comunidade científica, seus representantes também foram sendo criados dentro da tradição do ensino superior, altamente especializado, gerando novos grupos diferentes de intelectuais, com formação própria e atuação específica dentro da realidade social. A criação de cursos universitários de engenharia, assim como a fundação de associações profissionais e a publicação de periódicos especializados, inserem-se nesse contexto de passagem da tecnologia para os domínios da 'ciência'. Como fenômeno histórico, esse processo apresentou um caráter universal e estendeu-se a todas

> Todo grupo social, nascendo no terreno originário de uma função essencial do mundo da produção econômica, cria para si, ao mesmo tempo, organicamente, uma ou mais camadas de intelectuais que lhe dão homogeneidade e consciência da própria função, não apenas no campo econômico, mas também no social e político: o empresário capitalista cria consigo o técnico da indústria, o cientista da economia política, o organizador de uma nova cultura, e um novo direito etc.

Esses novos intelectuais orgânicos passam a conviver com os intelectuais tradicionais, já preexistentes, que se adaptam à nova situação e são incorporados em funções importantes nas estruturas que surgem.[34]

Por outro lado, Gramsci chama atenção para não se confundir os processos de surgimento desses novos intelectuai, como sendo o mesmo em todo o mundo e ocorrendo ao mesmo tempo e do mesmo modo. Compreender o surgimento desses intelectuais ou especialistas – derivados da palavra clérigo [35]– implica em conhecer suas histórias nacionais e o universo cultural de onde emergiram.[36] Por isso, o filósofo italiano traça um longo

---

as sociedades em que as transformações provocadas pela Revolução Industrial tiveram impacto." (CURY, 2000, p. 27)

34 "O ponto central da questão continua a ser a distinção entre intelectuais como categoria orgânica de cada grupo social fundamental e intelectuais como categoria tradicional, distinção da qual decorre toda uma série de problemas e de possíveis pesquisas históricas." (GRAMSCI, 2000, p. 23)

35 "... o monopólio das superestruturas por parte dos eclesiásticos (disso nasceu a acepção geral de 'intelectual', ou de 'especialista', da palavra 'clérigo', em muitas línguas de origem neolatina ou fortemente influenciadas, através do latim eclesiástico, pelas línguas neolatinas, com seu correlativo de 'laico' no sentido de profano, de não-especialista) não foi exercido sem luta e sem limitações; e, por isso, nasceram, sob várias formas (que devem ser pesquisadas e estudadas concretamente), outras categorias, favorecidas e ampliadas pelo fortalecimento do poder central do monarca, até o absolutismo. Assim, foi-se formando a aristocracia togada, com seus próprios privilégios, bem como uma camada de administradores etc., cientistas, teóricos, filósofos não eclesiásticos etc." (GRAMSCI, 2000, p. 17)

36 "Precisamente nos nossos dias foi escrito que, para competir com a expansão econômica japonesa, não basta adotar as técnicas de produção e *management* japonesas: estas técnicas são bem

panorama discorrendo sobre a formação dos intelectuais em diversas formações sociais, chamando atenção para a produção da categoria de intelectuais na França, na Itália, na Rússia, na Alemanha, nos Estados Unidos e na Inglaterra, bem como salienta as distinções dos processos de formação intelectual na América do Sul e Central e de características muito próprias na Índia, China e Japão.

O que nos chama atenção é o fato de em alguns casos haver uma interessante adaptação dos intelectuais tradicionais a condições sociais, econômicas e políticas em que surgem, com as novas classes dirigentes os seus intelectuais orgânicos, fundamentalmente nos países de passado medieval. No caso da Inglaterra, Gramsci ressalta que embora os industriais tenham feito a revolução econômica, foram as elites agrárias que continuaram a mandar na política. Versando sobre a experiência *Junker* alemã,[37] sublinha suas características fortemente militarizadas e o papel das aristocracias rurais na constituição do Estado. No caso da França, lembra o seu papel *cosmopolita* e colonialista, no sentido de reforçar as bases da nação francesa na expansão cultural de suas instituições por todo o mundo, na constituição de uma espécie de mundo à francesa.

Em um país de passado colonial como os Estados Unidos, chama atenção o fato de Gramsci "notar a ausência, em certa medida, dos intelectuais tradicionais" (2000, p. 29), sendo que o mesmo não ocorreria,

> na América do Sul e Central, a questão dos intelectuais, ao que me parece, deve ser examinada levando-se em conta as seguintes condições

conhecidas mesmo fora do Japão. Para travar o expansionismo japonês conviria japonizarmo-nos, culturalmente primeiro e só depois tecnologicamente [...] Isso compreendeu há séculos o holandês Nicolaes Witsen quando, no seu grande *Tratado sobre as construções navais*, impresso em Amsterdã em 1671 escreveu: 'Os estrangeiros que vêm aos estaleiros holandeses para estudar certas técnicas não conseguem depois pô-las em prática nos seus países. Em minha opinião isto deriva do fato de essas pessoas terem de trabalhar num ambiente diferente, com mão de obra não holandesa. Mesmo que um estrangeiro aprendesse tudo quanto há para aprender, os seus conhecimentos não lhe serviriam para nada, a menos que conseguisse inculcar nos seus trabalhadores a mentalidade ordenada e sóbria dos holandeses. O que é impossível'." (CIPOLLA, 1989, p. 12-3)

37   Sobre a experiência de capitalismo tardio da Alemanha e o papel da aristocracia Junker, ver o livro do geógrafo Antonio Robert Carlos Moraes. *A Gênese da Geografia Moderna*. São Paulo: Hucitec, 1989.

> fundamentais: também na América do Sul e Central inexiste uma ampla categoria de intelectuais tradicionais, mas o problema não se apresenta nos mesmos termos que nos Estados Unidos. De fato, encontramos na base do desenvolvimento desses países os quadros da civilização espanhola e portuguesa dos século XVI e XVII, caracterizada pela Contrareforma e pelo militarismo parasitário. A cristalização ainda hoje resistente nesses países são o clero e uma casta militar, duas categorias de intelectuais tradicionais fossilizadas na forma de metrópole europeia. A base industrial é muito restrita e não desenvolveu superestruturas complexas: a maior parte dos intelectuais é de tipo rural e, já que domina o latifúndio, com extensas propriedades eclesiásticas, estes intelectuais são ligados ao clero e aos grandes proprietários (GRAMSCI, 2000, p. 30-31).

Assim, ao confrontar a experiência inglesa e a ianque com a brasileira, poderíamos pensar que, embora não tenha havido passado medieval no Brasil, isto ocorreu em Portugal, e a tradição intelectual portuguesa foi trazida para o Brasil e aí cultivada, resultando na produção de um corpo intelectual fortemente ligado ao aparato estatal monárquico e, logo, dependente dele. Razão pela qual, mesmo buscando modernizar o Estado, esse corpo intelectual estava atado e dependia dos interesses das classes senhoriais que cultivavam o *arcaísmo como projeto*.

Por esse motivo, uma vez mais seria preciso apontar 1870 como momento de virada na vida intelectual brasileira, em que o positivismo dá passos decisivos em uma sociedade em que vigorava o ecletismo filosófico.[38] Sendo que, por outro lado, a atividade intelectual se

---

38 "A corrente eclética representa o primeiro movimento filosófico plenamente estruturado no Brasil. Suas ideias penetraram fundo em amplos setores da elite nacional e chegaram a se transformar no suporte último da consciência conservadora em formação. Não se trata de uma simples cópia do sistema cousiniano mas de uma livre interpretação dos vários elementos que o integram com o objetivo de adaptar à tradição e fundir num só bloco as diversas doutrinas incorporada à nossa bagagem cultural, no período recente, sem maior aprofundamento. Mais que isto, urge conciliar o anseio de modernidade com as peculiaridades da nação brasileira: valorização da experiência científica num meio que não dispunha de condições efetivas para realizá-la; adoção dos princípio do liberalismo econômico quando as atividades produtivas eram realizadas pelo braço escravo; disposição de praticar o liberalismo político defrontando-o, ao mesmo tempo, com o imperativo de preservar

acentua com a urbanização, ainda que precária, que ocorria nas ilhas letradas do arquipélago, conformado, em sua expressiva maioria, pelas cidades portuárias que beiravam o Atlântico.

A urbanização proporcionou, decerto, um duplo processo. Exigia novos profissionais que dessem conta de resolver os problemas das cidades em que as populações cresciam aos saltos e, do mesmo modo, impunha a esses novos profissionais uma identidade mais urbana, civilizada e cosmopolita, imprimindo-lhes outros anseios e aspirações – pelo menos em parte –, distintos das elites agrárias.

Por isso, Francisco Foot Hardman, em artigo intitulado "Antigos Modernistas", dirá:

> No Brasil, desde pelo menos 1870 – meio século antes, portanto, da Semana de Arte Moderna, de 1922, em São Paulo –, uma série de pensadores e obras já se inscrevia num movimento sociocultural de ideias e reivindicações que o historiador e literário crítico José Veríssimo, em sua *História da Literatura Brasileira* (1916), denominaria de *modernismo*, abrangendo textualmente: o positivismo de Comte, o transformismo de Darwin, o evolucionismo de Spencer, o intelectualismo de Taine e Renan, tudo vindo a calhar, no Brasil, na chamada Escola do Recife, Tobias Barreto à frente. Com o final da guerra contra o Paraguai (1865-1870), a percepção espacio-temporal mudava radicalmente, na sociedade brasileira, segundo muitos depoimentos coevos – entre eles, algumas crônicas luminosas de Machado de Assis (1992, p. 290-291).

a unidade nacional; empenho de dotar o país de instituições modernas partindo de muito pouco, etc." (PAIM, 1967, p. 75)

Além da obra de Antonio Paim é importante a leitura de Paulo Mercadante. *A Consciência Conservadora no Brasil*. Rio de Janeiro: Nova Fronteira, 1980 e de João Cruz Costa. "O Pensamento Brasileiro sob o Império". In: Sérgio Buarque de Holanda. *História da Civilização Brasileira*. Tomo II – O Brasil Monárquico, Livro 3 – Transações e Reações. Rio de Janeiro: Bertrand, 1987 (p. 323-342)

A distinção entre intelectuais do tipo urbano e do tipo rural também realizada por Gramsci,[39] embora não possa ser aplicada à *realidade brasileira oitocentista* como a outras sociedades, deve ser compreendida como uma dica importante para apreensão do cadinho cultural e material em que são forjados os intelectuais brasileiros dos últimos decênios do Segundo Reinado.

E, considerando esse aspecto, talvez venha de Hardman, embora ele enfoque mais explicitamente a virada do século, a pista para entendermos que

> nesse processo, diferentes correspondências poderiam ser pesquisadas: por exemplo, as afinidades entre o discurso modernizador de setores do Estado (a engenharia de obras públicas ocupando, aí, o lugar de "vanguarda"), o discurso evolucionista-progressista da imprensa operária emergente (seja na orientação social-democrata, seja na vertente anarco-sindicalista) e o discurso estético-literário moderno de literatos, ensaístas e críticos de estilos aparentemente tão díspares com Raul Pompeia, Aluísio Azevedo, Graça Aranha, João do Rio, Euclides dos Anjos, Coelho Neto, José Oiticica, José Veríssimo, Araripe Jr., Capistrano de Abreu ou Elísio de Carvalho, apenas para referir-se a alguns expoentes bem conhecidos da intelectualidade brasileira à época (1992, p. 291-292).

Extraiamos da citação de Hardman apenas o trecho em que indica "o discurso modernizador de setores do Estado (a engenharia de obras públicas ocupando, aí, o lugar de 'vanguarda')" (1992, p. 291) e poderemos procurar perceber de maneira sublinhada o

---

39 "Posição diversa dos intelectuais do tipo urbano e de tipo rural. Os intelectuais de tipo urbano cresceram junto com a indústria e são ligados às suas vicissitudes. A sua função pode ser comparada à dos oficiais subalternos no exército: não possuem nenhuma iniciativa autônoma na elaboração dos planos de construção; colocam em relação, articulando-se a massa instrumental com o empresário, elaboram a execução imediata do plano de produção estabelecido pelo estado-maior da indústria, controlando suas fases executivas elementares. Na média geral, os intelectuais urbanos são bastante estandartizados; os altos intelectuais urbanos confundem-se cada vez mais com o estado-maior industrial propriamente dito." (GRAMSCI, 2000, p. 22)

papel da engenharia e dos engenheiros como enfronhados no projeto de modernização do Estado Monárquico do Segundo Reinado.

> Talvez nenhuma outra categoria profissional tenha podido representar, no Brasil, o ideal da modernização pela via do progresso material tão completamente quanto os engenheiros. Ainda que por mero dever de ofício, eles sempre foram inclinados a construir os instrumentos desse tipo de progresso. Mas, conseguiram ir além do simples exercício da profissão, ao tomarem para si o "dever moral" de transformar o aperfeiçoamento das condições materiais do país em uma bandeira ideológica em prol de seu processo civilizatório. Buscando substituir os critérios políticos pelo critérios técnicos (CURY, 2000, p. 38).

Em princípio, retomando em parte o que já dissemos, as elites intelectuais colonizadoras portuguesas foram as responsáveis por conformar instituições de formação intelectual, e isso marca a formação social brasileira em seu contraponto e complementariedade com a instituição da escravidão. Os tradicionais ligados ao Estado fiscalista português e ao domínio dos recursos naturais do território lusitano nos trópicos ocidentais, influenciam fortemente a formação dos intelectuais orgânicos das camadas que emergirão nos quadros do Segundo Reinado.

A formação dos engenheiros deriva desse processo histórico. Suas escolas serão, pelo menos até o período de transição entre a Escola Central e a Politécnica (1858-1874), marcadas pelo signo da educação militar e pelo cientificismo ilustrado, embora o princípio da politecnia aí já resida. Os jovens que se tornarão engenheiros são, em sua maioria, filhos das camadas médias que não podem ter acesso à educação formal e superior em áreas como direito e medicina e, por isso, se veem forçados à alternativa da formação militar. Por fim e ao cabo são, desde a condição de alunos, funcionários do Estado Monárquico escravista.

A origem social e a condição de funcionários do aparato estatal, mesmo em um Estado agroexportador escravista, dão brechas para que os engenheiros possam, em certa medida, conformar uma autonomia intelectual que se contrapõe, nos limites aos quais estão subsumidos, às frações agrárias das classes senhoriais e aos intelectuais tradicionais mais organicamente ligados a elas.

Esse fenômeno pode ser apreendido na busca de autonomia por parte dos engenheiros, quando interferem por intermédio de suas associações profissionais, de uma atuação nas políticas curriculares das escolas superiores de engenharia e ainda na esfera do próprio aparato burocrático do Estado, para pôr em curso a legitimação do campo profissional.[40]

Dessa maneira, se muitos engenheiros participavam da SAIN (1824) (COELHO, 1999), o Instituto Politécnico (1862) seria uma associação que congregaria apenas engenheiros preocupados em fazer ciência e estar a par das novidades técnicas que transformavam o mundo civilizado. Já o Clube de Engenharia (1880) será conformado por engenheiros e empresários com o intuito de garantir que, simultaneamente, os novos empreendimentos materiais que modernizariam o Estado pudessem empregar mais engenheiros e consolidar a comunidade profissional.[41]

O fenômeno de autonomização pode ser ainda apreendido no discurso técnico elaborado por parte dos engenheiros onde, como já nos ensinaram Adorno e Horkheimer em relação ao Iluminismo, "o número se tornou o cânon" (1989, p. 6). Assim, um discurso geométrico-aritmético feito de medidas e números, objetividade e precisão, apresentaria sua legitimidade em função da qualidade do cálculo e isso afastaria os profanos do debate sobre muitos dos *melhoramentos materiais*, definindo, cada vez melhor, o campo em que só os engenheiros poderiam *vislumbrar os problemas e apontar as soluções*. Em outras palavras, que comunidade profissional além daquela detinha os saberes necessários para construir estradas de ferro que cruzavam o coração das montanhas e ligavam abismos? Aterrar os pântanos insalubres, fonte de tantos miasmas? Dominar os efeitos devastadores das secas com a construção de açudes? Enfim, quem mais podia dispor de saberes tão indispensáveis ao domínio da natureza, senão os engenheiros?

E mais ainda, em fins do Segundo Reinado, não bastava a esses profissionais, que não raro se especializavam ou faziam viagens de estudo ao exterior, ficar sob as ordens dos

---

40   "O campo da produção simbólica é um microcosmo da luta simbólica entre as classes: é ao servirem aos seus interesses na luta interna do campo de produção (e só nesta medida) que os produtores servem os interesses dos grupos exteriores ao campo de produção." (BOURDIEU, 1998, p. 12)

41   "[...] a fundação de associações profissionais e a publicação de periódicos especializados procuraram ampliar o seu raio de ação, ao mesmo tempo em que pretenderam garantir para seus foros exclusivos a solução dos problemas específicos do seu grupo." (CURY, 2000, p. 35)

práticos ou dos engenheiros de outros países. Cabia, como buscaram fazer, delimitar o campo com as mesmas tintas com que se delimitara o território do Estado Monárquico e advogar que a pátria se deveria construir com os nascidos naquele território.

> A configuração de um campo profissional como arena definida para a apropriação de um determinado tipo de capital social e cultural inclui, assim, uma série de procedimentos. Enquadram-se nesse conjunto as regras para a formação acadêmica do grupo (os cursos de nível superior, por exemplo), as normas para o exercício da profissão (diplomas e demais critérios conhecidos oficialmente) e a capacidade de organizar a atuação concreta de seus representantes (agremiações e associações profissionais), de modo a, não apenas determinar seu papel na realidade social, mas destacá-los e diferenciá-los em relação aos demais segmentos e setores (CURY, 2000, p. 35).

A título de exemplo, vale a pena abrir um parêntese para indicar que um processo similar ocorreu na Colômbia em fins do século XIX. Duas associações foram fundadas em Bogotá. A primeira delas em 1873, contando fundamentalmente com professores e alunos da Escola de Engenharia da Universidade Nacional, não teve êxito em função da falta de recursos, do pequeno número de profissionais e de uma certa indiferença. Já em 1887, tendo mudado a conjuntura, em função da realização de obras públicas por parte do Estado colombiano e em decorrência de uma certa consolidação mínima da profissão, surgiu a Sociedad Colombiana de Ingenieros. E "A luta dos engenheiros neste período foi dupla: contra os usurpadores da profissão, isto é, aqueles que exerciam o ofício sem a qualificação necessária e contra os engenheiros estrangeiros." (TORRES, 1992, p. 105) [Tradução nossa].[42] E além disso:

> Para demonstrar que estavam dispostos a jogar o papel que lhes correspondia 'na obra complexa do progresso nacional', principiaram por exigir sua participação, como especialistas, nos 'assuntos

---

42 "La lucha de los ingenieros en este período fue doble: contra los usurpadores de la profesión, esto es, aquellos que ejercían el oficio sin la calificación necesaria, y contra lo ingenieros extranjeros" (TORRES, 1992, p. 105)

> relacionados com as melhorias materiais', como as obras públicas, as ferrovias nacionais, a navegação fluvial, o sistema métrico decimal de pesos e medidas, as minhas, os telégrafos e telefones, a conservação dos aquedutos e as obras riego para os prédios rurais, entre outros. Estas tarefas, tais com aquelas que haviam assumido as sociedades de medicina, resultavam vitais para a construção da nação.
>
> Para os engenheiros resultava especialmente importante ser contratados para dirigir ou ao menos para participar, na construção das ferrovias que estavam ao cargo, em sua maioria, dos engenheiros e empresas estrangeiras (TORRES, 1992, 106).[43]

Outras ainda são as similaridades históricas no processo de conformação do campo profissional de engenharia na Colômbia e no Brasil. As associações profissionais discutem ciência em suas diversas comissões, divulgam o resultado de seu trabalho sistemático em suas revistas, participam de eventos internacionais, mantêm contato com comunidades científico-técnicas de outros Estados. Isso para não falar na formação acadêmica fortemente baseada nas matemáticas e ciências naturais, comum aos dois países, a ponto de formar-se o engenheiro quando este já havia se tornado *matemático, físico, geógrafo*. Também são idênticas as relações com o aparato estatal no reclamo à consigna de uma *engenharia nacional* na construção das melhorias materiais.

Isso nos leva a crer que é importante também considerar o campo profissional fora dos limites restritos das histórias nacionais, naquele sentido de que, se havia diferenças culturais, econômicas e políticas que não podem ser desconsideradas no âmbito de cada formação

---

43 Para demostrar que estaban dispuetos a jugar el papel que le correspondía "en la obra compleja del progreso nacional", empezaron a exigir su participación, como expertos, en los "asuntos relacionados con las mejora materiales", como las obras pública, los ferrocarriles nacionales, la navegación fluvial, el sistema métrico decimal de pesos y medidas, las minas, los telégrafos y teléfonos, la construcción de acueductos y las obras de riego para los predios rurales, entre otros. Estas tareas, tales como las que habían asumido las sociedades de medicina, resultaban vitales para la construcción de la nación.

Para los ingenieros resultaba especialmente importante ser contratados para dirigir o, al menos para participar, en la construcción de los ferrocarriles que estaban a cargo, en su mayoría, de ingenieros y empresas extranjeros (TORRES, 1992, 106).

social, tratava-se, como se viu no espetáculo das exposições universais, de expandir mercados não apenas do aço e do carvão, mas das novas máquinas e, é claro, de um certo *savoir-faire* que ligaria o mundo por trilhos e cabos. Ou seguindo a lição de Bourdieu de que "se é verdade que o real é relacional, pode ser que eu nada saiba de uma instituição acerca da qual julgo saber tudo, porque ela nada é fora das suas relações com o todo"(1998, p. 31).

> Como novos ramos do saber especializado, coube às aplicações civis da engenharia (civil, mecânica, hidráulica, elétrica), a tarefa de realizar o emprego de ciência à tecnologia. Novos materiais (ferro e aço), novas fontes de energia (petróleo e eletricidade) e novos métodos e técnicas de produção (equipamentos e maquinaria industrial, linhas de montagem) foram avanços obtidos sobretudo a partir do progresso do conhecimento dos engenheiros em matérias específicas da sua competência profissional. Da mesma forma, as transformações realizadas no meio ambiente, através da exploração mais intensa dos recurso naturais e dos novos sistemas de comunicação e transporte, apoiavam-se cada vez mais nos cálculos matemáticos (CURY, 2000, p. 27).

Novamente são citados os cálculos matemáticos, os mesmos com os quais era possível definir latitudes e longitudes, mensurar distâncias e demarcar limites, desenhar mapas para diversos fins, equacionar planos de toda ordem nas mais diversas escalas.

Ao que parece, os planos de viação que vêm à luz pelas mãos dos personagens que já tivemos oportunidade de conhecer *grosso modo*, se inscrevem como elementos de complexas relações em que ciência, técnica, mercado e espetáculo não se separam de escravidão, monarquia e latifúndio. Relações entre intelectuais modernizadores no quadro de uma sociedade agroexportadora escravista.

Ademais, não é menos importante lembrar o fato de que os planos, no âmbito da mobilização de recursos de toda ordem, são artefatos modernos e construções materiais plenamente inseridas no *modus operandi* do trabalho que casa ciência e técnica.

Por fim e ao cabo, não custa nada lembrar também que uma das especialidades dos engenheiros da época em questão era a geografia e, como não poderia deixar de ser, muitos eram engenheiros geógrafos antes de serem engenheiros civis com outras especialidades. A matemática, tão importante à geografia no século XVIII na Espanha (CAPEL, 1982), não era menos valiosa quando se tratava de elaborar planos de viação para o território estatal monárquico. Entretanto, talvez seja possível afirmar que algum conhecimento do território era necessário, além das matemáticas, na hora de apresentar planos daquelas dimensões.

Planos

OS PLANOS DE VIAÇÃO DO SEGUNDO REINADO foram elaborados no interregno que se delineou entre os últimos anos da guerra contra o Paraguai e o fim do regime monárquico.[1] O território em formação daquele Estado que se consolidava, por sua vez, foi a base material sobre a qual se desenharam não apenas essas linhas imaginárias que não raro seguiam o azul sinuoso dos mapas incertos, mas sobretudo delineavam modos de apreender os sentidos que se deveriam dar àquela mítica ilha que flutuava envolta pelas águas do Atlântico, do Amazonas e do Prata.[2]

Por outro lado, para além desse *território-página* ou *território-palimpsesto*, é possível dizer que muitas outras foram as convergências entre os diversos planos de viação daquele presente histórico e não poucas as divergências que alimentavam os diferentes projetos

---

[1]   "Em cada país, a história do desenvolvimento ferroviário revela as *necessidades econômicas*, o *pensamento político* da administração e a *ideia nacional* relativa aos transportes. A ideia de unidade nacional presidiu à formação da rede alemã, aparecendo logo o interesse estratégico da concentração rápida de forças sobre o Reno. A França, depois da derrota de 1870-1871, também se preocupou com as soluções estratégicas para completar sua rede. A China, separada pela natureza em China do Norte (Pequim) e China do Sul (Cantão), visou sempre à união ferroviária de suas duas partes heterogêneas. A Rússia só principiou as construções de linhas férreas depois das derrotas da guerra da Crimeia, quando ficou provada sua inferioridade em matéria de mobilização. Nos Estados Unidos, a estrada de ferro desempenhou o importante papel na abertura de novas regiões à atividade dos imigrantes europeus." (CARVALHO e CASTRO, 1967, p. 314).

[2]   Os planos reeditam, às vezes implícita e as vezes explicitamente, o mito da Ilha Brasil.

para aquela sociedade escravagista, monarquista e agro-exportadora que, acorde com seus limites, pretendia se modernizar. Dizendo de outro modo, as intersecções entre os planos de viação não apontavam, necessariamente, para a mesma direção, embora, geralmente, o traçado de alguns caminhos parecesse ter os mesmos fins.

Os planos, por terem estrutura distinta, serão apresentados para familiarizar o leitor e promover uma espécie de aproximação que permita apontar para certas ideias que virão a seguir. Depois, os poucos estudos sobre eles servirão para dar uma ideia, ainda que incompleta, do modo como foram lidos e interpretados. Finalmente, um conjunto de temáticas comuns a todos os planos será objeto de análise, procurando dar uma noção do quanto caminharam próximos e se distanciaram, mediante o mesmo intuito de promover um sistema de transportes para aquele território estatal de topografia política tão peculiar como havia de ser um vasto Império nos Ttrópicos.

Perfis

Os planos têm perfis distintos quanto à sua estruturação e, nesse sentido, merecem uma apresentação particular ou, para dizer de outra maneira, tratam da mesma questão mas não se apresentam do mesmo modo. Os elementos de suas composições são muito importantes, em princípio por serem textos datados às vezes com diferença de mais de uma década, em uma época na qual o tempo começou a caminhar mais depressa, para lembrar as palavras de Machado de Assis. Outro aspecto importante é que alguns planos tiveram duas versões, às vezes distando cerca de um quarto de século uma da outra, embora mantivessem o cerne das preocupações com que foram apresentados originalmente. Por fim, há uma diferença que diz respeito à extensão dos textos, sendo o mais longo deles escrito em cerca de duzentos e cinquenta páginas e o mais curto não passando de vinte e cinco laudas.

Ademais, parece-nos essencial voltar aos autores dos planos e a seus contextos históricos, para saber em que condições elaboraram essas peças discursivas, onde se as publicou e a que interesses mais evidentes buscavam responder.

Planos para o Império   113

Moraes

O livro *Navegação Interior do Brasil* surgiu pela primeira vez, em 1869,[3] com cerca de duzentas páginas e quando Eduardo José de Moraes era um jovem 1º tenente do corpo de engenheiros do Ministério da Guerra. Naquele ano faltava bem pouco para que a guerra contra o Paraguai, onde combatera o autor, terminasse com o assassinato de Solano López e trouxesse enfim à tona a necessidade mais que premente de constituir um plano de viação para o vasto território monárquico.

Por outro lado, naquele ano de 1869 o Estado não havia ainda ingressado de modo mais pleno na sua era ferroviária, que só seria iniciada quando chegassem os anos setenta dos Oitocentos e houvesse modificações substantivas tanto nos investimentos realizados pelos cafeicultores paulistas na infraestrutura de transporte, quanto na legislação monárquica que visava a partir de 1873 dar garantia de juros à construção de ferrovias que ligassem centros produtores a portos exportadores.

É nesse contexto que virá à baila o plano de viação do jovem engenheiro geógrafo Eduardo José de Moraes, que tivera a oportunidade de publicar em jornais da época diversos trabalhos sobre as bacias hidrográficas brasileiras,[4] depois da convivência com figuras como Emmanuel Liais, com quem trabalhou no reconhecimento e mapeamento do alto São Francisco e ainda como decorrência de viagens de estudo feitas à Europa para analisar

---

3   A leitura que fizemos foi da primeira parte da segunda edição da obra que se deu em 1894, como nos informa o autor: "AO LEITOR – O presente livro, sob o título *Navegação Interior do Brasil*, está dividido em duas partes distintas.

    A primeira parte contem a reprodução textual na memória que, sob o mesmo título, publicamos em 1869, e cuja edição se achou em breve tempo inteiramente esgotada.

    A segunda e última parte, compreende além de correções, a ampliação ou melhor a continuação da referida memória, desde a sua publicação até a presente data.

    As duas partes desta divisão acham-se indicadas pelos títulos: *Edição de 1869, Edição de 1894*." (MORAES, 1894, p. 3)

4   "Para ligar-se as bacias de léste[Gurgueia Parnaíba e São Francisco], já tivemos occasião de apresentar á consideração do governo imperial, por intermedio do ministerio da agricultura, commercio e obras publicas, um projecto de juncção desta importantes bacias, e que foi publicado no *Diario Official* de 8 de Maio de 1866, n. 103.

trabalhos hidrográficos, como tão bem nos informa Ferdinand DENIS, em notícia escrita acerca do livro *Navegação Interior do Brasil* para publicação na página 225, do tomo 19 *do Bulletin de la Societé Gèographique de Paris* de 1870:

> O Imperador do Brasil tão bem compreendeu a importância prodigiosa dessa via navegável, tão pouco explorada que fora ele mesmo visitá-la nas suas porções desertas faz, mais ou menos, quatro anos.
>
> Um jovem oficial que recentemente visitou a Europa, onde veio examinar com seus próprios olhos vários trabalhos hidrográficos da França, da Inglaterra e da Alemanha, acaba de aplicar sua sábias observações às vastas redes dos rios de seu país, lançando pela primeira vez uma viva luz sobre estas grandes questões.
>
> Senhor Moraes assinalou pela primeira vez quanto ao São Francisco o caráter que sua posição central lhe dá dentro do vasto Império, cujo destino é multiplicar suas riquezas.
>
> Senhor José Moraes é lugar-tenente do corpo de engenheiro e seu relatório está exposto com uma rara lucidez. (Tradução de Larissa Lira e Manoel Fernandes de Sousa Neto)[5]

Mais tarde, publicando em Pariz uma pequena brochura, sob o titulo *Rapporte partiel sur le haut San Francisco*, tornamos a voltar sobre a mesma questão, a paginas 15 a 31 da mencionada brochura nos artigos *Le San Francisco* e *Project de jonction du San Francisco à la mer*.

Na primeira parte do presente opusculo [Navegação Interior] se achará, pois tudo o, que então foi dito relativamente á questão da juncção do S. Francisco ao mar, ou melhor, a juncção das bacias do léste, segundo a divisão das bacias hydrographicas adoptadas.

Na segunda parte se achará o projecto que tivemos occasião de apresentar á consideração do governo imperial, por intermedio do ministerio da guerra, em junho de 1867, sobre a juncção do Amazonas ao Prata [ou seja em pleno conflito com o Paraguai], e que foi publicado no Jornal da Bahia e do Pará, e no Jornal do Commercio de 16 e Supplementos de 18 e 21 de Março de 1868.

No mencionado projecto, que é reproduzido, foi de preferencia escolhido o Guaporé e Madeira em vez do Arinos e Tapajoz, não só por ter sido elle especialmente considerado sob o ponto de vista militar como meio de defeza das fronteiras do Imperio, como tambem porque julgamos que aquella linha apresentará menos difficuldades á sua execução." (MORAES, 1894, p. 27-8)

5   "L'empereur du Brésil a si bien compris l'importance prodigieuse de cette voie navigable, trop peu explorée, qu'il est allé lui-même la visiter dans ces portions désertes il y a environ quatre ans.

Em outras palavras, o centro daquele plano de viação eram as bacias hidrográficas do território, o que lhe tornava um plano baseado quase integralmente na navegação fluvial, tanto em função do contexto histórico como em decorrência da formação do seu autor, como tão bem aponta o subtítulo da obra: *notícia dos projetos apresentados para junção de diversas bacias hidrográficas do Brasil ou rápido esboço da futura rede geral de suas vias navegáveis.*

Por essas razões, o trabalho executa uma espécie de regionalização da qual não poderia fugir, e seu ponto de partida é a compartimentação do território em função do seu sistema hidrográfico, que dá azo à própria estrutura interna da obra. Senão vejamos o que diz Moraes na parte introdutória do livro:

> Os systemas hydrographicos do Brasil, geralmente adoptados, se reduzem ás seguintes quatro secções:
>
> 1ª A bacia do Amazonas ao norte.
>
> 2ª A bacia do Prata ao sul.
>
> 3ª A de S. Francisco no centro.
>
> 4ª As bacias menos importantes dos rios principaes.
>
> No presente trabalho distinguiremos o systema hydrographico do Brasil em tres grandes classes ou bacias de 1ª, 2ª e 3ª ordem (MORAES, 1894, p. 25).

Ora, o *Navegação Interior do Brasil* é dividido em quatro partes centrais que são antecedidas de uma *introdução* (1894, p. 19 a 54) e seguidas de um *epílogo* (1869, p. 185 a 127). São elas: 1) Junção das bacias do Leste: ramal do norte – rio Gurgueia e Parnaíba e ramal do sul – rio São Francisco (1894, p. 55 a 90); 2) Junção das bacias de Oeste: ramal do Norte

---

Un jeune officier, qui a récemment visité l'Europe, oú'il est venu examiner par lui même vastes travaux hydrographiques de la France, de l'Angleterre et de l'Allemagne, vient d'appliquer ses observations savantes aux vastes réseaux des fleuves de son pays, el il a jeté pour la primiére fois une vive lumière sur cette grande questions.

M. Moraes a assigné por la première fois au San-Francisco le caractere que sa position centrale lui donne dans le vaste empire dont il est destiné a multiplier les richesses.

M. José de Moraes est lieutenant du corps des ingenieurs, et son rapport est exposé avec une rare lucidité." (DENIS *apud* MORAES, 1894, p. 8)

– rios Guaporé e Madeira (em substituição do Arinos e Tapajós) e ramal Sul – rio Paraguai (1894, p. 91 a 122); 3) Informações relativas às bacias do centro: ramal do Norte – rios Araguaia e Tocantins e ramal Sul – rios Paranaíba e Paraná (1894, p. 123 a 173) e 4) Junção das bacias de segunda ordem: linha oriental – Rio Grande (de Minas Gerais) e linha ocidental – rios Ivinheima e Mondego (1894, p. 175 a 184). [Figura 1]

A *introdução* do livro de Moraes é iniciada por uma leitura geográfica do território estatal da época onde busca apresentar os limites e as dimensões físicas em comparação a outros territórios estatais. Em seguida, disserta sobre a divisão administrativa do Império, com suas vinte províncias e um município neutro. Depois versa sobre a composição étnica e a distribuição da população. A *posteriori* discute as feições topográficas do terreno e o modo como se conformam as bacias hidrográficas a partir delas, para ao fim de tudo apresentar o modo como se compuseram as redes hidroviárias de países europeus e dos Estados Unidos e fazer uma defesa do quanto um sistema de viação baseado na navegação interior seria benéfica econômica, política e militarmente.

Como demonstração de seu largo conhecimento sobre o assunto de que trata e no afã de convencer da importância de estabelecer uma rede de viação fluvial, Moraes cita escritos e falas de uma série de estudiosos e estadistas, tais como Humboldt, Adriano Balbi, Tomás Pompeu de Souza Brasil, Cândido Mendes de Almeida, Emmanuel Liais e Napoleão Bonaparte. Além disso, trabalha com os documentos oficiais do governo imperial, como a cópia reduzida em 1867 por Torquato Xavier de Brito da *Nova Carta Corographica do Brazil* de Jacob Niemeyer de 1857, os dados contidos no opúsculo *O Imperio do Brasil na Exposição Universal de Paris em 1867*, os relatórios do Ministério da Agricultura relativos à importância da navegação fluvial e os discursos realizados por parlamentares como Romualdo Antonio Seixas.

> Em 1826, isto é, quatro annos após a emancipação política do Brasil, erguia-se já, no seio de sua representação nacional, uma voz eloquente a favor da navegação de nossos grandes rios.
>
> Experimentamos um sentimento de bem entendido orgulho, reproduzindo aqui o notavel discurso pronunciado na sessão de 12

de Junho do referido anno, pelo então deputado Romualdo Antonio Seixas, fallecido arcebispo da Bahia e Marquez de Santa Cruz.

"Todas as nações cultas e policiadas, dizia o sabio e virtuoso prelado, têm olhado como um dos primeiros objectos dos seus cuidados e da sua vigilancia, a navegação dos rios, a abertura de estradas e canaes, que facilitam a mais prompta communicação entre os differentes pontos da superficie dos seus Estados: todos esses vehiculos e meios de communicação são com vêas, que fazem circular o sangue, e os espiritos vitaes da cabeça ás extremidades, e das extremidades á cabeça do corpo politico; é por esse modo que a acção e a energia do governo, se propaga rapidamente por toda a circumferencia de um grande imperio, onde a unidade politica será tanto mais solida e duravel, quanto as relações das suas provincias com o centro do governo forem mais promptas e menos difficeis. (MORAES, 1894, p. 29-30).

No corpo da obra, ou seja, nas partes relativas à junção das bacias a partir da construção de canais ou do estabelecimento de pequenos trechos de vias férreas ligando os cursos dos rios separados por curtas distâncias ou obstáculos naturais, Moraes dá uma demonstração absolutamente insuspeita do conhecimento que detém sobre as vias fluviais e o terreno que as mesmas atravessam.[6] Isso não quer dizer que conhecesse o território como nós o conhecemos hoje, mas que dominava bem o conhecimento que dele se tinha à época.[7]

---

6   "Em alguns destes lugares o rio [S. Francisco] se estreita consideravelmente, e correndo com vertiginosa velocidade por entre massas elevadas de granito, que formão as suas margens, despenha-se de grandes alturas, como acontece na cachoeira da Garganta, a 3 leguas abaixo de Paulo Affonso, e onde a sua largura é menor de 20m (18m,68)." (MORAES, 1894, p. 38)

7   Em resposta a um correspondente do Pará do Jornal do Comércio, que ousara em artigo datado de 10 de fevereiro de 1870, chamar a carta geográfica utilizada por Moraes de mapa dos erros geográficos do Brasil, o autor de *Navegação Interior do Brasil* dirá em artigo do Jornal do Comércio em 15 de fevereiro de 1870: "Relativamente ao atrazo vergonhoso em que temos ficado quanto ao conhecimento da geographia do paiz, como tão bem faz sentir o correspondente, estamos convictos que em tal materia deitamos muito a barra ao correspondente, pois que julgamos que o seu eloquentissimo titulo – *Mappa dos erros geographicos do Brasil* – ainda poderia servir para ser collocado no alto da

Por isso, cada subsistema do plano de viação é detalhadamente apresentado, delineando um a um quais os trechos de navegação franca e aqueles em que seria preciso realizar obras que permitissem embarcações a vapor. Ao longo dessa descrição de rios de 1ª, 2ª e 3ª ordem, Moraes faz um apanhado das condições socioeconômicas existentes e apresenta uma série de números, dados e projeções sobre os efeitos que teriam para as diversas regiões daquele território de muitas teias líquidas.

Isso é o que ocorre quando o autor discute sobre a propriedade de construir um canal que unisse o rio São Francisco ao rio Parnaíba, ao invés de um canal lateral de cerca de 72 léguas ao largo do rio São Francisco, com o mesmo intuito de ligar diversas porções do centro do território ao mar. Desse modo, avaliava que:

> Assim, uma distancia de, pouco mais ou menos, 100 kilometros separa 362 leguas [alto e médio São Francisco] de rios navegaveis de 340 outras leguas [Paranaíba-Gurgueia] igualmente navegaveis, e communicando-se sem obstaculos com o oceano.
>
> O desenvolvimento destes dois rios, Gurgueia e Parnahyba, a partir da extremidade norte da lagoa de Parnaguá até o oceano, é de 340 leguas, pouco mais ou menos, sendo a sua direcção quasi recta de sul a norte.
>
> Este facto é tanto mais de deplorar-se, quanto se considera as vantagens que resultarião de uma facil communicação entre o valle de S. Francisco, tão rico sob o ponto de vista de fertilidade do sólo, e da abundancia e variedade de suas minas de metaes preciosos e uteis, e o valle do Parnahyba, cuja fertilidade e riqueza não são menores (MORAES, 1894, p. 78-79).

No *epílogo* conclui o livro, conclamando o governo imperial a mudar a legislação de modo a que se pudesse estimular, com garantia de juros, as obras públicas referentes ao sistema de transporte. Deplora os gastos feitos na ferrovia D. Pedro II, em detrimento do uso desses recursos na execução de um sistema de viação fluvial que teria custos menores

---

Nova carta geral do Imperio, que organisa o ministerio da agricultura, commercio e obras publicas, *com informações vindas das provincias e inspecção* de um *engenheiro de minas.*" (MORAES, 1894, p. 13)

e maiores vantagens comerciais, administrativas e estratégicas, ao interligar todas as províncias do Império.[8]

Defende ainda a criação de um corpo técnico similar àquele formado por engenheiros de pontes e calçadas na França.[9] E, por fim, assinala que a criação de um sistema de transporte que integrasse todo o território estimularia a ocupação das terras pelos imigrantes, criaria a riqueza e disseminaria a civilização nos trópicos, fazendo suas as palavras pronunciadas por Candido Torres Filho, na seção parlamentar de 1869:

> Ainda na mensagem deste anno o presidente da Confederação Argentina declarou que, a continuar o progresso rapido do movimento da immigração para aquelles Estados, em breve seria necessario preparar alojamentos para 100.000 immigrantes annualmente. Quanto nos achamos ainda distante deste algarismo?
>
> Mas, senhores, ainda considerando por este lado o Brasil, comquanto esse inconveniente seja inherente ás condições naturaes do paiz, á sua situação geographica, não devemos esmorecer, o nosso paiz é tão vasto, o nosso território é tão extenso, que se póde dizer que temos aqui todos os climas do mundo; mas infelizmente os pontos de clima mais favoravel são justamente os mais remotos no interior

---

8   "E o que se tem praticado ultimamente, prolongando-se *pari passu* a estrada de ferro de D. Pedro II, com os redimentos della, não é de alguma sorte pôr limites ao desenvolvimento deste grande paiz? E não é para contristar ver-se em pleno parlamento não só approvada esta pratica, como até pedir-se que se continue nella, pois que os rendimentos provêm da estrada e não pódem ser distrahidos para outros fins, não é reduzir-se mui simplesmente o vasto Império do Brasil ás provincias de Minas, Rio de Janeiro e municipio neutro, e trocado o papel de deputado da nação pelo de representante de um interesse local?" (MORAES, 1894, p. 187-88)

9   "A organização, pois, de uma administração technica de obras publicas do Imperio, semelhantemente á de pontes e calçadas em França, regida por uma legislação especial, me parece ser uma das necessidades mais urgentemente reclamadas, não só para a confecção de projectos como tambem para a boa inspecção, fiscalisação e execução dos grandes melhoramentos reclamados pelo Brasil. E interesses de tão grande monta podem continuar por mais tempo a serem dirigidos por uma simples secção, não profissional de uma repartição por mais intelligente que seja o seu pessoal e animado do melhor desejo de bem servir?" (MORAES, 1894, p. 192)

> do paiz, e onde os immigrantes que se quizerem ahi estabelecer não encontrarão sahida para os seus productos.
>
> De que serve possuirmos terremos uberrimos e vastissimos, se os colonos que podem ir para o interior do paiz, não têm meios de fazer chegar aos mercados o producto de sua lavoura e industrias, a menos que se queirão sujeitar a ver absorvido pelas despezas do transporte o preço da mercadoria? (TORRES FILHO *apud* MORAES, 1894, p. 207).

Em linhas gerais, o desenho do plano de viação de Eduardo José de Moraes privilegia a conexão das vias fluviais, assinalando apenas a ligação com cinco portos marítimos do país: Rio de Janeiro, Salvador, Recife, Parnaíba e Belém. Ressalta nesse sentido aquilo que é o cerne do seu plano, ou seja, a interligação das bacias por intermédio de canais fluviais e o menor uso possível de ferrovias, o que o faz não propor nenhuma outra linha férrea além daquelas que se encontravam já em 1869 em andamento, como a Pedro II, a Estrada de Ferro da Bahia e a Estrada de Ferro de Pernambuco.[10]

Como se pode ver no desenho esboçado de seu plano, Moraes privilegiou a junção das bacias, de tal modo que o maior adensamento da sua rede fluvial se dá exatamente onde se desenha um verdadeiro mar interior. É evidente que, na condição de militar, suas preocupações têm a ver com a clara delimitação das fronteiras do território ali onde ainda é palco da guerra *nos confins da civilização*, e com a centralização do Estado em torno da capital do Império situada no Rio de Janeiro, único tronco *leste-oeste* apontado no *Navegação Interior do Brasil*.

E a preocupação com a centralização é uma das chaves para o entendimento do plano Moraes, que visava transferir para o médio São Francisco a capital do Império, dada a vulnerabilidade apresentada pelo Rio de Janeiro e a incapacidade de rapidamente se mobilizarem os recursos necessários à defesa do território. Ali, em torno da junção de

---

10 "Não entra em nosso plano tratar aqui da navegação costeira ou *maritima* feita pelos paquetes á vapor das companhias nacional e das intermediarias entre as diversas provincias.

Se exceptuarmos a navegação do rio Amazonas, feita pelos vapores da companhia desse nome, e de alguns outros rios que se lançam no oceano, em pequenas extensões de seus cursos, e cuja navegação é mais propriamente *maritimo-fluvial*, póde-se dizer que não existe ainda no Brasil navegação interior ou *fluvial* propriamente dita." (MORAES, 1894, p. 37)

diversas bacias fluviais como Tocantins, Araguaia, Parnaíba, Gurgueia e São Francisco se estabeleceria pois uma nova província, na concepção de Moraes, e na vila da Barra do Rio Grande, a capital do Império. Mas deixemos a palavra com o próprio autor da proposta:

> Se acaso os estudos definitivos da linha fossem ordenados, o projecto me parece ser de vantagem tão intuitiva, que, ouso afirmar, a sua realização seria uma questão de tempo. Como consequencia dos grandes melhoramentos que projectassem, talvez fosse conveniente a creação de uma provincia nas margens do rio de S. Francisco.
>
> Para formação desta provincia poderião concorrer as vastas provincias de Goyaz, Minas, Bahia e Piauhy, as quaes, reunidas, apresentão uma superficie territorial de 68.000 leguas quadradas geographicas ou de 20 ao gráo.
>
> A nova provincia poderia constituir-se com as seguintes comarcas: do Rio de S. Francisco a Paracatú, pertencentes á provincia de Minas-Geraes; com as do Rio de S. Francisco e de Urubú, pertencentes á Bahia; com a do Parnaguá ou parte dela, da de Piauhy; e finalmente com parte das comarcas do Porto Imperial, Palma e Cavalcanti, da provincia de Goyaz, que se achão a léste da grande serra denominada dos Pilões ou do Teixeira, até o seu prolongamento norte, e isto se acaso considerações de outra ordem não se oppuzessem. A reunião destas comarcas elevaria as dimensões da nova provincia a, pouco mais ou menos, 140 leguas de N. a S., e 100 de E. a O.
>
> A capital estava naturalmente designada na importante villa da Barra do Rio-Grande. A sua posição lhe daria esse direito como incontestavel (MORAES, 1894, p. 67-68).

Assim, depois de falar das diversas vantagens que teria o adensamento populacional dessa nova província, com um crescimento significativo das riquezas no interior do território e com possibilidades de ligar-se a partir dela todas as demais províncias então existentes com o estabelecimento de uma rede de comunicação, Moraes arremataria:

> E desta maneira ficaria ligado pelo interior o sul ao norte do Imperio em uma extensão quasi igual á metade de sua extensão total; questão

importantissima sob o ponto de vista estrategico especialmente nas eventualidades de uma guerra com uma potencia maritima. E logo que o vapor se tivesse encarregado de approximar estes lugares, separados hoje por tão grandes distancias, os fios electricos ligando entre si as estradas de ferro, e irradiando-se em todas as direcções, completarião uma vasta rêde de communicações telegraphicas pelo interior do paiz.

Então a capital do Brasil, como já lembrou um distincto mineiro poderia no futuro elevar-se sobre as margens do magestoso rio, collocando-se assim no coração do Imperio (MORAES, 1894, p. 68-69).

A esta proposta, – que de algum modo anteciparia o desejo de construir o *centro do poder no coração do Império*, coisa que aconteceria quase cem anos depois com Brasília embora não às margens do rio São Francisco, – nem todos eram favoráveis, como era o caso de André Rebouças, que diria com todas as letras:

A Villa da Barra, no rio S. Francisco, será talvez um dos centros de viacção mais notaveis do Imperio: terá viacção fluvial ao norte e ao sul pelo proprio S. Francisco; a leste pelo Paraguassú, a oeste pelo grande tronco, que deve ligar as bacias do S. Francisco, do Parnahyba e do Tocantins (33) [salienta em nota que na confecção da Carta Geral do Império essa ligação já aparece]

Não se deduza destas palavras, que, levado por idéas bellicosas de ataque ou de defesa, eu aconselho a mudança da capital do Imperio para as margens do S. Francisco.

Não: mil vezes não (REBOUÇAS, 1874, p. 188-189).

O fato, como se pode daqui depreender, é que os planos dialogam, ainda que as vezes não existam referências explícitas de uns em relação aos outros autores e obras. Porém, entrar aqui nas polêmicas e nas convergências seria já antecipar as coisas e disso nós trataremos mais adiante.

Queiroz

O *Esboço de um Plano de Viação Geral para o Imperio do Brazil* foi originalmente apresentado pelo engenheiro João Ramos de Queiroz nas salas do Instituto Politécnico Brasileiro, em três sessões, nos dias 29 de setembro, 13 e 28 de outubro de 1874. Logo em seguida "a redacção do Globo obsequiosamente publicou-a nos numeros desse jornal, comprehendidos entre os dias 19 de Novembro e 16 de Dezembro daquelle anno [de 1874]" (QUEIROZ, 1882, p. 5). O mesmo trabalho, com algumas modificações que não alteravam o cerne da proposta original, seria apresentado em 17 de agosto de 1882 ao parlamento e publicado, de acordo com o parecer da comissão que o analisou, em 25 de agosto de 1882, no diário oficial.

A grande modificação do plano Queiroz está no fato de que, em 1882, ele apresentaria uma segunda parte intitulada *Recursos Financeiros á Execução de Obras Publicas no Imperio* (QUEIROZ, 1882, p. 113-149) e, como decorrência das transformações sofridas durante a década de 1870 após a lei n. 2450 de garantia de juros, com a implementação de várias vias férreas, fará a seguinte observação:

> Das concessões feitas pelo governo em virtude da lei de 24 de Setembro de 1873 e seu regulamento de 28 de Fevereiro de 1874, só a estrada do Rio Verde é que ficou fóra das direcções esboçadas nesta *Memoria*. As do Carangola e Limoeiro, bem assim as de Sobral e Paulo Affonso não fazem parte deste plano, nem o contrariam (QUEIROZ, 1882, p. 6).

Bem, aqui já é possível perceber uma diferença com relação ao plano Moraes e que será a mesma para todos os que virão a seguir: o fato de ter sido o *Esboço* de Queiroz publicado depois da lei de garantia de juros e em um período em que as ferrovias começavam a aparecer como a solução para a constituição de sistemas viários de comunicação rápida, como símbolo do progresso e semeadores da civilização nos discursos daqueles que queriam a modernização do Império. Entretanto, Queiroz procederá, assim como fizera Moraes, a uma regionalização que se baseará nas bacias hidrográficas e será o elemento essencial à constituição do seu plano de viação de base ferroviária. Embora é claro, seja preciso afirmar desde logo que Queiroz sustentaria seu trabalho nas informações contidas na Carta do Império, provavelmente a mesma utilizada por Moraes, sendo que diferentemente deste não há informações de que Queiroz tenha feito tantos estudos de campo, viajado à Europa ou acompanhado estudiosos de renome internacional no mapeamento dos rios brasileiros.

Vamos, por sua vez, reproduzir trechos onde aparece a regionalização do território proposta por Queiroz, que o divide em quatro regiões – Sul, Sudoeste, Nordeste e Norte –, com a finalidade de esboçar seu plano de viação tendo por base as bacias hidrográficas e onde aproveitaremos para analisar algumas ideias que aparecem diluídas em todo o trabalho.

Iniciemos pois, deixando que o autor fale das razões pelas quais recortou desse modo o território do Estado monárquico e quais suas intenções.

> Das quatro zonas ou regiões em que dividimos o Brazil.
>
> Conquanto alguem tenha dividido o Brazil em tres zonas ou bacias, nós, sem entretanto termos a mais leve intenção de contrariar, dividimos em quatro bem distinctas regiões o Imperio do Brazil.
>
> Tal é a direcção dos seus rios e o volume de suas aguas, tal é a disposição de seu systema orographico, que talvez mais divisões admittisse; entretanto adoptamos a seguinte divisão para melhor se prestar ao estudo que encetamos (QUEIROZ, 1882, p. 27).

Como se pode ver, Queiroz partiu, a exemplo de Moraes, das condições físicas do território e, nesse caso, de uma compartimentação já oferecida "naturalmente" pelo *systema orographico*, responsável por sua vez pela orientação dos rios em seus percursos líquidos. A impressão que se tem é de que o próprio território já estaria, manifestamente desenhado como um plano de viação, restando simplesmente obedecer-lhe as direções e executar as obras que completariam aquilo que ainda faltasse.

Continuando então, vamos às regiões traçadas por Queiroz:

> 1ª A região do Sul, dominada pelos rios Uruguay, Paraná e Paraguay, de cuja confluencia tira o seu nome o rio da Prata.
>
> Este rio e seus affluentes, tão familiares a nós todos, além de banharem territorios nossos e de nossas fronteiras com os Estados vizinhos, são o melhor attestado da grandeza desta região e do cuidado e attenção com que a devemos encarar (QUEIROZ, 1882, p. 28).

Vê-se que, assim como seria tratado em outros escritos da época, a região Sul era considerada como sendo de grande valor estratégico, e a questão militar é um dos pontos fortes do trabalho de Queiroz, que levanta repetidamente "que a grandeza deste paiz está, antes de tudo, na integridade de seu território" (1882, p. 10), salientando as outras dimensões econômicas e políticas do seu plano de viação não esqueça do seu caráter militar para dizer que o Sul não poderia ficar como um sistema isolado pois "unir-se Porto-Alegre a Uruguayana e Curitiba a Miranda, podendo ser muito é quasi nada, porque o nosso caminho é ainda o oceano para chegarmos ás fronteiras" (QUEIROZ, 1882, p. 19). Já com relação à sua região Norte dirá:

> 2ª A região do Norte, a região do Equador, a Amazonia em summa!
> Nesta região tudo é colossal, desde a sua superficie que se eleva a 160.000 leguas quadradas (mais da metade da superficie total do Brazil), até á immensidade, á grandeza e profusão de seus rios, na maxima parte navegaveis; desde a uberdade e riqueza de seu solo, até, diga-se mesmo, á vastidão enorme de seus desertos! (QUEIROZ, 1882, p. 28).

Aqui nós gostaríamos de ressaltar a ideia, também muito comum à época e que aparece nos outros planos de viação, de que havia muitos desertos nas regiões tidas como despovoadas, nos sertões, nos confins do território e da civilização. Essa forma de olhar implicava em uma leitura das comunidades indígenas e das sociedades ali formadas baseada na permanente dualidade de que nessas localidades estava ao mesmo tempo o paraíso – *desde a uberdade e riqueza de seu solo –*, e a *barbárie selvagem de suas gentes incivilizadas* que "habitavam" aquela porção do território na *vastidão enorme dos seus desertos!*[11]

---

11 "Ao longo do século XIX e parte do XX o termo sertão continuou a designar grandes áreas do interior do território brasileiro, fosse porque desconhecidas, insuficientemente povoadas e/ou não completamente integradas à dinâmica capitalista moderna que se implantava na região da economia cafeeira, fosse porque habitadas por nações indígenas arredias ao contato com o processo civilizatório em andamento do país. Mantinha-se, assim, na percepção dos espaços sertanejos, alguns dos sentidos de *deserto e de barbárie* presentes na tradição colonial. Entretanto, na condição de espaços da nação, *os sertões* passariam a ser vistos também como um patrimônio territorial não explorado, com o qual

Vamos agora à região Sudoeste, onde uma vez mais o rio São Francisco ocupa, também como em outros planos, uma posição de grande relevância:

> 3ª A região de Sudoeste, dominada pelo rio S. Francisco, onde os rios de menores dimensões como o Parahyba, Piranhas, Jaguaribe, etc., se dirigem ao norte, como que querendo prevenir ao oceano, e de uma respeitosa distancia, saudarem a presença imponente do gigante americano nas aguas do Atlantico, com as quaes se confude! (QUEIROZ, 1882, p. 28-29).

Ora, o rio São Francisco teria a região que atravessa disputada por diversos portos e muitas serão as possibilidades de ligar-se a um viés dos trechos do seu longo curso, a ponto de isso ser tentado por três ferrovias: Pedro II, Bahia e Pernambuco, com vistas a alimentar os portos do Rio de Janeiro, Salvador e Recife, respectivamente. Depois, o São Francisco, como salientado por Rebouças e proposto por Moraes, poderia constituir uma província e transformar-se em uma das regiões mais ricas do Império. Por outro lado ainda, o rio São Francisco era, na expressão de André Rebouças, o mediterrâneo brasileiro, o que nos leva a ver na expressão de Queiroz uma leitura semelhante ao anunciar que os demais rios correm para o norte *como que querendo prevenir o oceano, e de uma respeitosa distancia, saudarem a presença imponente do gigante americano na aguas do Atlantico, com as quais se confunde!*

Por fim, a última das regiões ou zonas apresentada por Queiroz é a Nordeste

> 4ª A região Nordeste, dominada pelos rios Parnahyba, Itapicurú e Gurupy e composta exclusivamente das provincias do Maranhão e Piauhy, é a região dos médios rios, a região encravada entre as regiões do S. Francisco e Amazonas, como parece, para exprimir- -nos que a sua vida, o seu progresso, o seu futuro, depende do desenvolvimento do gigante e do colosso, do S. Francisco e do Amazonas! (QUEIROZ, 1882, p. 29).

o Brasil podia contar nas projeções de seu futuro de nação grande e rica, com amplas possibilidades de vencer os obstáculos que se interpunham em sua marcha para a *civilização* e, ainda, como um espaço onde se podia encontrar genuínas expressões da cultura e das tradições nacionais." (GALETTI, 2000, p. 141).

Essa mesma região apontada por Queiroz seria ainda tratada por Rebouças (1874, p. 142) com uma certa dimensão provincial, em função da importância do porto de São Luís para as províncias do Maranhão e Piauí.

O mais importante, entretanto, é que essas quatro regiões estabelecidas pela leitura que Queiroz fez do território a partir das grandes bacias, teriam que ser interligadas pelas grandes artérias que são, em suma, os eixos que conectariam essa regiões umas às outras [Figura 2 e 3]. Ou como ele mesmo diria:

> Discriminadas como ficam as quatro regiões, é facil de ver que cada região tendo a sua *arteria geral*, estas os seus *ramaes provinciaes*, e este, finalmente, os seus *ramaes municipaes*, comprehende-se que uma vez unidas aquellas estradas ou arterias geraes, temos realisado o conteúdo de tão celebre e salutar maxima franceza: – L'union fait la force! (QUEIROZ, 1882, p. 29).

Por essas razões, a estrutura do *Esboço* de Queiroz baseia-se em apresentar as quatro regiões em separado para depois estabelecer a conexão entre elas a partir de duas grandes artérias. A primeira delas seria a *Grande Artéria Meridional* do Araguaia ao Prata (1882, p. 35 a 40) e a outra a *Grande Artéria Central* que ligaria com seus caminhos de ferro um porto no Atlântico a um ponto navegável do rio Madeira ou Guaporé no limite com o Paraguai (1882, p. 40 a 44).

A ideia da *Grande Artéria Meridional* seria descrita de maneira bastante matematizada já que os números, as fórmulas e as formas eram coisas comuns também a todos aqueles que apresentaram planos de viação e elemento necessário à sustentação de argumentos entre os pares da engenharia à época. Mas, também e sobretudo, porque era um excelente esquema da negação do modelo radial francês[12] e uma afirmação do modelo das convergentes e divergentes, que seria uma concordância parcial com a proposta que viria a ser apresentada por Rebouças.

---

12 "Lembraremos ainda que não nos convém o *sistema radial* da França, onde a maior parte das suas estradas convergem a um centro único – Pariz." (QUEIROZ, 1882, p. 16)

> No systema das *convergentes e divergentes*, por nós adoptado, em que a grande arteria meridional do Araguaya ao Paraná é o mais frizante exemplo, é facil reconhecer-se as vantagens commerciaes e estrategicas que o seu traço garante.
>
> Imagine-se duas parallelas cortadas por uma secante quasi perpendicular: teremos o Amazonas e a estrada de Porto Alegre a Uruguayana unidas pelo Araguaya e pela arteria central; suppondo-se que tres parallelas entre si partem successivamente das capites de S. Catharina, Paraná e S. Paulo, e vão encontrar aquella estrada, formando angulos de 45° cortados no quadrante sud'este; teremos descripto a parte Sul da rêde geral de viação do Imperio, cujo tronco é a grande arteria meridional do Araguaya ao Paraná (QUEIROZ, 1882, p. 37-38).

Já em relação à *Grande Artéria Central* serão ressaltados seus diversos papéis, como o de permitir a possibilidade de estabelecer o contato estratégico entre o Atlântico e Mato Grosso,[13] bem como de permitir que áreas diversas daqueles *desertos ubérrimos* fossem ocupados por imigrantes que os povoariam, proporcionando, desse modo, o aumento significativo das riquezas do Estado e a apropriação dos muitos recursos naturais existentes no território.

Ao discutir a exequibilidade do seu plano, João Ramos de Queiroz faz uma série de justificativas com o fito de demonstrar que o plano só é utópico para os "moços ignorantes e sem critério [e os] velhos tradicionalmente rotineiros" (1882, p. 44). O autor do *Esboço* defende que não basta dispor dos recursos técnicos baseados no vapor e na eletricidade, sendo preciso decisões políticas similares as que se tomaram nos Estados Unidos de construir em apenas cinco anos uma ferrovia ligando o Pacífico e o Atlântico (1882, p. 46-47).

---

13 "Como já ficou dito, esta estrada tende a communicar a navegação do Madeira, Araguaya e S. Francisco com o oceano, unindo em seu percurso duas capitaes de provincia, como sejam Cuyabá e Goyaz, além de unir tambem a todo o Imperio a rede fluvial do Amazonas.
Prolongada a Leste até o Atlantico, em Canavieiras, pelo valle do Jequitinhonha, e a Oeste até o Pacifico, scrá esta uma estrada *transcontinental* e de um futuro immenso para o commercio e relações politicas entre o Brazil e os nosso irmãos do outro oceano." (QUEIROZ, 1882, p. 40-42)

E, para finalizar, Queiroz argumenta que o seu projeto é exequível por ser indispensável e apresenta, assim, dez motivos para propor que aquele plano de viação é o melhor, dadas as mais diversas condições.

> Tendo em vista a divisão territorial de nossas provincias, este é o plano mais bem combinado, porque:
>
> 1º Não priva as relações internas entre o Estado e a Provincia.
>
> 2º O Estado tem em cada Provincia uma estrada provincial, que dividindo-se quasi ao meio em sua maior extensão, vem fazer systema, entroncando-se á uma estrada geral, nacional ou arteria.
>
> 3º A disposição das *estradas provinciaes* presta-se muito bem ao estabelecimento de ramaes convergentes, ou estradas municipaes, o que completa a rêde provincial.
>
> 4º Não prejudicam, estas direcções, o estabelecimento de estradas *transcontinentais*.
>
> 5º Cada provincia poderá ter assim seu emporio commercial direto, sem ficar na dependencia de portos e alfandegas de outras provincias.
>
> 6º A direcção de taes estradas não onéra os productos por fretes devidos a distancias inuteis.
>
> 7º Garante a união reciproca de todos os brazileiros do Amazonas ao Prata e do Occidente ao Oriente.
>
> 8º Completa a nossa posição estrategica, si bem que seja esboçando um tal systema sem pretenções belicosas.
>
> 9º Preenche os mais elevados fins politicos, assegura as melhores vantagens economicas, e nos colloca defesas, quer ás revoluções ou guerras civis, que ás externas.
>
> 10º Finalmente, que percorrendo os terrenos mais uberos, mais ricos de productos minerais, é a mais solida garantia para o desenvolvimento da corrente de immigração, destinada a dar incremento ás industrias commerciaes, agrícolas e manufactureiras (QUEIROZ, 1882, p. 48-50).

Como é possível apreender, nessa longa citação se encontra boa parte dos elementos que motivam e caracterizam o plano de Queiroz: 1) descentralização; 2) integridade territorial; 3) estimulo à conformação de redes de viação provinciais; 4) povoamento e 5) repressão estatal eficiente e rápida.

Ao final do trabalho apresentar-se-á os cálculos necessários à construção da rede de viação, o que implica em discutir também o traçado de cada ferrovia de maneira pormenorizada, e isso será feito inclusive com relação ao sistema de viação do Rio Grande do Sul por sua importância estratégica.[14]

Na segunda e última parte do Esboço, publicada somente em 1882, Queiroz discutirá que embora a garantia de juros seja uma necessidade, é importante não autorizar os capitais antes de concluídos os estudos. Esta posição estará posta de maneira meridianamente clara no plano de Honório Bicalho, assim como ele, defensor da bitola estreita, assunto de que trataremos *a posteriori*. Por fim, Queiroz apresentaria ainda uma espécie de projeto de lei, com vistas a proteger os capitais garantidos e, fundamentalmente, estimular a captação de recursos e imigrantes a partir da venda das terras devolutas à ilharga das linhas férreas.

Ao finalizar a primeira parte do seu *Esboço*, dirá que não teve acesso ao livro *Garantia de Juros* publicado no mesmo ano, que é nada mais *nada menos* que a obra onde está o plano de viação proposto por André Rebouças, por sinal seu companheiro de Instituto Politécnico e à época editor da revista daquela associação (QUEIROZ, 1882, p. 106-107).

Rebouças

O livro de André Pinto Rebouças, publicado a 8 de janeiro 1874 sob título *Garantia de Juros: estudos para a sua applicação ás emprezas de utilidade publica no Brazil*, é dedicado "á veneranda memoria do [seu] muito amado e amigo o Visconde de Itaborahy." A obra é dividida em duas partes: a primeira delas, com onze capítulos, versa sobre os "estudos teóricos e propaganda" (1874, p. 1 a 108) e a segunda parte, com nove capítulos, sobre a "lei de garantia de juros: sua aplicação ás empresas de utilidade publica mais notáveis no

---

14 "É obvio acrescentar, que sendo o nosso plano encarado debaixo do ponto de vista politico, estrategico, commercial e economico, para a viação geral do Imperio, preenchidos os fins politicos pela comunhão que as demais provincias fazem com a do Rio Grande do Sul, não só estudaremos a rêde parcial desta provincia debaixo do ponto de vista estrategico e commercial." (QUEIROZ, 1882, p. 93-94)

Brasil" (1874, p. 109 a 250). O texto é complementado ainda com cinco anexos, que são permanentemente utilizados pelo autor como referência às suas ideias, como é o caso da cópia da lei que instituiu a garantia de juros.

O trabalho sobre garantia de juros teria nascido, segundo o próprio Rebouças, de sua tentativa em 1870 de fundar uma companhia de águas para o Rio de Janeiro, haja vista que o problema do abastecimento de águas da Corte e a solução para o saneamento eram centrais para a cidade no período. Assim, em função das objeções que o projeto sofreu teria ele sido forçado a estudar o sistema de garantia de juros (REBOUÇAS, 1874, p. 1-2). A objeção central ao projeto dizia respeito ao pedido de 6% de garantia de juros aos capitais que seriam empregados no empreendimento e que foi recusado pelo governo imperial.

A primeira parte do livro seria então um verdadeiro tratado de economia política no concernente a relação entre a garantia de juros que se deveria dar às empresas de utilidade pública e o progresso que daí obteria um Estado com as caraterísticas do Brasil monárquico. Para tanto, Rebouças recorre a uma série de estudos e estudiosos sobre o assunto: nomeadamente se assenhora dos franceses, na expressão por ele utilizada, "seus mestres prediletos."[15]

A apropriação dos franceses não é casual, posto que a França havia adotado a política de garantia de juros por volta de 1830, para dar conta de resolver os mesmos problemas de transporte, naquele período ainda fortemente ligado à navegação interior em função do desenvolvimento técnico da época.

O que Rebouças deseja então é demonstrar o importante papel da garantia de juros no melhoramento das condições materiais do país, e que essa seria a única forma de atrair capitais externos e investir na infraestrutura necessária.[16] Para tanto, deplora a maneira como

---

15 "Recorri aos meus mestres predilectos, a Flachat, a Charles Dupin, a Michel Chevalier, a François Bartholony, que se empenharam em França em discussões analogas durante a propaganda para a execução das obras publicas por companhias; estudei a historia da garantia de juros no Braszil e os factos, que a fizeram repudiar nestes ultimos tempos, e reconheci que os argumenttos daquelles illustres apostolos da iniciativa individual e do espirito de associação applicavam-se melhor ainda ao Brazil de 1870 do que á França de 1830." (REBOUÇAS, 1874, p. 2)

16 "O que a experiencia tem provado com a maior evidencia é que as emprezas brazileiras de alguma importancia não podem dispensar a garantia de juros." (REBOUÇAS, 1874, p. 30)

o Estado interferia na construção de algumas estradas de ferro, como no exemplo desastroso da via férrea de Paraguassú na Bahia, que ele irá detratar ao longo de todo o trabalho; ao mesmo tempo, elogia o modo como a iniciativa privada estava a fazer investimentos em vias férreas em São Paulo, embora considerasse que a não adoção da garantia de juros provocava prejuízos aos agricultores daquela província que era para ele a Pensilvânia do Brasil.[17]

Após dar diversos exemplos de como em outros países, inclusive colônias británicas, constituíram-se *melhoramentos materiais* por intermédio da garantia de juros,[18] Rebouças discute a maneira equivocada de como se teria procedido a política de garantia de juros naquela "triste e custosa infancia dos caminhos de ferro no Brazil" (1874, p. 21), ao que dirá

> Entre nós argumenta-se incessantemente com os 7% garantidos aos caminhos de ferro da Bahia, de Pernambuco e de S. Paulo!
>
> Houve erro em conceder taes garantias antes de se saber as estações terminaes da via ferrea; houve erro em deixar construir esses caminhos de ferro sem estudos serios, sem fiscalisação real; não, porém, em conceder-lhes as garantias de juros, meio indispensavel de trazer capitaes inglezes á America do Sul (REBOUÇAS, 1874, p. 20-21).

Feita esta constatação, enuncia, a partir do trabalho de François Bartholony, cinco regras para que se proceda à concessão de garantia de juros, que deveria:

> 1ª) ser dada só com o intuito de animação; 2ª) ser reservada às grandes obras de utilidade pública das quais dependa a prosperidade do país; 3ª) realizar-se tão somente em relação as somas efetivamente empregadas nas obras; 4ª) nos casos em que [fosse] impraticável fazer orçamentos minucioso das obras, o governo deveria fixar o maximum de

---

17   "Apezar da admiravel iniciativa dos agricultores de S. Paulo, o prejuizo de nossos estadistas contra a garantia de juros foi-lhe tambem fatal." (REBOUÇAS, 1874, p. 3)

18   "O governo inglez garantiu juros de 5% por 99 annos se quiz organizar as companhias de East Indian Railway, Madras Railway e Great Indian Penninsula, para construir vias ferreas na India, na sua colonia predilecta!
Nós queremos que o capital inglez, que não foi sem garantia de juros á sua preciosa colonia asiatica, venha ao Brazil em mera confiança!" (REBOUÇAS, 1874, p. 14)

capital que deveria gozar da garantia de juros e 5ª) não exceder a renda dos fundos públicos.

A estas regras adiciona mais duas de sua lavra e acorde com o modo como via as condições daquele país em construção, que: 1ª) os concessionários ou, quando não, capitalistas, da escolha do governo imperial, permanecessem na diretoria até a conclusão das obras e 2ª) o iniciador da empresa, ou o autor dos cálculos sobre os quaes ela tivesse se fundado, fosse o gerente da companhia (REBOUÇAS, 1874, p. 25 a 29).

O que Rebouças deseja demonstrar é que o Estado não deveria dar outro tipo de subvenção que não o da garantia de juros para a construção de estradas de ferro ou outras obras de utilidade pública, e também não deveria construí-las. Àquele Estado monárquico caberia estimular as empresas de iniciativa privada, considerando que

> o interesse dos governos nas grandes emprezas de utilidade publica deve ser todo indirecto, por assim dizer *immaterial*; deve concentrar-se no benefício geral dos povos pela facilidade das communicações, pela mais prompta difusão dos conhecimentos uteis, pela mais immediata e efficaz acção da justiça.
>
> Procedendo assim fundarão em solidas bases a riqueza individual, e, portanto, a riqueza nacional (REBOUÇAS, 1874, p. 31).

O trabalho de Rebouças é, pelas razões que defendem apenas a participação reguladora do Estado, o mais liberal de todos os planos, consorte inclusive com uma característica sua, que depois seria seguida por agremiações como Clube de Engenharia, em que o engenheiro e empresário se encontram na mesma pessoa (CURY, 2001; TURAZZI, 1989). Como sabemos, embora tenha tentado diversos empreendimentos e fosse reconhecidamente um dos especialistas técnicos mais respeitados à sua época, não logrou êxito na condição de empresário.

Por outro lado, a política de garantia de juros, em seu entendimento, teria o papel de atrair recursos de grande monta, como imagina serem imensas, as tarefas que se precisava realizar para construir um sistema de transporte nas dimensões em que apresentaria no seu plano de viação. Nesse sentido é que cabe compreender as razões pelas quais discute, antes de mais nada, como em outros países – Inglaterra, França, Argentina, Peru, Estados Unidos –, se havia procedido ao estabelecimento de suas vias de comunicação.

O esforço inicial do texto é, ainda, para provar que muitas eram as razões pelas quais os juros garantidos a algumas ferrovias no Brasil, nomeadamente a da Estrada de Ferro da Bahia, tinham sido produto de um sem-número de erros, tais como: projeto mal elaborado em que não apareciam as estações intermediárias, má escolha do traçado que atravessava uma área pobre incapaz de garantir os custos da construção da via férrea, interesses locais sobrepostos aos motivos que deveriam nortear as razões de uma ferrovia, bitola larga que encarecia sobremodo a empreitada, fiscalização deficiente do Governo Imperial.

Por isso, ao recorrer das regras mais precisas no sentido de dar subsídios em forma de garantia de juros, o que Rebouças pretende é que a lei de n. 2450, aprovada a 24 de setembro de 1873, com dotação orçamentária total de cem mil contos de réis, seja utilizada de maneira a constituir um sistema de viação, ao invés de se anularem as possibilidades que a lei abria com a continuação do mau uso do erário.

Assim, aquela lei de garantia de juros que havia nascido da pena de um liberal como Tavares Bastos por volta de 1864 e que só seria aprovada mediante substitutivo apresentado no Senado por João Lins Vieira de Cansanção Sinimbu e Tomás Pompeu de Sousa Brasil, depois da guerra contra o Paraguai, deveria, no entendimento de André Rebouças, cumprir à risca o preceito estabelecido em seu parágrafo terceiro do artigo primeiro, de ligar as áreas produtoras aos portos exportadores.[19]

A lei, portanto, iria orientar em grande medida a maneira como Rebouças estabeleceria os traços fundamentais de seu plano de viação. Como se o autor, de alguma maneira, quisesse escrever a lei n. 2450 com linhas férreas e portos no território, que tomava como se fosse um imenso triângulo em sua metáfora geométrica de leitura matematizada.

19　"O § 3º do art. 1º desta lei diz assim:

'§ 3º O governo só poderá conceder subvenção ou garantia de juros ás estradas, que servirem de principal communicação entre os centros productores e os de exportação, e não concederá estes favores a mais de uma estrada em cada provincia, emquanto esta estrada não produzir uma renda liquida, que dispense os ditos favores.'

Esta disposição está perfeitamente de accôrdo com todos os argumentos deste escripto." (REBOUÇAS, 1874, p. 119)

A grande viacção do Imperio tem por bases tres grandes linhas:

1º Ao norte o Amazonas e a costa sobre o Atlantico comprehendida entre a foz do Amazonas e o Cabo de S. Roque;

2º A leste o grande litoral sobre o Atlantico desde o Cabo de S. Roque até o limite meridional do Imperio;

3º A oeste a grande linha, obtida pelos eixos dos valles dos rios Paraguay e Javary.

Substituindo as curvas naturaes destas grandes linhas pelas linhas rectas mais proximas, ter-se-há um gigantesco triangulo circumscrevendo quasi todo o Brazil. Estas tres rectas serão:

1º A linha recta amazonica, que se conservará paralella ao Equador;

2º A linha recta oceanica, proximamente parallela ao litoral atlantico;

3º A linha recta fluvial, que cortará o Javary, o Paraguay e os seus confluentes em maior numero de pontos do que qualquer outra recta imaginavel (REBOUÇAS, 1874, p. 171).

Adiante, Rebouças diria que o seu esquema é passível de muitas críticas pelo fato de os rios não serem retas e que a figura de um triângulo invertido oferece apenas uma perspectiva do modo como se poderia então estabelecer um sistema de viação naquele território.[20] Porém, uma vez mais, assim como o fora em Moraes e Queiroz, a rede hidrográfica seria essencial ao desenho da sua proposta de viação, mas deixemos ao próprio Rebouças explicitar essas razões.

Ora, dado um tal triangulo, situado em sua verdadeira posição no grande triangulo rectangulo do continente sul-americano, é evidente que nenhum systema melhor de viação póde ser concebido do que o que tiver por directrizes linhas parallelas á base do triangulo, isto é, ao Equador e ao Amazonas, e linhas dirigindo-se da base do triangulo ao vertice meridional.

20 "A reducção do territorio do Brazil a um grande triangulo tem contradições salientes na natureza." (Rebouças, 1874, p. 185)

> Já foi dito na primeira parte deste escripto (cap. VIII final) que as grandes directrizes de viacção de uma paiz eram sempre traçadas previamente pelo Creador nos valles dos seus grandes rios.
>
> Ora, as directrizes dos valles dos grandes rios do Brazil coincidem muito proximamente com as grandes linhas theoricas, que acabamos de imaginar (REBOUÇAS, 1874, p. 171-2).

A partir desse equacionamento e tendo em vista um projeto audacioso, as linhas férreas a serem traçadas em seu plano obedeceriam a um sistema de paralelas e convergentes com o desiderato de estabelecer comunicações não apenas entre pontos no interior do território monárquico, mas de ligar os portos do Atlântico aos do Pacífico na América do Sul [Figura 04]. E para que não houvesse dúvidas acerca do modelo que o inspirou, o autor diria que "o systema de parallelas e convergentes é verdadeiramente uma modificação do systema quadriculado dos Estados-Unidos: modificação forçada pela fórma geral triangular" (REBOUÇAS, 1874, p. 187).

Dessa maneira, é preciso admitir que se Rebouças era academicamente francês, em muitos outros aspectos era um ianque de primeira hora, como bem nos propõe o belíssimo trabalho de Maria Alice Resende Carvalho (1999). Para além de um sistema de viação claramente baseado no sistema norte-americano Rebouças defendia, entre outras coisas, que o Estado fosse descentralizado; o processo de imigração se desse com garantia de acesso à terra por parte dos imigrantes; a livre iniciativa típica do ideário liberal fosse francamente estimulada; se disseminasse o mais largamente possível os avanços da ciência e da técnica, adotando-os e produzindo-os de acordo com a realidade material de que se dispusesse, o que exigia um amplo conhecimento das riquezas naturais existentes no território monárquico.

Ao deitar o ferro de suas dez paralelas e seis convergentes sobre aquela página repleta de paisagens com cores e texturas tão distintas, Rebouças estará na realidade pensando em um processo de ocupação do território que não cabe na cabeça daqueles que desejavam já à época manter, sob forte especulação, vastos fundos territoriais (MORAES, 2000; 2002).

É evidente que o sistema de viação proposto por Rebouças buscava partir de uma equação simples: *para cada porto uma ferrovia, para cada ferrovia um porto*. A ideia de relacionar portos e ferrovias na constituição do sistema de transporte foi esboçada teoricamente por TAAFE, MORRILL e GOULD (1963) para explicar, via um modelo [Figura 05], a maneira como evoluiriam, em seis fases, diversas redes urbanas de países subdesenvolvidos, a partir dos sistemas portuários marítimos de nações como Nigéria e Gana, na África.[21]

Este estudo, reputado como um clássico, aparece estampado em livros e artigos[22] que discutem a temática.

Em outras palavras, embora Rebouças defendesse ideias que beiravam o *american way of life*, o fazia a partir da premissa de que a principal indústria daquele império tropical era a agricultura e que o principal produto era o café.[23] Modernidade sim, mas circunscrita no interior de uma sociedade agrário-exportadora. Por isso, sua equação viária era baseada na relação indefectível da tríade *café, ferrovia e porto*.

------

21   TAAFFE, Edward J.; MORRILL, Richard L. e GOULD, Peter R. "Transport Expansion in Underdeveloped Countries." *The Geographical Review of American Geographical Society*, n. 53, outubro de 1963 (p. 503-529).

22   Dentre os trabalhos que tivemos oportunidade de apreciar há um que apresenta, a partir da discussão sobre teorias sistêmicas, o modelo de evolução dos transportes de TAAFFE *et al.*: BRADFORD, M. G. e KENT, W. A. *Geografia Humana: teorias e suas aplicações*. Coleção Trajectos. Lisboa, Gradiva, 1987. Discutindo o caso peruano, há um artigo que propõe que o modelo de TAAFFE *et al.*, não se aplica ao desenvolvimento dos transportes naquele país: MORRIS, Arthur S. "Sociedad, Economía y Estructura Geográfica en Iberoamérica." *Geocrítica – Cuadernos Críticos de Geografia Humana*. Ano III, n. 16, julho de 1978. Há ainda, uma crítica teórica que assinala ser o modelo de TAAFFE *et al.* derivado de um estudo empírico que teria pouca validade como teoria, mesmo para explicar o caso de outros países subdesenvolvidos que não Gana e Nigéria na África ocidental: STAR, John T. e SLACK, Brian. "Porto como porta de entrada: discutindo a concepção tradicional". In: SILVA, Gerardo e COCCO, Giuseppe (org.). *Cidades e Portos: os espaços da globalização*. Coleção Espaço e Desenvolvimento. Rio de Janeiro, DP&A, 1999 (195-208). O melhor dentre os textos encontrados, por discutir como o modelo de TAAFFE *et al.* foi utilizado para construção de outros modelos em estudos de caso na Austrália e Suécia, é de ALEGRIA, Maria Fernanda. *A Organização dos Transportes em Portugal (1850-1910): as vias e o tráfego*. Universidade de Lisboa, Lisboa, 1990(Ver: p. 198-206).

23   "A riqueza futura deste Império depende da maior extensão dada à cultura do café: não se deve deixar de introduzir se cultivo em todos os pontos, em que elle for possivel.
      Todos os nossos amigos da Europa e dos Estados-Unidos escrevem á porfia: trabalhai para aumentar a producção do café no Brazil." (REBOUÇAS, 1874, p. 156)

Manoel Fernandes de Sousa Neto

É claro que isso era, em boa dose, próprio das antinomias vividas por Rebouças: ao mesmo tempo um dos mais destacados líderes na luta pela emancipação dos escravizados e monarquista capaz de exilar-se com D. Pedro II quando a República foi proclamada (BOSI, 1992; CARVALHO, 1999).

Dito isto não é difícil de verificar porque a estrutura do livro *Garantia de Juros* é, em sua segunda parte, uma descrição de todas as condições em que se achavam as diversas províncias do Império no concernente à existência ou projetos de ferrovias e portos. Em todas elas proporá que é possível cultivar café e defende uma divisão o mais equânime possível dos créditos e capitais garantidos a juros anuais de 7%, pela lei de 24 de Setembro de 1873.

É evidente que a segunda parte do livro *Garantia de Juros* é ainda uma viagem pelo Brasil, posto que ali se descreve província por província a localização, as condições físicas (topográfica, hidrográfica, climática, pedológica etc.), suas riquezas naturais, a distribuição da população etc. Proporciona momentos em que podemos perceber leituras deterministas como a que fala do tipo de imigrante que bem se adaptaria ao Piauí: "Claro está que, pelo seu clima equatorial, a colonisação do Piauhy deverá ter por elemento principal habitantes da Europa meridional" REBOUÇAS, 1874, p. 146-7).

No seu capítulo XVII, o maior de todos na obra e aquele onde aparecerá sintetizada a proposta do Plano de Viação, Rebouças esboça então suas dez paralelas e seis convergentes. As paralelas são as seguintes: 1ª) a do vale do rio Paraíba do Norte, que teria o porto de Cabedelo na Paraíba ligado ao porto de Cajamarca; 2ª) a do São Francisco, com origem no porto fluvial de Penedo e destino no Peru; 3ª) a do Paraguassú, saindo do porto de Salvador e terminando no porto de Calláo; 4ª) a do rio Jequitinhonha, ligando o porto de Santa Cruz na Bahia ao porto Islay, no Peru; 5ª) a do Rio Doce, comunicando o porto de Vitória com o porto peruano de Yquique [que no mapa atual aparece como sendo Chile]; 6ª) a do Rio de Janeiro, ligando o porto do Rio de Janeiro a um porto no oceano Pacífico; 7ª) a de São Paulo, que colocaria em contato o porto de Santos com o porto de Agua-Buena; 8ª) a do vale do Iguassú, ligando o porto de Antonina no Paraná, ao porto de Hueso Parado; 9ª) a do vale do Uruguai, ligando o porto de Laguna em Santa Catarina, ao porto La Caldera no Chile e 10ª) a dos vales dos rios Jacuí e Ibicuí, que ligaria o porto de Rio Grande, no Brasil, ao de Valparaiso, no Chile (REBOUÇAS, 1874, p. 172-181).

Já as seis convergentes que se estabelecem no sentido norte-sul ou sul-norte são em realidade também vales dos rios "entre os systemas de linhas convergentes da base amazonica ao vertice imaginario meridional" (REBOUÇAS, 1874, p. 181). A primeira delas é formada pelos confluentes da margem setentrional do Amazonas. A segunda, pelos confluentes da margem meridional do Amazonas. A terceira, a convergente do Madeira, Guaporé, Aguapeí e Paraguai. A quarta, a convergente do Tocantins, Araguaia, Rio Vermelho, Anicuns, Paranaíba e Paraná. A quinta seria a convergente que uniria os vales dos rios Tocantins e São Francisco. Por fim, a sexta ligaria os vales do Parnaíba, Gurgueia e São Francisco (REBOUÇAS, 1874, p. 181-184).

Uma vez mais as bacias hidrográficas dão as linhas que permitem uma certa regionalização do território monárquico. Rebouças, em dado momento, se afasta desse recorte, para tratar da questão província a província, ou seja, mediante uma regionalização administrativa, porque defende o melhoramento de vários portos do mar e que toda província tenha ligada a seu porto pelo menos uma estrada de ferro que, ao longo dos anos, pudesse ser prolongada e unida aos sistemas que se conformavam nos demais países sul-americanos. Países onde, segundo Rebouças, mesmo com toda a desordem que reinava com suas repúblicas, havia-se estabelecido mais vias férreas que o Brasil, como era o caso da Argentina e do Peru.

No último capítulo de seu *Garantia de Juros*, Rebouças faz uma série de recomendações técnicas. Dentre elas, duas se sobressaem e, embora pareçam sem importância quando se trata de pensar o território, têm, para nós, papel fundamental no entendimento do seu projeto de tornar o território densamente povoado em todas as suas longitudes. São elas: 1) o uso de bitola estreita que permitisse construir mais quilômetros de estradas de ferro, em função de seus custos serem menores e um tráfego mesmo pequeno poderia sustentá-las e expandi-las e 2) o uso de material encontrado na própria natureza, como madeira, tanto para assoalhar estradas de rodagem, como para constituir trilhos de tração animal que permitissem o barateamento do translado dos produtos por preços mais baixos. A ideia, pois, era de permitir que a circulação ocorresse de acordo com as condições econômicas que se tinha à época, buscando nas adaptações técnicas maneira de realizar esta tarefa.

O trabalho de Rebouças é de todos o mais extenso, mais cheio de referências a outros países, mais pretenciosamente teórico, mais ousado, o mais ferroviário. Os pontos de contato com os outros planos, entretanto, serão muitos, como no caso de uma lógica para o plano de viação que é a do próprio sistema de bacias hidrográficas do território. Mas essa é uma questão para mais adiante.

Bicalho

O plano de viação de Honorio Bicalho, intitulado *Rede Geral de Comunicações*, foi apresentado à época em que o seu autor ocupava a diretoria de Viação e Obras Públicas do Ministério da Agricultura, no ano de 1881. É o documento que encabeça o Terceiro Volume de Anexos do Relatório apresentado pelo então ministro interino da pasta, José Antonio Saraiva, na primeira sessão da décima oitava legislatura no ano de 1882.

Dito isso, ficamos logo a saber que esse é o primeiro dentre os planos a ter caráter oficial no âmbito do Estado monárquico, já que os planos anteriormente apresentados – Moraes, Queiroz e Rebouças –, não o tiveram. O sumário desse plano de mais ou menos quinze páginas é assim apresentado por Bicalho:

> Illm. e Exm. Sr.
>
> Junto tenho a honra de apresentar, como V. Ex. dignou-se ordenar-me, a exposição de motivos para os projectos de lei que o Governo Imperial pretende apresentar ao Poder Legislativo, sobre o desenvolvimento da viação aperfeiçoada em todo o Imperio. Compõe-se:
>
> 1º Da distribuição do credito da Lei n. 2450 de 24 de Setembro de 1873
>
> 2º Do plano de uma rede principal geral.
>
> 3º Das estradas a construir em complemento da Lei n. 2450
>
> 4º Do melhoramento dos portos, como complemento indispensavel das estradas de ferro (BICALHO, 1881, p. 4).

Ainda na introdução e antes de demonstrar como o crédito da Lei n. 2450 foi distribuído, Bicalho prevê a realização do seu plano em nove anos com a execução de cerca de quinze mil quilômetros de vias férreas e fluviais ou linhas mistas flúvio-ferroviárias, seguidas de melhoramentos dos portos do Atlântico, considerando como ponto de partida as linhas já em funcionamento e a capacidade orçamentária de execução das obras pelo Estado.

Ressalta ainda que mesmo com o limitado desenvolvimento da viação férrea no Brasil, suas receitas haviam contribuído sobremodo para o "aumento das rendas no paiz" (BICALHO, 1881, p. 4), pois compreendia que "as despezas com este objecto são as mais productivas para o Brazil, cujas riquezas naturaes tornam para este paiz, muito verdadeiro o principio economico de que transportar é produzir" (BICALHO, 1881, p. 4).

Ora, se *transportar era produzir* na acepção de Bicalho, tratava-se de estender os benefícios da lei de garantia de juros de modo a conformar um sistema que elevasse a capacidade de explorar as *riquezas naturaes do paiz*, pondo em contato diversos pontos do território que até aquele momento haviam ficado de fora, mesmo depois de oito anos da promulgação da lei de 24 de setembro de 1873.

Nesse sentido é que se compreende a estrutura do texto que apresenta o plano, iniciado por um levantamento das vias férreas e da navegação fluvial em funcionamento à época, tendo em vista que se em 1872 havia apenas 932 quilômetros de ferrovias, esse número em 1880 chegaria a 3.398 quilômetros (FONSECA, 1956, p. 90), e cerca de 75% desse total, concentrado em apenas três províncias: São Paulo, Rio de Janeiro e Minas Gerais. Para não falar de um outro gravíssimo problema: a diferença entre as bitolas das vias férreas do sistema que se pretendia constituir.

Assim, a primeira parte do plano de Bicalho é uma descrição zelosa das linhas férreas uma a uma, província por província, designando a data e o número do decreto imperial que havia concedido garantia de juros, o montante do capital garantido bem como o percentual anual que sobre ele incidiria e o período pelo qual vigoraria.

A lista das províncias que receberam garantia de juros nos termos da lei n. 2450 de 24 de setembro de 1873, organizada por Bicalho, é a seguinte: São Paulo, Rio de Janeiro, Paraíba do Norte, Pernambuco, Santa Catarina, Rio Grande do Norte, Paraná, Minas

Gerais, Bahia, Alagoas, Espírito Santo e Rio Grande do Sul. É importante ressaltar que outras leis e decretos deram, em separado, garantias de juros sob condições semelhantes a algumas províncias ou por iniciativa dos próprios governos provinciais se conseguiu que o Estado afiançasse os capitais captados geralmente na praça de Londres.

As razões para que o Estado concedesse garantia de juros fora dos montantes relativos à lei n. 2450 eram várias, dentre elas a constituição de sistemas estratégicos de viação para o território, como o do Rio Grande do Sul, autorizada por Lei n. 2439 de 10 de setembro de 1873.

Como se pode ver após a exposição de Bicalho, a garantia de juros foi aprisionada por apenas uma parcela das províncias do Império, o que resultou na concentração de obras de infraestrutura de transporte. Por outro lado, o sonho de Rebouças de se conseguir fazer quilômetros com 30 contos de réis (1874, p.), aparece na exposição de Bicalho (1881, p. 7) como tendo se realizado com quase o dobro dos custos, algo em torno de 55 contos de réis. Sendo que assim como se reclamava tanto do caminho de ferro de Paraguassú, entre Salvador e Alagoinha, muitos caminhos de ferro não pagavam os custos.

O próprio Bicalho reconhecerá que apenas doze províncias foram, ao final das contas, assistidas pela garantia de juros, sendo que boa parte delas já havia tido acesso a capitais garantidos por outras leis e subsídios. Além, é claro, da iniciativa privada, que construiu boa parte das estradas de ferro de São Paulo. Sem falar que a garantia de juros do Estado foi dada, prioritariamente, a empresas inglesas:

> Foram contempladas doze provincias do Imperio, das quais oito garantiram juros às respectivas emprezas.
>
> Estas foram promovidas em grande parte por iniciativa individual e realisadas por associações das quaes sete representam capitaes inglezes; duas, nacionaes; e uma, francezes (BICALHO, 1881, p. 8).

Em outros termos, o que o diretor de obras públicas estava a reconhecer era que o Estado tinha utilizado mau os seus recursos,[24] não havendo conseguido implementar as

---

24 "O elevado custo kilometrico das mesmas estradas não permittiu estender o beneficio da lei a todas as provincias do Imperio, nem facilitou a construcção de alguma grande linha de interesse geral, servindo directamente a mais de uma provincia." (BICALHO, 1881, p. 8)

vias de comunicação que eram imprescindíveis ao próprio Estado e ficado à mèrcê de interesses locais ou do capital externo. E esses eram os motivos pelos quais buscaria justificar a necessidade de ampliar os benefícios da Lei n. 2450, mediante um plano de viação. Para tanto, o próprio Honorio Bicalho nos oferece uma síntese primorosa do problema que vira e da solução que estava a apresentar:

> As duas provincias de Matto-Grosso e Goyaz, que representam mais da quarta parte da superficie do Imperio, viram passar o periodo de oito annos de applicação total do fundo aberto pelo Estado ao desenvolvimento da viação ferrea, sem que se désse um só passo para reduzir os demorados percursos que as isolam do resto do Imperio; pelo contrario viram caducar a concessão da estrada de ferro do Madeira ao Mamoré, anterior áquella lei.
>
> É por conseguinte imprescindivel a necessidade de completar e ampliar os melhoramentos promovidos pela Lei n. 2450 de 24 de setembro de 1873 (BICALHO, 1881, p. 8).

A complementação da lei e a sua implementação, entretanto, salientaria Bicalho, deveriam decorrer do aperfeiçoamento da mesma, com vistas a que todas as províncias fossem contempladas por ela e mediante uma ordem de prioridades decorrentes das urgências existentes. A ideia era que se garantisse a interligação de todas a províncias, por intermédio de ramais que pudessem se comunicar a partir de um plano, coisa que faltara quando da aprovação da Lei n. 2450 em 1873.

Havia, entretanto, um problema que Bicalho apontaria dizendo: "para a fixação completa e definitiva deste plano, faltam sem duvida estudos: grande parte do territorio brazileiro acha-se ainda quasi inteiramente inexplorada" (1881, p. 8). E desse modo, enfeixado entre a premência de constituir rapidamente elos entre os pontos do *desconhecido território* e a necessidade de conhecê-lo diria:

> Para presidir porém á decretação da lei [que instituiria o plano de viação] e dirigir, durante os primeiros tempos, a sua applicação, os estudos já feitos e o conhecimento actual das condições do paiz offerecem um primeiro esboço immediato (BICALHO, 1881, p. 9).

O ponto de partida para o estabelecimento da *Rede Geral de Comunicações*, proposta por Bicalho, como ocorrera nos outros planos de viação apresentados até então, será o sistema, tido, aí também, como um conjunto de *caminhos naturais* capazes de permitir a constituição de um complexo viário misto quando associados às vias férreas planejadas [Figura 06]. E aqui, também, outra coisa será comum aos demais planos: a leitura do Brasil como o grande corpo em que os membros estão separados, sendo os rios e os ditos caminhos artificiais (as estradas de ferro) as artérias que lhe vivificariam levando-o ao progresso e à civilização. As matrizes de pensamento organicista e evolucionista, como também veremos adiante, estarão fartamente representadas não apenas nas palavras escritas por Bicalho, mas nos demais planos de viação formulados durante o Segundo Reinado. A citação que segue é apenas um exemplo disso:

> O primeiro meio que mais naturalmente se apresenta para vencer as grandes distancias que quasi isolam as diversas provincias do Imperio, é utilizar a navegabilidade natural e aperfeiçoada dos rios mencionados e dos seus affluentes, ligal-as por meio de estradas de ferro, convenientemente traçadas em posição das grandes linhas futuras, e formar assim primeiras linhas geraes mixtas de viação a vapor, que actuem como grandes arterias para levar o movimento da vida intellectual e o impulso do progresso, das capitaes a todos os pontos do gigantesco corpo do Brazil.
>
> Desenvolver-se-hão as industrias e o commercio, os interesses crescerão, e, á medida que forem progredindo, irão as linhas de communicação geral se rectificando e aperfeiçoando, de modo a acha-se, por meio de transformações progressivas, estabelecida finalmente a rêde ferrea, que enlaçará intimamente todas as provincias e as tornará inseparaveis na communhão brazileira (BICALHO, 1881, p. 9).

A partir desses arrazoados se proporá então o sistema, composto de quatro grandes linhas, que são: 1) Grande Leste-Oeste; 2) Grande Central Norte; 3) Grande Central Sul e 4) Grande Central Noroeste.

Grande Leste-Oeste visava ligar o Tocantins ao São Francisco, por intermédio de uma via férrea de 293 quilômetros (BICALHO, 1881, p. 9), pondo em contato várias porções de

Goiás com o oceano Atlântico na altura de Salvador que, por sua vez, estaria ligado por ferrovia já em construção à cidade de Juazeiro. A interiorização no sentido ocidental se daria depois pelo Araguaia, que se ligaria aos limites do Império pelos vales dos rios Xingu, São Manoel e Tapajós. Ainda pelo São Francisco, se ligaria à *Grande Central Norte*.

A *Grande Central Norte* ligaria a cidade de Belém do Pará ao Rio de Janeiro, com obras que visassem conectar os trechos do alto e baixo Tocantins, por uma ferrovia de cerca de 600 quilômetros que depois de encontrar com o São Francisco na *Grande Central Leste*, chegaria ao Rio de Janeiro pela Estrada de Ferro D. Pedro II.

A *Grande Central Sul* visava a ligação da rede ferroviária de São Paulo com o rio Paraná, o que possibilitaria, *a posteriori*, ligar a bacia do Paraná á do Araguaia, por intermédio de diversos outros rios como o Paranaíba, pelo centro do território. Por fim, ainda na bacia do rio Paraná, á altura dos rios Tibagi e Ivaí, sairia um tronco ferroviário que ligaria desde a estrada de Paranaguá, passando por Palmas em Santa Catarina, à rede ferroviária do Rio Grande do Sul.

A *Grande Noroeste,* podendo ter dois traçados a partir do seu entroncamento com a *Grande Central Sul*, alcançaria Mato Grosso e, subindo pelo Tapajós e Madeira, uniria a bacia do Amazonas à do Prata com a realização de ferrovias ligando os trechos separados por cachoeiras ou pelo próprio traçado no terreno.

Para além dessas quatro grande artérias, em muito similares às de Queiroz e com forte inspiração na regionalização apresentada por Moraes, Bicalho fará ainda a proposta de constituição de uma via interoceânica, como poderemos ver a seguir:

> Como objectivo de estudo, a que convem proceder-se para completar o plano das grandes linhas aqui esboçadas, apresenta-se o traçado de uma estrada *Grande Central* que, entrocando-se na estrada de ferro D. Pedro II, e procurando as terras elevadas entre os valles do rio Grande e Paranahyba, e as divisas de aguas do Araguaya e Paraguay, una a capital do Imperio á fronteira boliviana.
>
> Será a secção brazileira da via ferrea inter-oceanica do sul, a qual, em logar do interesse commercial que offerecem á linha inter-oceanica do norte as relações com a China e a India, terá para alimentar-se

> os interesses commerciaes da propria costa meridional do Pacifico (BICALHO, 1881, p. 12).

Em outras palavras, Bicalho estava a pensar não só em uma via férrea – assim como ocorreria com quase todos o outros planos, à exceção de Moraes –, que ligasse o Atlântico ao Pacífico, mas em uma expansão comercial que chegaria à China e Índia.

Após apresentar as grandes linhas de seu plano, Bicalho trataria então de falar da complementação do sistema no concernente às províncias não assistidas pela Lei n. 2450, bem como dos prolongamentos necessários das vias férreas já existentes. E dissertando sobre a importância dessas, pequenas linhas ou linhas complementares, esboça então o restante da *Rede Geral de Viação*.

A última parte do seu projeto versa sobre a melhoria dos portos, baseando-se no mesmo princípio esboçado por Rebouças de que as ferrovias deveriam encontrar um porto de mar[25] e assim resume a questão:

> Entre as grandes linhas de communicações geraes, uma ha concedida pela natureza e que serve directamente a dezesseis provincias do Imperio, – é a navegação do Oceano Atlantico.
>
> É esta navegação o tronco commum a que vão ter quasi todas as estradas construidas até hoje no Brazil.
>
> Ha, porém, para o perfeito aproveitamento deste magestoso meio de communicações, um serviço que tem sido muito descurado, quando entretanto devia acompanhar o desenvolvimento das estradas de ferro de que é o complemento indispensavel – é este o melhoramento dos portos (BICALHO, 1881, p. 15).

Trata, por fim, dos diversos melhoramentos necessários aos portos do Atlântico e, com grande ênfase, defende um controle político e técnico do Estado para o setor, ao conclamar a formação de um corpo de engenheiros que centralizasse os trabalhos atinentes ao sistema de viação, propõe que em alguns casos o Governo Imperial deveria proceder à

---

25   "[...] a estrada de ferro verdadeiramente commercial é principalmente a que vai ter um porto acreditado para a exportação." (BICALHO, 1881, p. 16)

construção das vias de comunicação que fossem essenciais à integridade territorial, utilizando para isso inclusive parte do efetivo do exército, sugerindo que

> attendendo-se ás conveniencias politicas e administrativas geraes, e especialmente aos fins estrategicos, a que satisfazem estas duas grandes linhas [*Grande Noroeste e Grande Central Sul*], deve o Governo poder, na execução dos serviços de movimento das terras necessarios á sua construcção, empregar praças de pret (*sic*) do exercito, arregimentadas, elevando ao que é necessario, o respectivo quadro actualmente deficiente e empregado nos serviços mencionados os que podem considerar-se como guarnecendo as nossa fronteiras sobre o Paraguay e ao Sul do Imperio (BICALHO, 1881, p. 14).

Para concluir o trabalho, explica que não há como orçar financeiramente os gastos necessários à constituição dos sistema de viação que apresenta, o que necessitaria de estudos um pouco mais acurados para esse fim. Entretanto, compreende que com a crescente receita do Estado é possível estabelecer dotações que levem à concretização do projeto que apresenta, desde que isso não sobrecarregue o Estado. O seu é um dos poucos planos, senão o único, a não apresentar cálculos, mas essa também é uma questão à qual voltaremos nas próximas páginas.

Bulhões

O Plano Bulhões, como ficou largamente conhecido o primeiro dentre os planos de viação a ser elaborado de maneira coletiva, contou, além do presidente da comissão Antonio Maria de Oliveira Bulhões, com outros dois engenheiros: Ferino José de Melo e Jorge Rademaker Grünewald.

Outro diferencial bastante importante é que esse plano foi elaborado para discussão e aprovação em uma das treze seções que compuseram o I Congresso de Estradas de Ferro do Brasil, organizado pelo Clube de Engenharia em 1882 que, então sob a presidência de Augusto Fernandes Pinheiro, não havia sequer chegado ao seu segundo ano de existência.

O evento, bastante prestigioso, teria sido, nas palavras de Pedro Telles (1994, p. 444), a primeira reunião de caráter técnico e em dimensões nacionais a pôr sob o mesmo teto engenheiros que atuavam em todo território monárquico, além de representantes das diversas estradas de ferro em funcionamento – com exceção das empresas inglesas.

Os trabalhos das seções adotaram o procedimento de formar comissões com três componentes. Essas comissões apresentavam uma espécie de relatório que era discutido e, em sendo aprovado, transformava-se em resolução a ser encaminhada ao Governo Imperial. Ao todo foram aprovadas oito resoluções (TELLES, 1994, p. 446), dentre elas a apresentada pela comissão da 12ª seção, que tratara do *Estudo Sobre o Plano Geral de Viação Nacional*.

Antonio Maria de Oliveira Bulhões, provavelmente, não ficou ao acaso na condição de presidente de uma das mais importantes seções daquele I Congresso. Era, além de vice-presidente fundador do Clube de Engenharia, uma das personalidades mais respeitadas entre os pares e trabalhara com vias de comunicação desde a época em que fizera boa parte das obras da Estrada União e Indústria, quando a febre ferroviária ainda não deitara um só metro de ferro ao chão pisado por pés escravizados. Nas palavras de Pedro Telles (1994, p. 282), "Oliveira Bulhões foi um verdadeiro líder e modelo para várias gerações de engenheiros, que o chamavam carinhosamente de *Père Bulhões*."

Por essas razões, em nosso entendimento, e não por mera simplificação,[26] já que poderia ter ficado conhecido como sendo do Clube de Engenharia ou mesmo do I Congresso Ferroviário, o plano ganhou o nome daquele que presidira a comissão que o elaborou, ou seja, Bulhões.

O documento a que tivemos acesso, publicado pela *Typographia Cruzeiro* em 1882, apresenta o seguinte título: *Parecer Apresentado ao Primeiro Congresso das Estradas de Ferro do Brazil pela Commissão de Viação Geral do Império*, e a seguir se contam vinte e três pequenas páginas, dentre as quais se lê já no parágrafo inicial:

> A questão de que se trata é tão complexa, abrange não só em conhecimentos technicos e profissionais da engenharia como em noções geographicas do Brazil, disposições da população, climatologia, riquezas

---

26   A ideia de que o plano ficou conhecido por Bulhões por uma questão de simplificação é de Moacir Silva Malheiros.

> naturaes etc., um campo tão vasto que não ousariamos emittir nossas humildes considerações se não tivessemos a certeza de provocar o auxilio e correções de outros mais habilitados (BULHÕES, 1882, p. 5).

Ao assumir que o problema da elaboração de um plano de viação para todo o território é não apenas uma questão técnica ou circunscrita aos quadros dos saberes da engenharia, a comissão explicita o que nos demais planos estava implícito: o trabalho exigia *noções geographicas do Brazil*.

O plano Bulhões, assim como o de Bicalho, terá a característica de ser misto férreo-fluvial e aponta para uma regionalização também baseada nas bacias hidrográficas ao propor que "a formação da nossa rede geral de communicações, attendendo aos fins economicos, administrativos, estrategicos e commerciaes [se dará] aproveitando do melhor modo a navegação interior"(BULHÕES, 1882, p. 6).

Como não podia deixar de ser, também já na parte introdutória o texto irá discutir os aspectos atinentes à legislação, embora lembre que outras seções do 1 Congresso Ferroviário estavam a tratar mais detidamente do problema. A questão, entretanto, se deve ao fato de o Decreto n. 5561 de 28 de fevereiro de 1874, "que approvou o regulamento para a execução das leis n. 646 de 26 de Julho de 1862 e 2.400 de 27 de Setembro de 1873" (BULHÕES, 1882, p. 6), permitir às províncias dar concessões, projetar e executar estradas de ferro nos limites do território provincial.

Esta dimensão da legislação, que não seria alterada pela lei de Garantia de Juros, que dá autonomia às províncias de construírem seus sistemas de viação, será duramente refutada por esse que é o mais centralizador dos planos vistos até aqui. Em realidade, a autonomia seria apresentada como um dos males e razões pelas quais o sistema de viação do Império não fora até então estabelecido.

> Estas leis que foram ditadas com o firme proposito da descentralização administrativa, que vizavam a não offender a autonomia das provincias, a alargar o seu horizonte de actividade de accordo com o acto addicional, já estão produzindo e ameaçam ainda maiores inconvenientes em relação á distribuição da grande viação ferrea do paiz (BULHÕES, 1882, p. 7).

Por isso, uma das propostas, esboçada de maneira sutil por Bicalho, reapareceria nimiamente nesse *Plano de Viação Geral do Império,* que é o de centralizar as ações a tal ponto que propunha-se que nenhuma via férrea provincial fosse construída sem a expressa autorização do Governo Imperial e não fosse outra a bitola que não a de um metro. Sem falar que propunha ainda a formação de um corpo de engenheiros, – o que já aparecera em Bicalho –, que fosse responsável em liberar o projeto de execução de vias férreas.

A partir dessas considerações iniciais, a repetição de que aqueles *caminhos que caminham* seriam, em sua extensa rede que dividia em grande bacias o território, a base para a elaboração de uma regionalização *líquida e certa* para o estabelecimento de um plano de viação. Bastava olhar o mapa oficial.

> Um rapido exame da carta geral do Brazil fez logo ver que mais de 4/5 da sua enorme superficie pertencem as bacias hydographicas do Prata e do Amazonas.
>
> A bacia do S. Francisco (cuja maior parte corre com direcção ao norte) fórma um terceiro systema independente.
>
> Occupam o quarto logar em importancia as outras bacias hydrographicas, que, formadas pelos contrafortes ou ramaes da Serra do Mar, desaguam no Atlantico ao longo da costa (BULHÕES, 1882, p. 8).

Nesse sentido, o ponto de partida para a proposição do plano é, sob diversos aspectos, muito similar ao de Moraes. Vê três grande bacias hidrográficas – Amazonas, Prata e S. Francisco – e as demais bacias que correm em direção ao Atlântico. Este é, sem sombra de dúvida, o elemento comum a todos os planos. A base material sob a qual se desenham os planos é o território com o seu traçado geomorfológico continente de águas que correm subdivididas em diversas bacias hidrográficas que se comunicam. Os planos, antes de mais nada, são exercícios de compartimentação deste *território-texto.*

Por outro lado, ainda é necessário ressaltar que essa compartimentação é proposta sempre como se houvesse sido determinada pela própria natureza, como uma herança recebida do *Criador* e, nesse caso, tratava-se de aproveitar o que o benefício dessa *natureza divina* havia proporcionado àqueles que pensavam em constituir planos de viação sobre o território.

Assim, de certo modo, a própria *natureza ordenaria a construção de grandes linhas comunicantes*, como nos proporia o plano daquela comissão presidida por Bulhões [Figura 07]:

> O escoamento das aguas dos grandes tributarios do Amazonas e do Prata, seguindo a direcção geral N. S., mostra uma linha de caminhos ou vertentes que em caminho mais ou menos sinuoso segue a direcção geral E. O até prender-se á grande cordilheira dos Andes passando entre as mais longinquas nascentes do Paraguay e Guaporé. E como esses tributarios do Amazonas e Prata são rios importantes, em grande parte navegaveis ou navegados, parece que a natureza ordena que o systema geral de viação do Brazil deve ser constituido por uma grande linha central E. O. com ramaes proximamente perpendiculares ligando as navegações dos rios mais gigantes da America do Sul (BULHÕES, 1882, p. 8-9).

A grande linha central do plano de 1882 era, como propõe textualmente, a *columna vertebral da viação geral* (BULHÕES, 1882, p. 9), tendo como perspectiva precípua a ligação da corte situada na cidade do Rio de Janeiro com os diversos pontos do território, desde os extremos do oeste banhados pelo Guaporé, até as demais bacias que ao sul e ao norte seriam tocadas por essa via que centralizaria, em torno da capital que se situava as margens do Atlântico, as ações que se deveria tomar sobre o vasto Império.

É nesse sentido que o plano de Bulhões dá atenção especial a essa linha central, fulcral sob todos os aspectos, para ligar o Atlântico ao Pacífico, para garantir integridade territorial do Império, para permitir que o comércio se desenvolva de forma fabulosa com a diminuição do tempo, dos custos e das distâncias (BULHÕES, 1882, p. 9-10).

Partindo dessa *grande linha central*, se desenhariam então outras quatro, coladas de certa forma à trajetória estabelecida por ela: a *Grande Norte Sul*, que exigiria a construção de ferrovias compondo ilações do rio Araguaia ao rio Paraná e do presídio de Santa Maria do Araguaia à vila de Alcobaça; a *Grande Norte Oeste*, que se estabeleceria a partir do prolongamento das vias férreas da linha de Vila Nova da Rainha à Casa Nova e de Casa Nova até Teresina e Caxias; a *Grande Central Sul* que ligaria Sorocaba à estrada de ferro entre Porto

Alegre e Uruguaiana e, por fim, a *Grande Norte Leste*, que ligaria por intermédio do prolongamento da Estrada de Ferro D. Pedro ii a localidade de Queluz ao Rio das Velhas.

Ao todo, o plano previa a feitura de aproximadamente seis mil quilômetros de vias férreas, dos quais mil e Novecentos seriam para a realização da Grande Central Leste Oeste. E o que se deseja com o Plano de Viação Geral do Império está expresso de modo muito claro nas palavras abaixo:

> Sejam 6,000 kilometros, que executados permittirão o aproveitamento de navegações interiores importantissimas e reunindo todas as provincias do Imperio marcarão éra nova no Brazil, permittindo o aproveitamento de suas riquezas naturaes em larga escala, offerecendo á emigração dilatados horizontes, auxiliando o estabelecimento de todas as industrias, utilizando com proveito o trabalho de nossos compatriotas que actualmente vivem espalhados pelos sertões, tornando mais prompta e efficaz a administração e defeza do Paiz, estabelecendo emfim os mais firmes alicerces do bem estar da civilisação e da integridade do Imperio para completa fuzão de todos os interesses de seus habitantes (BULHÕES, 1882, p. 15).

As razões pelas quais os planos de viação, feitos em outras épocas, não teriam sido executados, apareceria, ao final do Plano Bulhões, apontado como um problema relacionado à instabilidade política do regime monárquico, conhecido por ver se alterarem no poder os gabinetes dirigidos ora pelo partido liberal, ora pelo partido conservador. Para tanto se proporia a separação, ainda que de modo subliminar, das questões de natureza política daquelas que são de ordem técnica, quando apresenta-se como solução para o problema a nomeação de uma comissão independente das vicissitudes do poder para que, em um período de três anos, pudesse então apresentar estudos definitivos e levá-los a cabo. Em outras palavras, a leitura era de que a constituição de uma rede de viação para o território monárquico não era um problema de governo, mas de Estado.

Não por acaso, este seria de todos o mais centralizador dos planos propostos e teria como foco efetivo a separação entre política e técnica, coisa comum àqueles que faziam o Clube de Engenharia. Significaria ainda a tentativa de apropriação por parte dos engenheiros do problema que só eles seriam capazes de resolver, mas não se tratava mais de profissionais de engenharia formados em outros quadrantes do planeta, mas naquele lugar que se pretendia transformar em *comunidade imaginada* chamada Brasil.

Adiantemo-nos, um pouco, para ver quais as leituras que alguns estudiosos fizeram dos planos apresentados até aqui.

Leituras

Os planos de viação do Segundo Reinado não têm sido objeto de estudo de muitos geógrafos brasileiros. Em realidade, talvez o único geógrafo – também engenheiro – que tratou de analisá-los os planos com o intuito de fazer uma espécie de retrospectiva de quase todos os planos de viação que utilizaram o território como base material de elaboração, foi Moacir Malheiros Silva (1947;1949), ele é o mais utilizado como referência em trabalhos, que discutiram questões de geografia política e geopolítica no Brasil, como *O Corpo da Pátria,* do geógrafo Demétrio Magnoli (1997), na área de geografia histórica das fronteiras, e o cientista social Miyamoto (2000), autor de *Geopolítica e Poder no Brasil*.

As leituras dos planos de viação do Segundo Reinado são, portanto, em sua expressiva maioria, feitas por engenheiros das mais diversas especialidades ou resultado de apreciações incentivadas pelo próprio Estado, como é o caso do trabalho mais completo sobre os planos de viação apresentados até 1970, o livro *Planos de Viação: evolução histórica (1808-1973),* publicado pelo Ministério dos Transportes em 1973. Obra largamente utilizada como fonte de referência por aqueles que escreveram sobre o assunto depois de sua edição, como é o caso do engenheiro Pedro Telles, que dedicou cerca de seis páginas ao tema em seu livro sobre a *História da Engenharia no Brasil* no volume I, que abrange um intervalo que se estende do século XVI ao XIX(1984) (p. 435-440).

O Ministério dos Transportes, através da realização de concursos monográficos que tinham como objetivo precípuo a constituição de uma memória dos transportes no Brasil, publicou os melhores trabalhos concorrentes então apresentados, criando inclusive para esse fim uma coleção denominada Coleção Mauá. Exemplos dessas obras são os trabalhos de Edgar Fróes da Fonseca, com o título *Uma Política Nacional de*

Transporte[27] e de Oswaldo Gordilho, com o livro Os *Transportes no Brasil*,[28] ambos de 1956. É importante não esquecer do trabalho de Créso Coimbra, *Visão Histórica e Análise Conceitual dos Transportes no Brasil*, de 1974, vencedor do concurso de monografias que tinha por tema *150 Anos de Transporte no Brasil*, em comemoração ao sesquicentenário da "Independência", realizado em 1972.[29]

Em todos esses trabalhos publicados pelo Ministério dos Transportes a atenção dada aos planos de viação, nomeadamente aqueles surgidos no período do Segundo Reinado, é bem pequena e não raro preocupada sobremaneira com os aspectos mais esquemáticos relativos aos traçados das vias de comunicação propostas.

A análise mais conhecida e citada, realizada por militares sobre o papel estratégico dos planos de viação, foi escrita por Mário Travassos, em seu livro *Introdução às Vias de Comunicação no Brasil*, publicado em 1942, no número 33 da Coleção Documentos Brasileiros, dirigida por Octavio Tarquinio de Sousa, pela editora José Olympio e com prefácio assinado por Giberto Freyre.

---

27   O trabalho é vencedor de um concurso realizado em 1954 pelo Instituto Brasileiro de Educação, Ciência e Cultura (Ibecc), em conjunto com a UNESCO, e que se denominava "concurso sulamérica". Ao todo foram apresentados 16 trabalhos assinados com pseudônimos – Fonseca, que era oficial da Marinha, assinou como Sertanejo –, e composto por uma comissão de avaliação presidida pelo engenheiro Saturnino Braga e que contava ainda com o Almirante Ernesto Araújo comandante da Escola Superior de Guerra, o jornalista Elmano Cardin que era Diretor do Jornal do Comércio, o economista Alexandre Kafka da Fundação Getúlio Vargas e Maurício Joppert da Silva (Impressões de Leitura. In: FONSECA, 1956, p. 3).

28   Participante do mesmo concurso que Edgar Fonseca, Oswaldo Gordilho assinou com o pseudônimo de Ferroviário.

29   "A Visão Histórica e Análise Conceitual dos Transportes no Brasil de Créso Coimbra não é um livro comum. Sua classificação em primeiro lugar no concurso de monografias sobre os transportes promovido pelo Centro de Documentação e Publicações, dirigido pelo jornalista Remy Gorga, filho, já revela seu nível, e a capacidade de pesquisa e de realização do autor. A Comissão Julgadora, composta de nomes como o de Mauricio Joppert, Artur Cesar Ferreira Reis, Cloraldino Soares Severo, João Felicio dos Santos e o autor desta nota introdutória parece ter atentado plenamente, como verão os leitores." (José Honório Rodrigues. In: COIMBRA, 1974, p. 19)

A primeira das questões a ser avaliada no concernente aos trabalhos que tivemos oportunidade de ler diz respeito aos planos de viação que são objeto de sua apreciação. Ao todo são apresentados durante o período monárquico cerca de oito trabalhos reputados como planos: 1) Rebelo (1838); Ottoni (1858); 3) Moraes (1869); 4) Queiroz (1874/1882); 5) Rebouças (1874); 6) Bicalho (1881); 7) Bulhões (1882) e 8) Silva (1886).

O livro *Planos de Viação: evolução histórica* disserta sobre quase todos esses escritos reputados como planos, com exceção de Ottoni (1858) que, por sua vez, é citado por Pedro Telles, embora a principal fonte com a qual este último autor mais dialogue seja exatamente a obra publicada pelo Ministério dos Transportes em 1973. Oswaldo Gordilho cita todos os planos, menos o de Rebelo (1838) e Silva (1886). Já Edgar Fonseca, em sua obra, cita apenas os planos de Queiroz, Rebouças e Bicalho, não fazendo nenhuma grande consideração sobre eles.[30] Créso Coimbra faz referência a todos os trabalhos, menos ao de Ottoni e Silva. Moacir Silva, em suas obras, comenta rapidamente o plano Moraes, analisa de fato os planos Queiroz, Rebouças, Bicalho e Bulhões, não fazendo nenhuma referência ao planos Rebelo, Ottoni e Silva. Mário Travassos, por sua vez, analisa e considera como planos os de Bicalho e Bulhões, por terem para ele um caráter mais oficial e menos oficioso. A leitura que Miyamoto faz dos planos de viação baseia-se naquelas já realizadas por Moacir Silva e Mário Travassos. Já Demétrio Magoli que chega a citar trecho da obra de Bicalho, o faz a partir da obra de Moacir Silva e Mário Travassos.

As opções que fomos levados a fazer na análise de apenas cinco planos (Moraes, Queiroz, Rebouças, Bicalho e Bulhões), consideraram o intervalo por nós analisado – 1869-1889 –, o fato de os demais planos serem parciais quando se trata de analisar as soluções que eram por eles apresentadas para todo o território monárquico, por não significarem uma inovação ou grande diferenciação àquilo que já fora apresentado, como ocorre

---

30   A única referência feita aos planos se encontra em um trecho do trabalho, como podemos ver a seguir: "Desde muito tempo que se cogitava de lançar vias interiores, unindo esses núcleos e cortando o país segundo eixos definidos. Ramos de Queiroz, Rebouças e Bicalho elaboraram planos de viação tendentes a facilitar as comunicações internas entre as províncias do Império. Os astronômicos investimentos que seriam necessários para a execução de tais planos e o irrealismo de uma concepção que visava levar os trilhos de uma estrada de ferro a regiões ainda hoje inteiramente despovoados fizeram com que esses planos representassem índices de uma época e da dedicação de seus autores." (FONSECA, 1956, p. 82-3).

com o plano Silva (1886), e por não terem sido elaborados por engenheiros. Dizendo de outro modo, analisamos os planos publicados entre 1869 e 1889 que foram escritos por engenheiros e recobriam a totalidade do território à época.

Por essa razão, faremos aqui uma rápida menção aos planos que não foram objeto mais acurado de nossa análise.

O Plano de José Silvestre Rebelo propunha, em 1838, a feitura de três estradas de *caráter real*, que ligassem a Corte ao Rio Grande do Sul à *Sudoeste*, a Mato Grosso à *Noroeste* com um ramal que derivasse para Ouro Preto e, por último, um caminho que saindo de Niterói comunicasse com Belém ao *Norte*.[31]

O Plano de Cristiano Ottoni de 1859 está, digamos, inserido no livro *O Futuro das Estradas de Ferro no Brasil*, em que "indica também as linhas mestras que deveriam ter um plano de viação" (TELLES, 1994, p. 436-37). Embora, em 1858, o ilustre engenheiro já houvesse em discurso de inauguração do primeiro trecho da Estrada de Ferro D. Pedro II ressalvado a necessidade de estabelecer as linhas férreas a partir de um plano geral de viação, que buscasse evitar a dispersão e corroborar com a constituição de um sistema.[32]

O Plano de Rodrigo Augusto da Silva aparece em relatório ministerial de 1886, época em que o mesmo era titular da pasta do Ministério da Agricultura, Comércio e Obras Públicas. Intitulado *Plano Geral de Viação* e impresso entre as páginas 174 e 178, daquele documento apresentado à assembleia legislativa da câmara. As razões para tanto são declaradas já no primeiro parágrafo, onde diz:

---

31 A título de curiosidade vejamos como o plano Rebelo é comentado pelo trabalho do Ministério dos Transportes e por Créso Coimbra:
"Pode-se considerar o Plano de José Silvestre Rebelo como eivado de grande parcela de irrealismo para a época, mas nem por isso deixa de ser uma primeira contribuição teórica à execução de uma política viária de integração nacional." (MT, 1973, p. 37)
"O projeto de José Silvestre Rebelo era o sonho de um visionário para a época, mas nem por isso deixa de ser a primeira contribuição teórica para a execução de uma política viária de integração nacional." (COIMBRA, 1974, p. 144)

32 "Já em 1858, o notável engenheiro Christiano Ottoni, em presença do Imperador, acentuou em seu discurso, por ocasião da inauguração do trecho entre a Praça da Aclamação e Queimadas 'a necessidade de um plano geral de viação para todo o Império e sua ligação com as artérias da República do Paraguai e da Guiana Francesa'." (GORDILHO, 1956, p. 117)

> Attendendo á vasta extensão do Imperio, patenteiam taes algarismos quam pouco importante é ainda o desenvolvimento das nossas vias ferreas, que, por enquanto, estão na maior parte circumscriptas á zona mais proxima do littoral (SILVA, 1886, p. 174).

Assim como os demais planos apresentados por nós, embora este não tenha sido elaborado por um engenheiro, traça as suas principais linhas tendo como base a Carta Geral do Império (SILVA, 1886, p. 174), discorre sobre a necessidade de um plano que realize com eficiência as ligações internas, propõe um sistema de comunicação centralizado em torno da Corte, discorre sobre o modo como o café em São Paulo tinha proporcionado o povoamento do *deserto* que se estendia até às margens do rio Paranapanema (SILVA, 1886, p. 175), elenca as prioridades estratégicas como aquela relacionada à rede de viação do Rio Grande do Sul, propõe a ligação de algumas estradas de ferro do Norte – inclusive com apresentação de um mapa –, delineia a ligação com Mato Grosso por via fluvial. Ao fim e ao cabo, discorre sobre as linhas de ferro que naquele momento já se encontravam com seus traçados delineados e resume assim o seu plano:

> As linhas que constituem o plano geral de viação que á vossa apreciação e estudo offereço, são em synthese:
>
> 1º Prolongamento da estrada Mogyana, desde o rio Paranahyba até Jurupensen em Goyaz;
>
> 2º Construcção da estrada de Alcobaça, unindo o alto ao baixo Tocantins;
>
> 3º Prolongamento da estrada Sorocabana, de Botucatú á foz do rio Tibagy;
>
> 4º Construcção de uma estrada do porto de Santa Rosalina, no rio Brilhante, ao de Nioca, no Mondego;
>
> 5º Prolongamento da estrada Sorocabana atravez da provincia do Paraná e unindo a rêde de ferro-vias paulistas á do Rio Grande do Sul;
>
> 6º Ligação das diversas estradas do Norte do Imperio (SILVA, 1886, p. 178).

Bem, o que caracteriza a análise dos planos por aqueles trabalhos publicados pelo Ministério dos Transportes, a quem citamos anteriormente, é a preocupação em apontar quais as características relacionadas ao tipo de via a ser privilegiada e, desse modo, classificar os planos em: fluvial (Moraes), ferroviário (Rebouças) e misto férreo-fluvial (Queiroz, Bicalho e Bulhões). A seguir a caracterização procura descrever as grandes linhas de cada plano, evidenciando assim quais os traçados que foram propostos e os roteiros privilegiados por eles.

O que se percebe na maior parte das leituras feitas sobre os planos é o seu viés técnico – o tipo de viação e o modelo do traçado do plano classificado mormente à rede desenhada por suas paralelas, convergentes e divergentes. Ademais, as leituras são sobejamente descritivas, compilando longos trechos dos planos analisados. Assim, a diferença no ponto de fuga dessas análises – feitas, como pudemos ver, sob a tutela do Estado – e excluídos aí Miyamoto e Magnoli, que não analisaram diretamente os planos, fica por conta das apreciações realizadas por Moacir Silva e Mário Travassos.

Moacir Silva, até por dever de ofício, buscou de modo mais evidente levantar os aspectos concernentes à Geografia, como faz no trabalho intitulado *Geografia dos Transportes no Brasil* (1949), quando propõe na introdução da obra que "correlacionam-se os vários meios de transportes e comunicações de uma região qualquer com os sistemas orográficos e fluviais nela existentes. Interessante, por isso, aqui, rápido bosquejo das cadeias de montanhas e consequentes bacias hidrográficas." (SILVA, 1949, p. 2)

A importância do caráter geográfico que fundamenta os planos de viação é, no entanto, esboçada com todas as letras quando diz em artigo publicado na revista do IBGE, intitulado *Expansão dos Transportes Interiores (alguns planos de viação, à luz da geografia)*:[33]

> Evidentemente, as diretrizes de um e outro desses grandes planos oficiais, no obedecer as imposições econômicas, administrativas e

---

[33] Este trabalho foi resultado de uma conferência realizada no Conselho Nacional de Geografia em 10 de julho de 1946, por isso o autor diria: "Nessa despretensiosa palestra, vamos apenas tratar de diretrizes gerais (planos de viação) de transportes terrestres, com uma ou outra referência a vias espontâneas de navegação interior." (SILVA, 1947, p. 57).

técnicas, tiveram, do mesmo passo, que obedecer, sob maior força inelutável, a imposições de ordem geográfica, como decorre dos próprios documentos (relatórios justificativos e descritivos; e desenhos esquemáticos), que fundamentam esses planos (SILVA, 1947, p. 58).

Embora cite o plano Moraes – o artigo trabalha ainda com planos de viação da República –, o centro das preocupações de Moacir Silva no período monárquico seria com os planos Queiroz, Rebouças, Bicalho e Bulhões. Apoiado solidamente nas fontes, faria em muitos momentos longas citações dos textos originais por ele analisados, tentando ressaltar aí as ligações entre as principais bacias hidrográficas e os aspectos concernentes às questões estratégicas relativas à constituição do sistema de comunicação, ressaltando:

> faço minhas as palavras do general Mário Travassos, que, em sua Introdução à Geografia das Comunicações Brasileiras o disse melhor, em síntese mais perfeita: a geografia das comunicações fundamenta-se na força de atração do mar e no papel funcional das bacias hidrográficas e dos complexos orográficos, em si e em suas relações recíprocas (SILVA, 1947, p. 58).

Moacir Silva identificará no plano de Queiroz a base sobre a qual se estruturaram as propostas de Bicalho e Bulhões. Além disso, considerava ser esse, o plano Queiroz, o mais antigo e afirmava que era um dos menos citados, embora fosse, segundo sua concepção, melhor que aquele apresentado por Rebouças.[34] Por outro lado, reconhecia que ninguém como Rebouças havia delineado melhor que "*mar-rio-montanha* são os elementos naturais, que condicionam os transportes de superfície, facilitando-os ou modificando-os, consoante os aspectos que, em cada caso oferecem" (SILVA, 1947, p. 57) ao dizer:

----

34   "O plano Ramos de Queirós que supomos ser o mais antigo, é, talvez por isso mesmo, pouco conhecido. Jamais lemos, ou ouvimos dos velhos profissionais sabedores da matéria, qualquer referência a ele. Entretanto seu interesse não é apenas histórico. Parece-nos muito melhor que o de REBOUÇAS. Bem ideado, com fundamentos geográficos e econômicos, é simples, modesto, prevendo só as linhas essenciais. Como seu autor deixa entrever, nas notas de 1882, foi esse plano que inspirou os posteriores de BICALHO e BULHÕES." (SILVA, 1947, p. 61)

> Um grande engenheiro patrício, ANDRÉ REBOUÇAS, espírito religioso, disse-o com mais beleza: – "Os rios foram criados por Deus para alimentarem os homens, os animais e os vegetais; e, sob o ponto de vista social, para serem navegados, para alimentares os canais e *para ensinarem aos engenheiros as direções das grandes vias de comunicação, que devem promover a prosperidade de seu país*" (Garantia de Juros, Rio, 1874 – os grifos são nossos). Ao escrevê-lo, tinha em mente, sem dúvida, a inte-dependência de *talvegues* e *divisores de água*, que conduz à descoberta dos pontos de altura mínima (*colos* ou *gargantas*), por onde as estradas devem passar (SILVA, 1947, p. 57).

Assim, para Moacir Silva, a leitura do território para a realização de sistemas de comunicação tinha como pressuposto o fato de que os condicionantes naturais existentes eram, em verdade, considerados condicionantes geográficos e responsáveis, em grande parte, pelos traçados, ao ponto de dizer que "mesmo os transportes aéreos, realizados com o mais leve que o ar (dirigíveis) ou com o mais pesado que o ar (aviões), que aparentemente fugiriam à influência geográfica, ainda assim, devem 'ter em consideração *condições naturais'* (ALBITRECCIA)" (SILVA, 1947, p. 57).

Considerava o Plano Rebouças não como de caráter nacional, mas sul-americano, tendo em vista a proposta de junção dos portos do Atlântico com o Pacífico, e por desejar colocar em contato vastas regiões do território brasileiro com outros países do continente. Ao final da análise desse plano ressaltaria, lembrando as palavras de seu autor, que o mesmo fora pensado levando em consideração o sistema de viação norte-americano (SILVA, 1947, p. 67).

O Plano Bicalho é descrito a partir de suas grandes linhas-tronco mistas férreo-fluviais, para ao final chegar-se à conclusão de que "o conceito fundamental do plano Bicalho ressalta logo: *máxima utilização das vias fluviais*, o que traria, como *consequência desfavorável*, muitas *baldeações*" (SILVA, 1947, p. 68). A partir daí, mediante apreciação feita do Plano Bicalho pelo engenheiro Oscar Weinschenk (*apud* SILVA, 1947) – que ressaltaria as qualidades da proposta considerando: a) as ligações dos demais pontos do território com o Rio de Janeiro, b) as vias de acesso que Mato Grosso teria para o oceano e c) a continuidade que teria o tronco fronteiriço ligando os rios Paraguai e Amazonas – Moacir Silva arremataria sua análise com as seguintes considerações:

> É inegável que os resultados acima indicados [aqueles apontados por Weinschenk], seriam conseguidos, mas a condição de reduzir ao mínimo as vias de comunicação a construir e de aproveitar ao máximo as vias fluviais, tornou os troncos sugeridos impróprios, como grandes troncos de nossa viação, que devem ser tão curtos quanto possível e permitir rapidez nos transportes (1947, p. 69).

Já o Plano Bulhões seria avaliado como tendo tido a mesma orientação que o de Bicalho, embora fosse em sua concepção "menos rigoroso quanto ao aproveitamento das vias fluviais" (SILVA, 1947, p. 69). Para além disso, reconhece que naquele plano, *por simplificação denominado* Bulhões, ainda em comparação com o de Bicalho: 1) os troncos são mais curtos e diretos; 2) incorpora mais ligações de pontos do território com o Rio de Janeiro, no caso a rede fluvial do Maranhão; 3) amplia as ligações com o planalto central, embora não ofereça a Mato Grosso as mesmas condições de atingir o oceano Atlântico e 4) mantém, como no plano anterior, as ligações fronteiriças dos rios Paraguai-Guaporé-Mamoré (1947, 71).

Em suas conclusões diria que "a principal deficiência do plano Bulhões, como do de Bicalho, é não ter sido prevista a ligação interior (independentemente da navegação marítima) da capital do país com as antigas Províncias do Nordeste, nem com a do Espírito Santo" (SILVA, 1947, p. 71).

O que se depreende da leitura de Moacir Silva é a importância da qualidade das condições naturais do território na consecução de um plano de viação, como se de alguma maneira não só houvesse influência do meio, mas ele fosse determinante no estabelecimento do traçado das vias de comunicação.

Já Mário Travassos arranja o seu livro *Introdução à Geografia das Comunicações Brasileiras* em três partes e dez capítulos. A primeira parte denomina-se *Linhas Naturais de Circulação*, a segunda *Influencias do Espaço e da Posição* e a terceira e última *Comunicações e Pluralidade dos Transportes*.

Principia a obra propondo cinco teses. A primeira é a de que a geografia da circulação se encontraria na base das transformações porque passou a geografia moderna, tendo em vista ser ela a chave para a interpretação de "fatos sociais, econômicos e políticos de primeira grandeza" (TRAVASSOS, 1942, p. 17). A segunda tese estaria no fato de a circulação relacionar-se com a morfologia geográfica do território, a força de atração das comunicações marítimas e o instinto migratório próprio da humanidade (TRAVASSOS, 1942, p. 17-8). A terceira dizia respeito aos aspectos técnicos, divididos por ele em duas eras: a do vapor ou dos transportes multilaterais e a do motor à explosão ou dos transportes múltiplos, o que teria modificado a inserção dos meios técnicos na morfologia dos territórios (TRAVASSOS, 1942, p. 18-9). A quarta tese defendia que "os países novos de morfologia complexa", como o Brasil, seriam aqueles a tirar o melhor proveito dessa pluralidade dos transportes múltiplos da era do motor a explosão (TRAVASSOS, 1942, p. 19). A quinta proporia textualmente que "de vez que o sistema de comunicações e o regime dos transportes são os dois termos da equação circulatória, é forçoso que se reconheça, naquele o sentido político da circulação, neste a técnica do 'processus' circulatório" (TRAVASSOS, 1942, p. 20).

As teses de Travassos, apresentadas na parte introdutória de sua obra, visavam levantar a seguinte questão: o meio geográfico havia, em função de sua complexidade, sido pouco permeável ao estabelecimento de vias de circulação mais ampla em uma época em que os transportes eram pouco flexíveis na era dos motores a vapor; entretanto, com a pluralidade técnica dos transportes de motor a explosão era chegada a hora de consolidar o sistema de comunicações que unisse todo o território por sua importância política, econômica e estratégica *naquele país novo que era o Brasil.*

Depois de citar Ratzel e Vidal de La Blache e imputar-lhes o nascimento da Geografia Moderna, fazendo deles uma certa leitura febvriana, resumiria assim a sua perspectiva de abordagem no âmbito da geografia das comunicações:

> Em nenhum outro setor mais que no aproveitamento das linhas naturais de circulação se relacionam os fatos humanos e as expressões geográficas, por isso é por meio do equipamento daquelas linhas em vias de comunicação, pelo emprego judicioso dos meios de transporte, que se manifestam aquelas atividades (TRAVASSOS, 1942, p. 28).

Em outras palavras, Travassos estava a dizer que a natureza oferece condições às vezes bastante difíceis para o estabelecimento de vias de comunicação – ao que denominaria de *expressões geográficas* –, mas os homens, por intermédio de certas intervenções técnicas, criavam as possibilidades de suprimir estas dificuldades – ao que denominaria de *fato humano* – a exemplo do canal do Panamá.[35]

O mais importante de perceber na leitura de Travassos é a noção de que, entre a expressão geográfica (condições naturais) e o fato humano (intervenção dos homens), está aquilo que é para ele uma espécie de resultado da equação entre as dificuldades geográficas e as possibilidades humanas, qual seja: a apropriação das condições mais favoráveis passíveis de serem encontradas nas sugestões que a própria natureza oferece. Como ocorre, ainda versando sobre o Canal do Panamá, sobre as linhas de menor resistência na ligação entre os oceanos Pacífico e Atlântico:

> Como se vê, a cada estrangulamento correspondem linhas de menor resistência, ampliando esse mesmo sentido geográfico dos estrangulamentos. Pode-se ainda verificar que [no caso da América Central], quanto mais para o Sul, justo onde as terras mais se estreitam, mais forte se torna a sugestão geográfica à intercomunicação oceânica por processos artificiais (TRAVASSOS, 1947, p. 31-32).

A partir dessa perspectiva, Mário Travassos estabelece uma leitura que vai analisar a disposição topográfica dos terrenos, a direção tomada pelos rios considerando suas bacias hidrográficas, as condições fisiográficas do litoral, o clima e, como resultado disso, os graus de dificuldade para estabelecer o povoamento de certas áreas e os caminhos mais fáceis inscritos naturalmente no próprio território.

Esse modo de ver o levaria a fazer zoneamentos e pensar de maneira regionalizada o processo de circulação. Inclusive, para tanto, daria como exemplo o próprio processo

---

35 "O Canal do Panamá, por exemplo, representa o fato humano de primeiro plano, como agente modificador do processo espontâneo de transbordo entre os dois maiores oceanos do planeta." (TRAVASSOS, 1942, p. 28)

de expansão territorial do Brasil, que teria levado em conta o modo como o território se dividia em bacias hidrográficas a partir de sua topografia, dizendo:

> Então, nesse magistral de nossa expansão – das mais belas histórias das migrações humanas – os vales dos rios são substituídos pela noção mais larga das bacias hidrográficas e o simples recurso da manobra nas cabeceiras pela figura mais ampla da transposição dos divisores (TRAVASSOS, 1942, p. 50).

Antes, porém, de pensarmos na regionalização que proporia Travassos, vejamos como o mesmo classifica os territórios de alguns países mediante sua posição geográfica, conformação territorial e saída para o oceano. Haveria para ele pelo menos três tipos: 1) os continentais, com pequena ou nenhuma saída para o mar ou, mesmo que tivesse, com uma faixa litorânea muito estreita; 2) os marítimos ou insulares, com os transportes seguindo naturalmente o caminho do mar e 3) os continentais marítimos ou mistos, que teriam como pressuposto a busca do equilíbrio entre as comunicações interiores e as do mar (TRAVASSOS, 1942, p. 93 a 107).

A todos os países, mas em especial a esses últimos continentais marítimos, mistos, se deveria levar em conta uma outra questão, relacionada desta feita ao seu desenho territorial ou naquela relação entre meridianos e paralelas, longitudes e latitudes, que conformariam, na acepção de Travassos, territórios mistos equilibrados ou longilíneos. Entre os equilibrados citaria os exemplos da França e dos Estados Unidos.[36] Já entre os longilíneos estariam a Argentina e o Brasil.

No caso do Brasil, portanto, o problema estaria em criar um sistema de comunicação e transporte que equilibrasse aquele "grande suporte continental à mercê das atrações marítimas" (TRAVASSOS, 1942, p. 111). O nó, entretanto, segundo o autor, dizia respeito ao próprio processo de ocupação histórica do território brasileiro, muito centrada no litoral e, por outro lado, na diversidade natural do território da qual decorria em parte o

---

36   "Os Estados Unidos e a França são dois notáveis exemplares, como países continentais do tipo marítimo, nos quais pelo regime das comunicações se tira o máximo partido das reações e circunstâncias de sua posição e espaço geográfico lhe criam." (TRAVASSOS, 1942, p. 11-2)

seu povoamento desigual. Assim, em sua concepção, se associariam questões como clima, topografia, qualidade do solo e distribuição da população, para explicar aquele *longilíneo desequilíbrio geográfico do Brasil.* Vejamos suas palavras na longa citação que segue:

> Aonde o clima é temperado, as terras são mais férteis, o subsolo se revela mais rico e a ecúmeno continental é mais densa – interpõe-se entre o espaço geográfico e as influências marítimas a Serra do Mar, dobrada em sua parte setentrional pela Mantiqueira e pela Serra dos Orgãos.
>
> Quando as terras começam a sofrer as influências tropicais e se aproximar do equador e a ecúmeno se torna menos densa, inclusive pela aridez de certas regiões, a bem dizer nada se opõe às influências marítimas. Justo no extremo Nordeste, quando o espaço geográfico se mostra mais à feição das comunicações transoceânicas, inclusive pelo ar, é aí que mais se acentuam aqueles aspectos por assim dizer negativos.
>
> Ainda há os fatos declaradamente desconcertantes, como sejam a excentricidade da Amazonia, no extremo Norte escancarada a todas as influências marítimas, mas paupérrima de gente, em sua maior parte imprópria à ecúmeno senão mesmo anti-ecúmeno, devido, principalmente a motivos de ordem mesológica. Em contraposição, registra-se no extremo Sul, o engarrafamento da rica rede hidrográfica do Rio Grande, bloqueada por difícil acesso ao oceano e dissociada pela força de atração do Prata (TRAVASSOS, 1942, p. 114-5).

Essa forma de olhar para o território brasileiro como fizera Travassos, implicava em deduzir que pensar o sistema de comunicações era, antes de mais nada, estabelecer uma regionalização, uma compartimentação do território baseado naquilo que chamaria de regiões naturais de circulação brasileira.[37]

---

37 "Não pode haver dúvidas sobre que, antes de ser um problema social, econômico e político, o problema das comunicações brasileiras é um problema mecânico da morfologia geográfica, de tal modo aqueles dinamismos concorrerão para acelerar a entrada em ação das linhas de menor resistência, assim do espaço litorâneo como do interior do território brasileiro, em particular as do Setentrião,

Manoel Fernandes de Sousa Neto

Assim, a partir de uma regionalização proposta por Delgado de Carvalho, Travassos dividirá o Brasil em quatro subespaços, cada um deles com outras subdivisões, que seriam: 1) Subespaços do Sul; 2) Subespaço do extremo Sul; 3) Subespaços do Norte e 4) Subespaço do extremo Norte.[38] [Figura 08]

É partindo desse olhar sobre o território que Mário Travassos iria analisar aqueles que são, para ele, os dois primeiros planos de viação realizados para o Brasil, no caso o Plano Bicalho e o Plano Bulhões.

O Plano Bicalho teria três tópicos destacados por Travassos. O primeiro diz respeito à "ordem de urgência" relativa à consecução de um sistema de transportes. O segundo tópico é relativo ao desenho esboçado pelos *grandes troncos do sistema*, estabelecido pelas principais linhas de viação que interligariam todas as províncias do Império. O terceiro e último tópico diria respeito ao sistema misto férreo-fluvial, que garantiria o aproveitamento das vias fluviais, para permitir a ligação rápida com os recursos que se dispunha à época e preparar a implementação futura de novos artefatos técnicos de transporte nas mesmas linhas (TRAVASSOS, 1942, p. 173-175).

O que mais encanta Travassos no Plano Bicalho, entretanto, é o fato de o mesmo ter efetuado o estabelecimento de seus grandes troncos em torno de uma certa regionalização do território, como ele mesmo diria textualmente:

> O Plano Bicalho não é modelar somente por seu notável sentido de objetividade, quanto ao emprego dos meios de transporte de que então se dispunha, senão também pelo traçado de seus troncos [...], à luz de nossas possíveis regiões naturais de circulação (TRAVASSOS, 1942, p. 176).

------

em que pese a intervenção do fator humano como outra fonte de energias motrizes, modificadoras do papel mecânico da morfologia geográfica." (TRAVASSOS, 1942, p. 125)

38   "Em cada estudo que se faça, a determinação das regiões naturais – embora quanto possível calcados nos fatores morfo-climáticos-botânicos – devem adaptar-se à finalidades que se tenham em vista. Desse artifício se scrvem as tese geopolíticas apresentadas em Projeção Continental do Brasil quando adotam regiões naturais de Delgado de Carvalho e as adaptam às conveniências dos temas de que trata." (TRAVASSOS, 1942, p. 124).

Concluindo, Travassos ressalta a resistência de Bicalho àquele "ambiente ferroviário", quando propunha a máxima utilização da navegação interior. Lembra ainda que a ideia do plano Bicalho era, essencialmente, no futuro ver acontecer o que ocorrera na Europa, em que o uso das vias fluviais minorou em função da implementação de vias férreas, sem entretanto deixar de ser parte complementar importante do sistema de viação dos países daquele continente.

Salienta, em sua concepção, um único problema do plano Bicalho, que foi não ter previsto a interligação do subsistema Central-Norte com o Central Sul-Noroeste. Ademais, para finalizar sua análise, Travassos diria:

> Assim foi que o sonho de *continuidade das comunicações* do Engenheiro Bicalho, por meio de transportes mistos (a via navegável e a linha férrea) em que, inicialmente predominassem as vias fluviais, nasceu votado ao fracasso.
>
> Somente a excelência dos traçados restaria de seu Plano, como uma luz a iluminar a trajetória de evolução da nossa política de comunicações, que a multiplicidade dos meios de transporte de que se dispõem nesse incerto meado de século, não faz senão reanimar, vitoriosamente, assim não queiramos perdê-la de vista (1942, p. 183).

Já analisando o Plano Bulhões, Mário Travassos é claro em dizer que o mesmo segue as linhas gerais de regionalização já expostas no Plano Bicalho. E, desta maneira, aquele plano não passaria de uma espécie de *homenagem*[39] ao plano anterior, que ele considerava ser melhor (1942, p. 189).

Em realidade, a leitura de Travassos, além de organicista, é uma espécie de *determinismo possibilista*, ao que nos parece, elegeu apenas os planos Bicalho e Bulhões por serem estes os que melhor explicitavam a sua proposta de *regiões naturais de circulação* no Brasil. Entretanto, ao fazer isso, Travassos explicita que os planos fazem uma leitura regionalizada do território e que a geografia é, para tanto, elemento essencial na compreensão das linhas fundamentais sobre as quais os planos de viação se fundamentam.

---

39   "Não é preciso grande esforço para que se conclua que estes troncos mistos não vão muito além de uma homenagem ao Plano Bicalho, espécie de ficha de consolação [...]" (TRAVASSOS, 1942, p. 188).

Ademais, os planos, não apenas o de Bicalho e Bulhões, comparados por Travassos, mas todos os que nos propusemos analisar aqui, partem de um mesmo problema: como estabelecer sobre aquele território monárquico e sua sociedade escravista –, com os recursos nele inscritos, com sua herança histórica de formação territorial, com os artefatos técnicos da época, – um sistema de transporte que respondesse ao mesmo tempo a fins estratégicos, administrativos, econômicos, políticos e comerciais?

Deixemos os planos dialogar entre si e dialoguemos com as questões de que tratam, para saber, enfim, a qualidade de suas proposições.

Intersecções

Uma das questões de maior relevância para compreendermos os planos de viação é o fato de que eles dialogam entre si ou os seus autores citam, na composição de suas propostas viárias, trabalhos menores dos autores de outros planos. Só assim é possível compreender de alguma maneira a importância de uma figura como Bulhões, que apareceria presidindo a comissão do primeiro plano de viação elaborado de maneira coletiva e no interior de um congresso que tinha não apenas lustro técnico, mas uma imensa força política, como fora o Primeiro Congresso Ferroviário realizado pelo Clube de Engenharia em 1882. Pois bem, Bulhões é citado textualmente por João Ramos Queiroz quando este trata da construção da estrada de Ferro da Bahia que ligaria Salvador a Juazeiro às margens do São Francisco;[40] já Moraes citaria Bulhões quando tratava de demonstrar a possibilidade de uma estrada de ferro ligando os rios Pirai e Rio Grande, com o fito de reforçar as suas proposições acerca da junção ou conexão de diversas bacias hidrográficas com o rio São Francisco.[41]

---

40 "Para mostrar mesmo o quanto é condemnavel semelhante traçado, eu citarei as proprias palavras de seu recente explorador, o bem conhecido engenheiro A. M. de Oliveira Bulhões." (QUEIROZ, 1882, p. 70)

41 "As provincias do Piauhy, Maranhão, Pernambuco, Bahia, Minas-Geraes, Goyaz, S. Paulo, Paraná e Matto-Grosso, ficarião como se vê, ligadas pelo interior, e em communicação prompta e facil com a capital do Imperio, porque Pirahy se acha a 31 leguas de distancia de um ponto navegavel do Rio-Grande, aonde poderá chegar a via ferrea, segundo o Sr. Dr. Bulhões." (MORAES, 1894, p. 182)

Já o plano Moraes seria citado por Queiroz quando este se referisse ao sistema de navegação do Amazonas,[42] e Rebouças o faria quando entrasse na polêmica acerca das possibilidades apontadas de ligar as bacias do rio Parnaíba e rio São Francisco por intermédio de um canal, quando sua preferência era por uma ligação férrea, e ainda por discordar da transferência da capital do Império para Vila da Barra, proposta por Moraes.[43]

Já Queiroz que não seria citado por nenhum dos autores dos demais planos – embora Moacir Silva identifique o seu como sendo a base dos demais planos, mistos férreo-fluvias –, diria do plano Rebouças que só teve acesso ao mesmo depois que publicara o seu,[44] e Rebouças, por sua vez, não teria o seu plano tomado como exemplo ou proposição, digamos, *mais realista*, por nenhum outro dos planos que sucederam ao seu.

Os autores do Plano Bulhões, por sua vez, já em suas palavras iniciais iriam se referir ao fato de, no ano anterior, ter sido elaborado um plano de viação, embora deem a impressão de que estavam a *inventar a roda*:

> Vimos figurar em annexo do relatorio do ministerio da agricultura do anno passado [1881] um esboço de projecto geral de viação formulado por um nosso collega e distincto profissional. Este facto ainda augmentaria mais o nosso acanhamento, se não estivessemos de accordo em muitos pontos onde a disposição topographica está naturalmente mostrando as direcções a seguir, se não tivessemos intima convicção de que, tratando de tão importante questão somos todos obrigados sem o

---

42 "O distincto engenheiro Sr. Dr. Eduardo José de Moraes, no seu livro sobre *Navegação Interna do Brazil*, assim se refere ao Amazonas e seus affluentes: [...]" (QUEIROZ, 1882, p. 31)

43 "No interessante livro, que em 1869 publicou, o estudioso engenheiro Dr. Eduardo José de Moraes iniciou um bello projecto de ligação das bacias do Parnahyba e do Gorgueia com o valle do S. Francisco.
A realização deste grandioso projecto poria a Villa da Barra, a indicada capital da projectada provincia de S. Francisco, em communicação directa com Therezina e com Paranaguá; e, executado o caminho de ferro de Caxias, com Theresina e com o porto transatlantico do Maranhão." (REBOUÇAS, 1874, p. 148)

44 "Não conheciamos o importante escripto do illustrado engenheiro Sr. André Rebouças sobre *Garantia de Juros ás emprezas de utilidade publica no Brazil.*" (QUEIROZ, 1882, p. 106)

> minimo de preconceito a reunir nosso esforços, para conseguir o desi-
> deratum de lançar os primeiros fundamentos da distribuição geral da
> viação aperfeiçoada; questão esta que parece ter sido por demais adiada
> considerando o tempo que exige para ser completamente estudada e
> resolvida de modo mais conveniente aos interesses do paiz (BULHÕES,
> 1882, p. 5-6).

Em realidade estavam se referindo a não menos que o plano Bicalho, apontado por Moacir Silva (1947) e Mário Travassos (1942) como sendo a base sobre a qual o plano Bulhões fora efetivamente elaborado. Embora seja necessário repetir que a ideia original, de criar ilações férreas aproveitando o máximo das vias fluviais, já havia sido lançada por Queiroz em 1874 e provavelmente era do conhecimento dos demais, tendo em vista que o trabalho fora apresentado naquele *sacrossanto templo* da engenharia que era o Instituto Politécnico e impresso nas páginas do jornal *O Globo*.

Ademais, o fato de o plano Rebouças não ser utilizado como fonte por nenhum outro deve-se, em grande parte – em nosso entendimento – à sua proposição radicalmente modernizante de dispor vias férreas que tinham como perspectiva fundamental ligar, em várias latitudes meridionais, dois oceanos e cruzar territórios que não estavam sob a sombra da coroa imperial.

E por falar em vias férreas, uma coisa que seria comum a todos os planos é a defesa, intransigente e rediviva, de que a bitola a ser utilizada para a feitura das ferrovias não poderia ser outra que não a estreita, nomeadamente a bitola de um metro. Até porque havia um intenso debate – que foi muito forte na década de 1870 – sobre se as bitolas deveriam ser largas ou estreitas, em que se esgrimiriam, respectivamente, *larguistas* e *estreitistas*.

> Foram "larguistas", entre outros, Hermildo Alves, José Ayrosa Galvão,
> F. A. Pimenta Bueno, A. M. Oliveira Bulhões, Miguel Burnier, Emílio
> Schnoor e J. Teixeira Soares; e foram "estreitistas", os irmãos André
> e Antonio Rebouças, Honório Bicalho, H. E. Hargreaves, Francisco
> Picanço, J. Ewbank da Câmara e Herculano V. F. Penna. Alguns
> dos engenheiros americanos que vieram para o Brasil eram também
> decididamente estreitistas, como W. M. Roberts, que defendia a

construção de estradas mais econômicas possível, propondo até bitola de 0,60 m, devido à nossa grande extensão territorial e longas distâncias a percorrer (TELLES, 1994, p. 388).

Em Moraes, ainda que de maneira indireta, perceberemos claramente que os custos atinentes à bitola larga, típica das primeiras ferrovias inglesas e daquelas que à sua época eram as primeiras a ser implementadas no Brasil (Pedro II, Bahia e Pernambuco), seriam refutadas em função de não conseguirem se estender por áreas mais dilatadas do território, como ocorrera em um país como os Estados Unidos que teria, não só investido na navegação fluvial, como também criado seu sistema ferroviário com base na bitola estreita.[45]

Em Queiroz, veremos claramente como a questão das bitolas é, antes de mais nada, referente à preocupação com a constituição do sistema de transporte, naquele sentido de que ferrovias de menor bitola iriam mais longe em função de os custos de construção das mesmas ser menor, por isso fará referência a questão em vários momentos do seu trabalho (QUEIROZ, 1882, p. 14, 15, 54, 55, 105, 106) e tratará da polêmica discutindo com aqueles que eram favoráveis à bitola larga:

> Só pretendemos que se comprehenda, que se apanhe o todo, a ideia capital do problema: – *Qual a direcção que convém dar-se aos caminhos de ferro no Brazil?*
>
> O Instituto [Politécnico] já conhece os trabalhos dos illustrados Sr. Drs. Hargreaves e Ewbank da Camara sobre a preferencia de bitolas, lembramos a conveniencia da uniformidade da *bitola preferivel*, que naturalmente deve ser a bitola de um metro.
>
> E digam lá o que quizerem os apologistas da bitola larga, nós outros preferimos a bitola de um metro[...] (QUEIROZ, 1882, p. 108).

---

45 "Se, pois, tivessemos imitado e com criterio aquelles Estados [Unidos], o que podia ser bem razoavelmente exigido, depois de escoado quasi meio seculo, certamente que as nossas principaes estradas de ferro já terião penetrado a esta hora pelo interior do paiz e alcançado as suas estações terminaes, isto é, satisfeita assim as suas mais legitimas aspirações.

Mas não se quis isso, quis-se ao contrario arremedar ou acompanhar a vetusta Europa, e as consequencias desse desacerto não devião fazer esperar." (MORAES, 1894, p. 43-44)

A opinião de que a bitola deveria ser estreita também seria defendida por Rebouças de maneira peremptória, em princípio porque em seu entendimento essa era a bitola mais apropriada aos países novos que tinham poucos recursos, como havia sido no exemplo dos Estado Unidos e era o caso do Brasil (1874, p. 118-119), depois porque o retorno financeiro obtido com este tipo de bitola era maior e mais rápido para as condições então existentes, como deveria ter sido, a seu ver, na construção da ferrovia do litoral da Bahia ao rio São Francisco (1874, p. 206) e ressaltaria, ao fim do seu trabalho, que os avanços técnicos obtidos tornariam ainda mais propício o uso daquela tecnologia:

> Ei-nos chegados ao termo deste trabalho.
>
> Cumpre, porém, antes findal-o, adduzir ainda mais argumentos sobre a indeclinavel necessidade e a subida conveniencia de empregar a bitola estreita e os processos mais economicos na execução da rêde de vias ferreas do Brazil.
>
> Imitemos confiadamente o proceder dos Estados-Unidos de 1830 a 1840, e colheremos seguramente os mesmos preciosos fructos, ou ainda melhores, porque a arte de construir tem feito extraordinario progresso de 1840 a 1874 (REBOUÇAS, 1874, p. 242).

Embora Honório Bicalho fosse sabidamente um *estreitista*, como já deixara entrever em trabalho de *sua lavra* publicado em 1877 com o título *Estudos sobre a largura das estradas de ferro e a resistência dos trens*, em seu plano não há referência à questão, embora possa se depreender que ao defender o menor custo possível para a construção das vias férreas do sistema viário que estava a propor, tivesse em mente a bitola estreita.[46]

No plano Bulhões, a questão da bitola não só apareceria ao longo do trabalho, inclusive pela quantidade bastante razoável de seus diferentes tamanhos que geravam, não

---

46 Pedro Telles observa que o problema do custo das estradas não estava apenas nas bitolas, mas no traçado que as mesmas deveriam executar sobre o terreno ou seja, o raio das curvas, o nível de declividade/aclividade, etc. Afirma ainda que Honório Bicalho foi um dos poucos a tocar na questão, como podemos observar em seu trabalho (Ver: TELLES, 1984, p. 389).

Planos para o Império   173

raro, a necessidade de baldeações em uma mesma linha,[47] mas seria proposta como parte do corpo de resoluções que o primeiro congresso ferroviário deveria tomar em relação ao sistema viário que se deveria construir no território monárquico. Assim, das cinco proposições apresentadas, a terceira delas será: "Fixar para todas as estradas de ferro a bitola de 1m,000 com excepção única das estradas industriaes ou outras de interesse local, que pela sua posição não puderem entroncar-se na rêde geral" (BULHÕES, 1882, p. 23).

O problema das bitolas dizia respeito ao traçado das vias sobre o território, o que tornava a questão mais que geográfica – já que tratava-se de estender linhas sobre a maior porção possível de terras em todos os quadrantes daquele Império tropical –, uma questão econômica da mais destacada importância, e isso obrigaria àqueles engenheiros que pensaram plano a tentar justificar com cálculos e projeções econômicas o acerto de suas proposições técnicas.[48]

Não é casual, portanto, que o plano Rebouças esteja inserido em uma obra cujo título é *Garantia de Juros*, e ele faça um longo passeio por autores de vários países, nomeadamente os franceses, para demonstrar o acerto de suas proposições no campo da *economia política*. Como não é menos importante que Moraes tenha o desvelado cuidado de anunciar, com a maior precisão possível, que os custos de um sistema fluvial seriam

---

47   "Ora são umas estradas que correm parallelamente as outras disputando um trafico que apenas seria sufficiente para alimentar só as primeiras; ora são outras que vão obstruir os prolongamentos naturaes interpondo-se com bitola diversa e obrigando a baldeações desnecessarias; ora são outras que procuram, por circuitos, alimentar-se com o trafico que já está sendo feito por via ferrea em outro sentido; ora são outras que a pretexto de que a linha a construir é de interesse local admitissem bitolas entre os trilhos excepcionaes e especiaes, de modo que apenas na infancia das vias ferreas já contamos com nada menos que oito bitolas differentes." (BULHÕES, 1882, p. 7)

48   "O problema da uniformidade, bem como os aspectos atinentes ao tipo preferencial de bitola a ser utilizada na constituição de planos viários, foi produto de pelo menos dois estudos aos quais tivemos acesso. O primeiro deles, sobre a rede ferroviária da Espanha, aborda as razões pelas quais ali se adotou a bitola de 1,67 m, quando em quase toda a Europa se adotara a bitola de 1,44. RAICH, Esther Vidal. "El problema del ancho de vía en los ferrocarriles españoles." In: *Suplemento Anthropos*, 43, Antologia Problemas Territoriales. Barcelona, abril de 1994 (p. 121-129). O outro trabalho, embora não foque seu interesse diretamente sobre o problema das bitolas, toca na questão para discutir a formação da rede viária portuguesa – ALEGRIA, Maria Fernanda. *A Organização dos Transportes em Portugal* (1850-1910): as vias e o tráfego. Universidade de Lisboa, Lisboa, 1990.

muito inferiores àqueles de um plano que utilizasse ferrovias além daquelas que já estavam em execução no território monárquico de sua época. Bicalho, por sua vez, discutiria seu plano a partir da Lei de Garantia de Juros de 1873, demonstrando que os recursos derivados da lei poderiam ter sido utilizados para atingir extensões maiores do território. Mas que, em isso não tendo acontecido, era necessário estender os benefícios da lei e tornar o custo quilométrico de construção de ferrovias menor. Os autores do plano Bulhões chegam a ser *nacionalistas*, mas explica-se o seu corporativismo que visava defender os interesses dos engenheiros e empresários *nacionais*, quando advogam que o alto custo das ferrovias até então construídas se devia ao fato de serem feitas por operações financeiras realizadas no exterior e executadas no Brasil por profissionais estrangeiros (BULHÕES, 1882, p. 18). Em Queiroz, que tratara essa questão do financiamento e dos custos do seu plano com menor desvelo em 1874, ver-se-á adicionada uma segunda parte para a edição de sua obra em 1882, que nada mais é que uma discussão sobre como garantir economicamente a constituição do plano que estava a propor.

Em realidade, toda essa discussão se baseava em números[49] e em uma leitura matematizada do território. Assim, as medidas dos percursos a construir – a partir da repetida ideia de que *a menor distância entre dois pontos é uma reta* –, aliada aos cálculos dos custos que eram orçados em quilômetros de ferro, adicionada às geometrizações como aquela feita por Rebouças do território monárquico como um grande triângulo de vértice para baixo,[50]

---

49 "Poder-se-há então demonstrar, com os algarismos na mão, o effeito benefico das vias ferreas, e convencer até os mais retrogrados de que não é perdido, mas antes eminentemente productivo, todo o capital, empregado em promover as communicações a vapor e a construcção de vias ferreas racionalmente projectadas.
A navegação a vapor do Amazonas, as vias ferreas do Rio de Janeiro e de S. Paulo fornecem já, com é geralmente bem sabido, algarismos bem eloquentes!" (REBOUÇAS, 1874, p. 167)

50 "Ora, dado um tal triangulo, situado em sua verdadeira posição no grande triangulo rectangulo do continente sul-americano, é evidente que nenhum systema melhor de viação póde ser concebido do que o que tiver por directrizes linhas parallelas á base do triangulo, isto é, ao Equador e ao Amazonas, e linhas dirigindo-se da base do triangulo ao vertice meridional." (REBOUÇAS, 1874, p. 171-2).

repleta de termos trigonométricos como as paralelas cortadas por secantes[51] de Queiroz, tornava o debate acerca dos planos de viação arena de poucos letrados e, entre os poucos letrados, os engenheiros daquele campo profissional que fazia do número o cânon.

E é em função dessa lógica de delimitação do campo profissional de, a um só tempo, "apresentar o problema e requerer o monopólio da solução" (Coelho, 1999), que em todos os planos será destacada a importância dos engenheiros, nomeadamente os *nacionais*. Únicos, por sua formação científica e técnica, capazes de engendrar essa grande obra que era estabelecer um sistema de comunicação para todos os pontos, medidos e a medir, daquelas terras que se estendiam desde o mar até *os confins da civilização*.

Dessa maneira, embora não seja possível separar técnica de política ou ciência de economia, buscava-se fazê-lo quando se tratava desse corpo profissional habilitado para solucionar problemas da mais alta importância, como eram os planos de viação; por isso, no Plano Bulhões se proporia com todas as letras:

> A organização do projecto da viação geral do Brazil não póde fazer-se em dias, necessita aturado, systematico e não interrompido trabalho de uma commissão composta de pessoal habilitado, que funccionando independente das oscilações da politica ou das vistas de occasião, para apresentar um resultado digno da importancia do assumpto; resultado que, cumpre dizer, só póde ser obtido com trabalho de dous ou tres annos.
>
> Essa commissão assumirá perante o paiz uma responsabilidade tão grave que merece a indispensavel independencia para organizar e indicar o pessoal que tiver de servir sob sua direcção.
>
> A experiencia que temos das cousas do nosso paiz obriga-nos a insistir sobre a independencia da commissão na escolha e indicação do pessoal (BULHÓES, 1882, p. 16).

---

51   "Imagine-se duas parallelas cortadas por uma secante quasi perpendicular: teremos o Amazonas e a estrada de Porto Alegre a Uruguayana unidas pelo Araguaya e pela Arteria Central; suppunha-se que tres parallelas entre si partem successivamente das capitaes de S. Catharina, e vão encontrar aquella estrada, formando angulos de 45° cortados no quadrante Sud'este: teremos descripto a parte Sul da rêde geral de viação do Imperio, cujo tronco é a grande arteria meridional do Araguaya ao Paraná." (QUEIROZ, 1882, p. 37-38)

Já Moraes, por sua vez, propunha desde 1869, a formação de um corpo técnico similar àquele que atuava na França, como era o Corpo de Engenheiros de Pontes e Calçadas, único corpo técnico em sua concepção capaz de dar cabo de resolver problemas relacionados a planejamento, execução e fiscalização de obras ligadas à constituição de redes de viação.[52]

Em seu plano, Honório Bicalho reclamaria aquilo que era projeto desde a criação do Ministério da Agricultura, Comércio e Obras Públicas, qual seja, a formação de um corpo técnico de engenheiros civis ligados ao aparato do Estado, inclusive para que fossem bem gastos os recursos do erário, como aqueles que eram relativos aos custos de estudo e execução do plano por ele apresentado.[53]

Já André Rebouças, um liberal de primeira hora, não compartilharia da ideia de colocar sob a tutela de um corpo técnico similar ao de Pontes e Calçadas[54] as obras de *utilidade pública*, embora para ele não fosse menos importante o papel a desempenhar por parte dos

---

52 "A organização, pois, de uma administração technica de obras publicas do Imperio, semelhantemente á de pontes e calçadas em França, regida por uma legislação especial, me parece ser uma das necessidades mais urgentemente reclamadas, não só para a confecção de projectos como tambem para a boa inspecção, fiscalização e execução dos grandes melhoramentos reclamados pelo Brasil (MORAES, 1869, p. 192)

53 "O valor dos estudos do projecto esboçado, que devem achar-se effectuados dentro de quatro a cinco annos, será certamente superior a tres mil contos de réis.
Esta importancia e a conveniencia de satisfazer a uma outra necessidade publica que tem sido adiada pelo infundado receio de crear despezas novas, com a organisação de um corpo de Engenheiros civis." (BICALHO, 1881, p. 17-18)

54 "[...]ha uma lição, que não deve ser esquecida no Brazil, em que tanto se tem discutido a organização de um corpo de pontes e calçadas; é a influencia retardatriz, que têm essa corporações privilegiadas, semi-aristocraticas, sempre eivadas de preconceitos e velleidades, sobre o movimento progressivo do paiz.
O corpo de pontes e calçadas francez teve a infeliz pretenção de querer monopolisar a construcção dos caminhos de ferro de França e de os fazer todos por administração á custa do Estado." (REBOUÇAS, 1874, p. 6)

engenheiros, nomeadamente brasileiros, que deveriam em sua ótica ser empreendedores e consolidar o campo profissional à revelia do Estado Monárquico.[55]

A mesma posição de que deveria se fortalecer o campo conformado por *engenheiros brasileiros* seria tomada por João Ramos de Queiroz, avesso àquela prática corrente "em um paiz onde manda-se buscar profissionais no estrangeiro para entregar-lhes as mais comezinhas questões" (1882, p. 45):

> Em todo o projecto, em todo o plano, em todas as grandes concepções de espírito humano, que tendem pôr em relação, em harmonia, os interesses do Estado com os dos indivíduos, tem a palavra o estadista – mas o estadista consumado, o estadista patriotico, que, attendendo ás considerações administrativas, calcule também com o dia de amanhã, sem se esquecer de uma vírgula ao menos, até que, uma vez bem pensado e adoptado o projecto, se o entregue ao profissional e exija-se-lhe a solução.
>
> Chega também a vez do engenheiro – mas como profissional, como executor de um projecto importante, cuja idéa podia ser concebida por elle ou por outro qualquer, que pense, que calcule, que preencha as condições do homem de Estado, o que afinal não é monopólio de ninguem (QUEIROZ, 1882, p. 14).

Os problemas aos quais os planos buscariam dar soluções são muitos e estão expressos nas múltiplas funções que essas peças discursivas apresentam de claríssima maneira. Em Moraes (1894), por exemplo, para quem "o Brasil de 1869 [era] ainda o Brasil colonia, que

---

[55] "O systema dos emprestimos tem vantagens da maior importancia nas condições especiaes do Brazil. Permittiria que fossem brazileiras as companhias de todos os caminhos de ferro garantidos, e simultaneamente que fossem executadas por engenheiros brazileiros todas as obras.
As companhias brazileiras teriam evidentemente directorias brazileiras e seriam, portanto, uma grande escola pratica da sciencia de administração, tão desconhecida entre nós: as obras, executadas por engenheiros brazileiros, nos livrariam das exageradas exigencias dos contractadores inglezes, e nos dariam tambem em poucos annos pleiade de engenheiros constructores de caminhos de ferro sem rival no mundo." (REBOUÇAS, 1874, p. 44)

se reduzia ao simples litoral do atlantico ou a sua fronteira maritima" (p. 50), a questão era apresentada do seguinte modo:

> Para o desenvolvimento de sua prosperidade commercial, recursos estrategicos e o seu progressivo engradecimento, cumpre que se cuide seriamente em obter-se uma navegação interior, lançando-se desde já os fundamentos da rede geral que no futuro facilitará a communicação da capital do Imperio com os mais remotos pontos de seu territorio (MORAES, 1894, p. 50).

O projetos que se designavam planos de viação eram, nesse sentido, além de artefatos técnicos, proposições políticas dos rumos que deveria tomar o regime monárquico a partir de seu maior bem que eram os vastos fundos territoriais, sob sua possessão ou por tornar-se possessão sua. Por isso se intercruzariam as funções às quais os planos de viação deveriam dar cabo. Ou, para utilizar a ideia de João Ramos de Queiroz, já que um plano nada mais era que a proposição de um sistema conformado por estradas, quando dizia que "segundo os principaes fins á que uma estrada se destina servir, toma ella denominações: póde uma estrada ser construida para preencher fins politicos, commerciaes ou estrategicos separadamente, ou todos ao mesmo tempo"(1882, p. 18).

Tratava-se assim, dentre outras coisas, de estimular o *melhoramento* do comércio e da agricultura, que eram as maiores *indústrias* daquela sociedade escravista à época, para lembrar a excepcional maneira como Bicalho sintetizou o problema ao dizer: "As despezas com este objecto são as mais productivas para o Brazil, cujas riquezas naturaes tornam para este paiz muito verdadeiro o principio de que transportar é produzir" (1881, p. 4). E por isso, para Honório Bicalho, em sua leitura de caráter organicista, ao tratar o território como corpo e os rios como artérias, o papel dos planos era desenvolver economicamente o Império para disseminar o progresso e garantir a unidade do território, como ele mesmo dirá em largas linhas:

> O primeiro meio que mais naturalmente se apresenta para vencer as grandes distancias que quasi isolam as diversas provincias do Imperio,

é utilizar a navegabilidade natural e aperfeiçoada dos rios mencionados e dos seus affluentes, ligal-as por meio de estradas de ferro, convenientemente traçadas em posição das grandes linhas futuras, e formar assim primeiras linhas geraes mixtas de viação a vapor, que actuem como grandes arterias para levar o movimento da vida intellectual e o impulso do progresso, das capitaes a todos os pontos do gigantesco corpo do Brazil.

Desenvolver-se-hão as industrias e o commercio, os interesses crescerão, e, á medida que forem progredindo, irão as linhas de communicação geral se rectificando e aperfeiçoando, de modo a acha-se, por meio de transformações progressivas, estabelecida finalmente a rêde ferrea, que enlaçará intimamente todas as provincias e as tornará inseparaveis na communhão brazileira (BICALHO, 1881, p. 9).

Os exemplos são muitos, inclusive com a intenção manifesta de propor a constituição de uma nação, de uma verdadeira *communhão brazileira*, como diria André Rebouças ao falar que os caminhos de ferro italianos haviam unido "os membros da grande família italiana" (1874, p. 89),[56] e não por acaso o seu plano – o único eminentemente ferroviário entre todos aqueles propostos naquele presente histórico –, expressará assim a questão:

E essas vias ferreas irão animar a agricultura, a industria e o commercio por todo este Imperio; irão salvar muitas provincias da ruina e da bancarrota, que as ameaça; serão para o governo meios seguros de diffundir a instrucção, a policia e a civilisação; irão ensinar aos sertanejos do Piauhy a reconhecer a bandeira brazileira, e aos do Alto Araguaya o valor da moeda-papel; estabelecerão sobre as solidas bases da amizade e do commercio a união da familia brazileira; serão tão utéis na paz como na guerra, e, em todas as ocurrencias, excellentes "instrumenta regni" na energica phrase do povo romano! (REBOUÇAS, 1874, p. 116).

---

56 "Não comprehender que os caminhos de ferro da Italia são as cadêas de ouro, que unem os membros da grande familia italiana; que são eles que fazem que o Napolitano não seja um estrangeiro em Turim ou em Veneza; que são elles, emfim, que estão dando á illustre rediviva das glorias de Roma antiga, uma só lingua, uma só moeda, uma só medida e um só pensar!" (REBOUÇAS, 1874, p. 89)

Os planos pois, que esquadrinhavam matematicamente o território e o liam como grande corpo irrigado por aquelas artérias fluviais, contribuiriam para, em se tonando materialmente real o que propunham, difundir a um só tempo a *instrução, a polícia e a civilização*, já que uma das mais destacadas tarefas que perseguia cumprir era o de garantir a integridade do território que fora ameaçada pela guerra contra o Paraguai.[57] Ao ponto de Queiroz dizer textualmente:

> Desnecessario seria figurar hypotheses de assaltos ás nossas fronteiras, porque, desde que os nossos vizinhos soubessem que em um momento dado o Brazil inteiro, do Amazonas ao Prata, podia ir em auxilio de seus filhos, esmagar o agressor; desde que os nosso vizinhos soubessem que a nossa viação aperfeiçoada nos permittiria taes prodigios de rapidez, de força e de poder, com certeza jamais elles pretenderiam procurar incomodar-nos (1882, p. 25-26).

E as palavras impressas por Queiroz não se pronunciavam por uma razão qualquer, mas pelo fato de que na guerra contra o Paraguai um dos grandes problemas para o regime monárquico foi, exatamente, o deslocamento das tropas de um *Estado sem nação* até o cenário onde ocorria o conflito, ali no Mato Grosso.[58]

Assim, portanto, se os planos, tratavam de exprimir muitas funções, como expresso no Plano Bulhões, onde se lê que o projeto previa "a formação de nossa rede geral de communicações, attendendo aos fins economicos, administrativos, estrategicos e commerciaes aproveitando do melhor modo a navegação interior" (1882, p. 6), uma das questões que

---

57   "Tenhamos, pois, coragem de encarar as cousas como ellas são: cumpre fazer sacrificios, e grandes, para que tenhamos vias ferreas e possamos sahir do estado de marasmo em que vivemos. Façamos estes sacrificios com a mesma virilidade e devoção com que salvámos a dignidade nacional no Paraguay: e lancemos assim, quanto antes, bases seguras para a integridade, segurança e prosperidade deste Imperio." (REBOUÇAS, 1874, p. 37)

58   "É bom lembrarmos o que na Confederação Americana se disse a nosso respeito, por occasião da guerra do Paraguay. Mais ou menos foi este o pensamento: 'si o Brazil tivesse feito uma estrada de ferro para Matto-Grosso *não teria necessidade de construir uma estrada de ouro*, para transportar por ella o seu exercito ao Rio da Prata'. O quanto vai de ironico nesta apreciação de nossos habitos de indolencia e incuria não convém analisar-se." (QUEIROZ, 1882, p. 26)

Planos para o Império 181

mais se destaca é o debate acerca do papel de centralização ou descentralização que teria o sistema de transporte do Império.

André Rebouças, embora defendesse a atuação do governo monárquico em todos os pontos do território, como já vimos, era radicalmente contra um sistema de transporte que tivesse na centralização seu pressuposto básico. Isso ficará claro quando idealiza a autonomia que deveriam ter as províncias ao propor que a cada uma de suas dez paralelas se comunicasse um porto provincial ou regional, que tivesse a possibilidade de estabelecer comércio por mar com as demais províncias e com o exterior. Era nesse sentido radicalmente contra uma completa regulação estatal do traçado das vias de comunicação que deveriam, em sua perspectiva, atender também aos interesses propostos pelo mercado e não por acaso se colocará contra a formação, no Ministério da Agricultura, de um corpo de engenheiros similar àquele existente na França. Por sinal, embora pensasse muito em francês, abominava, na mesma toada, seu sistema viário de modelo radial, e, a pátria de suas ideias liberais e de administração descentralizada era os Estados Unidos.

Os demais planos, à exceção do Plano Queiroz, vão primar por propor a centralização monárquica. Queiroz, claramente contrário ao modelo radial francês,[59] também defendia que as províncias fossem sob certo grau autônomas. Assim, embora ninguém em sã consciência propusesse que no território brasileiro se estabelecesse um sistema de comunicação com linhas similares àquelas desenvolvidas na França, desejavam que os fins fossem similarmente franceses a começar pelo modelo francês de uma corporação estatal similar àquela dos engenheiros de pontes e calçadas, responsável por analisar que estradas deveriam ser construídas, por liberar a sua construção, por muitas vezes executá-las e por sempre inspecioná-las de acordo com o caráter centralizador político daquele Estado. Depois, por proporem que todas as estradas deveriam levar à capital do Império e de chegarem mesmo em suas antecipações históricas, como o fez Eduardo José de Moraes, ao sugerir que se deslocasse o centro do poder monárquico mais para o interior, para a bacia hidrográfica do rio São Francisco, à altura da Vila da Barra do Rio Grande.

---

59 "Lembraremos ainda que não nos convém o *systema radial* da França, onde a maior parte das suas estradas convergem a um centro único – Pariz." (QUEIROZ, 1882, p. 16)

E, nesse sentido, enquanto Rebouças propunha várias paralelas ligando portos no Atlântico a portos no Pacífico, com um caráter claramente descentralizador, o mesmo não acontecia com os demais, que embora imaginassem vias de comunicação interoceânicas que cruzassem as fronteiras ocidentais do território monáquico, o faziam sempre a partir do Rio de Janeiro. Assim é que se caracterizaria o papel da *Grande Linha Central* do Plano Bulhões:

> O traçado da grande linha E. O. que deve ser um prolongamento da Estrada de ferro D. Pedro II (a qual directamente abrirá a navegação do curso superior do Rio S. Francisco) favorece mais do que qualquer outro a mais prompta ligação com todas as Provincias centraes do Imperio e constitue a melhor linha politica, administrativa, estrategica e economica que se possa planejar n'este Paiz.
>
> A grande linha central não constitue unicamente (permita-se-nos a expressão) a columna vertebral da nossa viação geral, tem destinos ainda mais altos, pois forma quando tocar as fronteiras do Imperio quasi 2/3 da extensão a construir para ligar a nossa Bahia da Guanabara ao Oceano Pacifico, atravessando os melhores, mais povoados e mais productores terrenos da Bolivia (BULHÕES, 1882, p. 9).

Na palavras de Honório Bicalho, encontramos a mesma proposição de, em torno de sua estrada denominada *Grande Central*, "[unir] a capital do Império á fronteira boliviana" (1881, p. 12) e daí até o Pacífico.[60] Mesmo Moraes, que não chega a propor claramente uma ligação interoceânica, advoga a possibilidade de abrir as comunicações da Bolívia com o Atlântico por intermédio de conexões realizadas a partir dos rios Madeira e Mamoré.

Já o Plano Queiroz, ainda em sua apresentação, embora não falasse claramente na ligação *Atlântico-Pacífico* a partir da cidade do Rio de Janeiro, deixava claro as suas pretensões acerca de uma via que fosse no futuro transformada em transoceânica, como nos diria com suas palavras:

---

60 "Será a secção brazileira da via ferrea inter-oceanica do sul, a qual, em logar do interesse commercial que offerecem á linha inter-oceanica do norte as relações com a China e a India, terá para alimentar-se os interesses commerciaes da propria costa meridional do Pacifico." (BICALHO, 1881, p. 12)

Planos para o Império **183**

> A estrada de Caravellas, devida, no territorio mineiro, aos esforços do Exm. Sr. Dr. Matta Machado, já tem uma grande extensão construida, e tende chegar á barra de Guaicuhy, em Minas, confluencia do rio das Velhas com o alto S. Francisco. A esta estrada está reservado um grande futuro e ella exercerá uma grande influencia nos destinos do Brazil. Quando prolongada essa *grande arteria central* até ás aguas do Guaporé, será o laço de união das provincias, e quando chegar ao Pacífico, tornando-se transcontinental, estreitará os laços de união entre dous povos e duas nações, e alargará os horisontes do commercio entre dous oceanos – o Atlantico e o Pacifico! (QUEIROZ, 1882, p. 6-7).

A perspectiva de *chegar até as águas do Guaporé*, ali na fronteira oeste, era de alguma forma como costurar por dentro as províncias que faziam parte daquela imensa ilha mítica que era o território monárquico denominado Brasil. Assim, embora nem sempre de maneira explícita, o mito da ilha Brasil era reeditado nessa peças discursivas que eram os planos de viação. Mesmo Queiroz, para quem "o Brazil não [era] uma ilha como a Inglaterra" (1882, p. 16), diria que a "direcção de nossas estradas de ferro, deve ser o laço inquebrantavel, a garantia solida e indispensavel que assegure não só a união entre as provincias, como as relações de amisade entre todos os brazileiros, do Amazonas ao Prata!" (1882, p. 16).

A *unidade nacional* parecia assim estar referenciada na unidade das duas grandes bacias hidrográficas que banhavam as fronteiras e se colocavam como limites naturais do imenso território. Assim, a questão seria posta por Bicalho quando propunha sua linha *Grande Noroeste*: "ter-se-ha assim a linha *Grande Noroeste*, que, pela navegação do Guaporé, Mamoré e Madeira, alcançará a bacia navegavel do Amazonas abraçando o Império pelas suas fronteiras" (1881, p. 11). A mesma ligação do Amazonas ao Prata, inclusive com a orientação baseada na espinha dorsal que era sua *grande central leste oeste*, aparecerá no Plano Bulhões aproveitando os "ramaes proximamente perpendiculares ligando as navegações dos rios mais gigantes da América do Sul" (1882, p. 9).

André Rebouças, por sua vez, diria a mesma coisa, quando ao falar de uma das linhas convergentes que propunha, anunciaria com todas as letras a necessidade "[d]a ligação dos valles do Madeira e do Paraguay, isto é, a realização dessa famosa convergente, que, construida em canaes, faria de quasi todo o Brazil a maior ilha do mundo" (1874, p. 241). Em Moraes, o mito da Ilha Brasil é desenhado com todas as cores em mais de um momento. Já no começo do trabalho, quando tratava ainda dos seus escritos anteriores sobre a junção de algumas bacias hidrográficas, dirá:

> A juncção do Amazonas ao Prata, quer ella se opere pelo Madeira ou Tapajoz, ou até pelo Purús, realizará, não só a juncção das bacias de oéste, como também a das duas grandes bacias fluviaes de 1ª ordem ou principaes, collocadas ao norte e sul do Brasil, que desta sorte ficaria constituindo, na sua maior parte, uma immensa ilha (1894, p. 28).

Um pouco mais adiante, citando relatório do Ministério da Agricultura de 1868, poder-se-ia ler no plano de Eduardo José de Moraes:

> A importancia desses estudos [realizados pelos engenheiros Kellers sobre as cachoeiras do Madeira] salta aos olhos á simples inspecção de nossa carta geographica. Salvas as cachoeiras destes affluentes do Amazonas, fica-nos aberto um caminho economico e fácil para a provincia de Matto-Grosso por meio dos rios Mamoré e Guaporé. Mais tarde, quando as circunstancias exigirem, nossos vindouros ligarão a bacia do Prata com a do Amazonas, fazendo assim da maior parte do Imperio uma vasta e consideravel ilha (1894, p. 36).

O exemplo do que ocorrera na França, onde a "ligação primordial Ródano-Saona-Sena (ou Reno)" (BRAUDEL, 1989, p. 225) teria de algum modo contribuído para criar aquele país, não serviria nesses *ares tropicais* como uma correspondência para se compreender o estabelecimento de *fronteiras naturais* a partir da vontade do Rei? Ora, a ideia de ilha, proposta nos planos, não estava eivada desse desiderato da unidade territorial que era pôr em contato os rios que margeavam as fronteiras ainda por definirem-se domínios do Segundo Pedro?

Para Fernand Braudel, "o Ródano só se incorporou à vida francesa após o lento e difícil deslocamento de suas fronteiras em direção ao sul e ao leste" (1989, p. 232), naquele sentido de que o rio foi sendo apropriado e tornando-se propriedade à medida que várias vilas iam sendo incorporadas e ganhando vida ao longo de seu curso. Entretanto, Braudel é de uma clareza meridiana ao nos propor que, embora o rio pudesse aparecer a muitos como uma espécie de fronteira que naturalmente delimitava a França e dava-lhe uma identidade, foi em realidade a ação histórica de apropriar-se das terras em torno do rio Ródano que teriam possibilitado a criação daquele território que viria a ser designado francês:

> Não pode, ou antes, não deveria ser possível haver contestação quanto à propriedade do rio em si mesmo. O rei da França, Carlos VI, de há muito se proclamara proprietário das águas do Ródano e de tudo aquilo que elas podem representar. Assim, em 1380, muito antes de se tornar conde da Provença, o rei da França declara que "todas as ilhas do Ródano e dos outros rios do Languedoc lhe pertencem, em função de sua soberania e por direito real". Em 1474 (portanto, alguns anos antes de herdar a Provença), Luís XI não é menos categórico: por meio de suas cartas régias aos parlamentos, declara que "todo o Ródano, tanto quanto ele se pode estender e tudo aquilo que pode abraçar e cercar pertence ao rei [...]" (1989, p. 238).

E, por *razões reais* similares a essas, chegar à *província de Mato Grosso* tornou-se também, fundamentalmente após a guerra contra o Paraguai, uma obsessão. Os rios que banhavam aquela província, que fora palco de um conflito, de certa forma *abraçavam* liquidamente tudo aquilo que *pertencia* ao Monarca D. Pedro II. Ou, se não pertenciam ao Rei, pertenciam às classes senhoriais escravistas sedentas de vastos fundos territoriais, a quem o Imperador devia, na condição de alguém que coroava a unidade daquela nação inexistente, servir.

A questão relativa ao acesso a Mato Grosso será tratada por André Rebouças, em obra publicada em 1883,[61] a partir das diversas ligações fluviais que eram possíveis para com aquela província e levando em consideração que o governo imperial mantinha intervenção

---

61 REBOUÇAS, André. *Agricultura Nacional: estudos econômicos.* Rio de Janeiro, A J. Lamoureux & Co., 1883.

militar no rio da Prata ainda àquela época.[62] Em verdade, na perspectiva de Rebouças se poderia chegar a Mato Grosso pelos diversos afluentes do Amazonas, pelos rios centrais do território e também por via férrea, mas por que insistir no rio da Prata? Leiamos suas palavras para aquilatar o sentido que queria dar a essas ideias:

> Matto Grosso é a tristissima victima de todos os nosso erros no Rio da Prata!
>
> E o que ha de mais atroz é o que os nossos governantes se desculpam com a Provincia de Matto Grosso para manter no Rio da Prata uma politica infernal, que arrasta esse Paiz para uma crise medonha!
>
> Elles dizem: é necessario a intervenção no rio da Prata para termos caminho para Matto Grosso!
>
> Que pretexto e que mentira! Grita horrorisada a topographia d'este Paiz immenso! (REBOUÇAS, 1883, p. 106).

O fato é que o debate sobre como chegar a Mato Grosso a partir do Atlântico, nomeadamente a partir da administração central sediada no Rio de Janeiro, será um dos mais encarniçados do período pós-guerra contra o Paraguai, ao ponto de o Governo Imperial nomear uma comissão que dirimisse as polêmicas em torno da questão e apontasse qual seria o melhor traçado.

Nos planos de viação, a questão sobre Mato Grosso aparecerá de maneira claríssima. Eduardo José de Moraes diria em seu plano da preocupação com os riscos em não se tomar a decisão política de criar vias de comunicação ao dizer: "do que, porém, não podemos ficar duvidosos, é que a longínqua provincia de Matto-Grosso continuará ainda a ficar por seculos na completa dependencia do estrangeiro, até talvez desnacionalisar-se" (1869, p. 49). Defende, assim, a urgência de estradas que unificassem o território, pois, repetindo ele as palavras escritas em artigo do *Jornal do Comércio* publicado em 1868: "É preciso que esta joia do Imperio não fique á mercê do estrangeiro nem dependente delle" (1874, p. 54). Para concluir, afiançava algo que nos parece essencial entender: "a guerra do Paraguay,

---

62   "Confessai, perante Deos, que creou todos esses grandes rios para a felicidade dos habitantes da America do Sul, que essa vossa eterna occupação do Rio da Prata é um miseravel pretexto para alimentar no Brazil a olligarchia e o militarismo." (REBOUÇAS, 1883, p. 107)

considerada hoje uma calamidade, ha de ser designada no futuro como ponto de partida da grandeza e prosperidade do Brazil" (Jornal do Comércio *apud* MORAES, 1874, p. 54).

A morte de *Solano Lopes não só apressara os relógios* como colocara no centro das preocupações do Império o domínio pleno de suas fronteiras, naquele sentido de garantir a *grandeza e properidade do Brasil*. Páginas adiante, navegando ainda pelas palavras no interior do Plano Moraes, lê-se sobre o projeto de junção das bacias do Amazonas e do Prata:

> O projecto, que hoje tenho a honra de apresentar á consideração do governo imperial, consiste, pois, na juncção das duas maiores bacias da America do Sul, as do Amazonas e Prata, das quaes a primeira é a maior do globo, por meio de uma canal, e no melhoramento das porções do curso dos rios onde existem actualmente alguns obstaculos á livre navegação.
>
> Com a abertura desta via fluvial se ligaria, pelo interior do Imperio, ás provincias do Pará e Amazonas, a longinqua, e hoje quasi segregada, provincia de Mato-Grosso (MORAES, 1869, p. 94).

Em João Ramos de Queiroz o tema será tratado considerando que se houvessem estradas para Mato Grosso pelo interior do território monárquico, não teria sido necessário gastar tantos recursos do Estado e o dinheiro despendido no conflito poderia ter sido utilizado a "serviço do commercio e da industria" (1882, p. 51).

Por outro lado, embora muitos defendessem a construção de caminhos para Mato Grosso pelo interior do território monárquico, nem todos partiam do mesmo porto no Atlântico e muito menos percorriam os mesmo roteiros até Miranda e/ou Cuiabá. Queiroz, em seu plano, seria contra uma estrada que partisse de São Paulo e atravessasse os sertões de Minas e Goiás, como defendiam alguns, e proporia "a estrada de Curytiba á Miranda, ou antes de Antonina a Morretes, á Curytiba e á Miranda" (1882, p. 90), por sinal o mesmo traçado proposto em relatório escrito por Antonio Rebouças a serviço do Ministério da Agricultura:

> Para a realisação de tão nobre intento [ligar estratégica e comercialmente o Atlântico ao Prata], o primeiro passo está dado pela estrada

de Antonina á Miranda, cuja excellente direcção é o seu melhor elogio, e bem denota o esclarecido espirito emprehendedor de quem teve a gloria de conceber idéa de tanto alcance.

Desenvolvida essa idéa como já fôra, por um dos nossos mais notaveis engenheiros, o Dr. Antonio Rebouças, de saudosa memoria, nada se poderá acrescentar, no sentido descriptivo de sua alta importancia, senão que ella é imprescindivel para a compleição do systema de viação do Imperio (QUEIROZ, 1882, p. 91-92).

Este traçado seria o mesmo com o qual teria discordado quase integralmente Eduardo José de Moraes, em memória escrita em 1873 com o título "A Via de Communicação para Matto Grosso"; embora faça longo arrazoado falando da excelência do trabalho de Antonio Rebouças, defenderá que ao invés do porto de Antonina no Paraná se optasse pelo porto de São Francisco em Santa Catarina e, em vez de aproveitar algumas estradas de rodagem já utilizadas à época como as de Graciosa e D. Francisca, fosse constituída a mais plena utilização dos rios pela construção de canais que permitissem ao máximo a sua navegação (MORAES, 1873, p. 27-56).

Para André Rebouças, que junto com Antonio Rebouças e em consórcio com alguns empresários, tentara sem sucesso o empreendimento da construção de uma via férrea de Antonina a Curitiba, o traçado que fora apresentado pelo irmão era aquele que melhor cumpria fins estratégicos e comerciais, cabendo perfeitamente como uma das dez paralelas de seu plano de viação.[63] Além disso, colocava-se em Rebouças a mais declarada premência da constituição desse caminho, e ele diria: "É urgente a construcção do grande caminho de ferro de Antonina a Coritiba, ao Ivahy e Miranda, a solução mais rapida e mais economica para as communicações commerciaes e estrategicas com a fronteira meridional de Mato Grosso" (1874, p. 226)

---

63 "Não só este caminho de ferro [de Antonina a Curitiba] tem os estudos definitivos já promptos, como estão também quasi terminadas as operações sobre o terreno da linha de Coritiba a Mato Grosso, pelos valles do Ivahy, Ivinhema, Brilhante e Mondego, que, com o caminho de ferro [127-8] projectado para Villa Rica e Assumpção no Paraguay, pelo valle do Iguassú, dará a esse tronco a maxima importancia commercial e estrategica." (REBOUÇAS, 1874, p. 127-128)

Planos para o Império   189

A mesma urgência seria reclamada por Honório Bicalho em 1881, tendo em vista que tanto as províncias de Goiás como de Mato Grosso teriam ficado sem desfrutar dos fundos referentes à lei de garantia de juros de 1873, embora representassem juntas "mais da quarta parte da superfície do Império" (1881, p. 8). Versando sobre dois traçados dos muitos apresentados para unificar os rios Paraguai e Paraná, assim conclui Bicalho as suas apreciações, apontado para a necessidade urgente de se ligar um porto no Atlântico a Mato Grosso: "Por qualquer destes traçados, que convem estudar para resolver a preferencia, se alcançará por meio de um trecho final de estrada de ferro a cidade de Matto Grosso, na provincia deste nome" (BICALHO, 1881, p. 11).

A ligação com Mato Grosso, entretanto, durante e após aquela guerra contra o Paraguai era, para todos os que escreveram planos, uma imperiosa necessidade no sentido de propor o povoamento daqueles *desertos despovoados, sertões ínvios, lugares incivilizados, terras ubérrimas ainda desconhecidas pela incúria daquela nação antigeográfica.*[64]

Essas expressões em itálico, verdadeiras pérolas vocabulares, vão estar impressas nos planos por serem parte do espírito de uma época em que três questões se tornavam indissociáveis naquele conflito de um Imperador com um *Cacique* às margens do Guaporé, para utilizar a expressão colonialista de Moraes.[65] A primeira delas é que o civilizado Império do Brasil, que lutara contra as *bárbaras tribos* paraguaias, era o único lugar naquelas terras cozinhadas pelo calor dos trópicos meridionais a manter a escravidão. A segunda questão dizia respeito a um tema bem próximo e relacionava-se à imigração *branca, europeia e civilizadora* que viria enfim ocupar aqueles *desertos*, substituir braços negros e *melhorar* com sua eugenia as condições da raça. Em terceiro e último lugar, mas não menos importante, estava o centro das atenções das classes senhoriais escravocratas agroexportadoras para essa mudança de cores

----

64   "Já é tempo de nos libertarmos desta incuria que tudo atrophia, calcando aos pés este nosso caracteristico desleixo, para deixarmos de ser um povo anti-geographico na eloquente expressão do autor do Atlas do Imperio Brazil, que não só não conhecemos bem o Atlantico que beija as nossas praias como a mór parte de nossos rios." (MORAES, 1873, p. 32)

65   "Felizmente intacta ficou a honra das nações civilisadas, porque, como brilhantemente o demonstrara M. C. Quentin, o Paraguay não é uma nação, mas uma tribu; Lopes não é chefe de nação, é um cacique!" (MORAES, 1894, p. 94)

e máos que representava a passagem do trabalho servil ao trabalho livre, qual seja, a questão do acesso à terra em um território tão vasto de recursos de todas as ordens e *rico por natureza*.

É por isso que Rebouças resumiria a tríade, como o único dentre todos os que elaboraram planos a falar da emancipação do trabalho servil:

> É hoje opinião formada entre as pessoas mais cultas deste paiz, que em presença do movimento emancipador, que tão brilhantemente se realiza neste Imperio, os grandes proprietarios agricolas não têm outra solução racional senão subdividir com os emancipados e com os immigrantes as suas desmensuradas propriedades ruraes (REBOUÇAS, 1874, p. 123).

Ora, André Rebouças participou ativamente da campanha abolicionista e colou-a ao debate sobre o acesso a terra e modernização da agricultura, mas parece que ou eram poucas as pessoas cultas daquele país ou as pessoas que ele assim considerava não defendiam exatamente a posição que ele acreditava.

Assim, os temas da imigração e do acesso à terra apareceriam em Rebouças como parte de seu plano e seriam essenciais no processo de povoamento do território, como ele mesmo propunha:

> Que riqueza não resultará para o Imperio, se ao mesmo tempo que se trabalhar na construcção desses 10.000 kilometros de caminhos de ferro, se proceder á colonização dos terrenos, adjacentes a estas vias ferreas?!
>
> Os colonos, nos primeiros tempos, achariam emprego e salario na construcção das vias ferreas: logo que estivessem sufficientemente acclimados, se estabeleceriam como agricultores nos terrenos, cortados pelo caminho de ferro (REBOUÇAS, 1874, p. 122-3).

Assim é que para Rebouças, ao se estenderem linhas férreas que unissem o porto de Antonina a Mato Grosso, se facultaria "a colonisação de sertões immensos, tão ricos quanto vastos" (1874, p. 130), que por sua vez tornariam rentável aquela via férrea, que teria seu tráfego aumentado sobejamente pelo acréscimo da produção agrícola. E não era ao acaso, portanto, que em quase tudo seu plano de viação se assentava nos exemplos históricos dos

Estados Unidos, e para Rebouças não havia "outro systema racional de colonisar, além do americano" (1874, p. 224), a ponto de defender que as estradas de ferro a construir fossem as mais baratas – *bitolas estreitas, poucas obras de luxo, estudos que diminuíssem custos, traçados rentáveis* -, afirmando com vigor:

> Não imitemos, pois, os erros da Europa, vamos buscar exemplos modestos nos Estados Unidos de 1830 a 1840. Ahi nós encontraremos condições analogas ás dos Brazil; muita terra e muitas aspirações; pouco capital e escassa população.
>
> Seja a nossa formula:
>
> Caminhos de ferro muitos e muito baratos para o Brazil (REBOUÇAS, 1874, p. 248).

Em João Ramos de Queiroz, encontraremos a proposta de uso dos fundos territoriais como ativos, quando o mesmo defende que as terras à ilharga das estradas de ferro fossem vendidas para financiar as ferrovias, tentando provar com seus cálculos que não só os recursos com este tipo de prática permitiriam a construção das vias férreas, como ainda resultariam em lucros para o Estado (1882, p. 115)

Assim, no Plano Queiroz, a própria opção pelo traçado das vias férreas já deveria ser pensado em função das necessidades de modernização das condições materiais existentes. Ao que diria: "Dessa direcção [das ferrovias] dependerá a boa venda de nossas 120.000 leguas quadradas de terras devolutas, a prosperidade de nossa industria, a barateza dos transportes, o estabelecimento da corrente futura de imigração" (1882, p. 15), e, pensando diferente de Rebouças, que propunha que os imigrantes viessem também construir vias férreas, defendia que a infraestrutura de transporte e comunicação fosse montada exatamente com o fito de atrair a imigração.

> Taes são os exemplos dos outros paizes, que nos fazem sempre dizer: si o Brazil quizer immigrantes siga o exemplo dos outros povos; o immigrante de hoje não quer mais caminhos vicinaes, nem mesmo estradas de rodagem; elle quer estradas de ferro e telegrapho!

> Assim o comprehenderam a Confederação Americana e as Republicas do Prata, e o immigrante para alli se dirige! (QUEIROZ, 1882, p. 80-81).

A nós parece ainda que o exemplo dado pelos Estados Unidos, de estabelecimento de vias de comunicação no *deserto*,[66] tendo em vista que a noção de deserto à época estava diretamente associada à noção de despovoado,[67] ligando o Atlântico ao Pacífico e levando os trilhos antes e os imigrantes depois, também era a perspectiva adotada por Queiroz:

> Na verdade, seja-nos lícito, agradecendo aquella lição, perguntar:
> Nós, que lemos no livro do estrangeiro, que recebemos a sua instrucção, que o imitamos; nós, que para buscarmos as nossas asserções vamos buscar um precedente estrangeiro, porque não havemos de seguir os exemplos da Confederação Americana, deste paiz, que, o primeiro do mundo, fizera atravez dos desertos, a colossal estrada de ferro do Pacifico, em cinco annos apenas? (1882, p. 33-34).

Em Eduardo José de Moraes, que defendia a máxima utilização das vias fluviais, eram muitos os exemplos que arrolava para propor que antes que houvesse ferrovias em muitos países como França, Inglaterra e Estados Unidos, utilizara-se largamente as hidrovias, com

---

66 Sobre o assunto há o trabalho de Jacques Le Goff: "O deserto-flortesta no ocidente medieval" (p. 37-55), inserido no livro *O Maravilhoso e o Quotidiano no Ocidente Medieval* (1983), em que o mesmo aponta para o fato de que os desertos foram importantes para diversas religiões e que na tradição cristã o deserto era a floresta. Sendo esse imaginário disseminado *à posteriori*, como nos leva a pensar o próprio Le Goff, o que não dizer do Brasil invadido por cristãos católicos?

67 "Em matéria de tanto alcance como a viação de um paiz, de uma paiz rico, inculto, despovoado, quasi deserto pelo centro, não indagaremos a politica seguida, mas a que se pretende seguir, depois das autorizações dadas aos presidentes de provincia, para fazerem concessões de estradas de ferro provinciais sem que o governo tivesse determinado as suas estradas geraes, as estradas de interesse geral, de interesses politicos, economicos e estrategicos em todo o Imperio, como base de sua prosperidade, riqueza e segurança." (QUEIROZ, 1882, p. 11)

muitos trabalhos de engenharia que permitiram a junção de bacias ou a sua interligação por canais. Para Moraes, um dos problemas relacionados ao fato de em 1869 o Brasil ter apenas 11 milhões de habitantes, e considerando a população como um importante recurso, como tão bem nos ensinara Raffestin (1993), devia-se à não utilização das vias fluviais como meio de comunicação entre os diversos pontos do território.

> A razão, pois, da falta de população que se tem allegado para explicar-se o não ter ainda o Brasil se lançado resolutamente nas vias de seu engrandecimento não é procedente, como procuraremos mostrar.
> A população actual do Brasil é áquella que possuiam os Estado-Unidos quando contavam um periodo igual de independencia, e quando já haviam executado e levavam ao cabo a execução do seu vasto plano de melhoramentos materiaes, que tão prodigiosamente hão concorrido para a prosperidade sempre crescente daquelles Estados (MORAES, 1894, p. 40).

Assim, para Moraes (1894, p. 52) no *Brasil* se teria invertido a ordem, *queria-se antes povoar os sertões para só depois criar meios de comunicação.* Para ele, portanto, o desenvolvimento de um país estava na capacidade de, naquele momento histórico, aumentar a população por intermédio da atração de imigrantes a partir de investimentos na infraestrutura de transporte.

> É, pois, a inacção que assim é imposta a uma população consideravel, que sem duvida alguma se augmentaria sob o influxo de uma melhor situação, desenvolvendo por consequencia os recursos do paiz, como tem acontecido em outras partes, e notavelmente nos Estados-Unidos. Foi sem duvida alguma aos prodigiosos trabalhos de communicação interior executados nesse paiz, que deve elle o desenvolvimento colossal que apresentou em tão pouco tempo. A emigração tem sempre se dirigido para elle em larga escala: assim, desde 1847, ate o mez de Maio de 1866, isto é, n'um periodo de 20 annos, o numero de emigrantes elevou-se a 3.500,000, o que representa mais da terça parte da população do Brasil (MORAES, 1869, p. 75).

Ora, se os exemplos dos Estados Unidos, tão largamente citados por Moraes, Queiroz e Rebouças, não seriam utilizados por Bicalho e Bulhões, não era menor a preocupação dos últimos em acentuar sua preocupação com o *despovoamento* do território e a necessidade de *atrair imigrantes*.

Honório Bicalho deixaria explícita a necessidade de levantar estudos sobre o território que, a um só tempo, criasse, subsídios para a organização de uma "carta corographica" (1881, p. 8) e tornassem "conhecidas regiões feracissimas do Brazil ainda não lembradas pela imigração" (1881, p. 8). Esse desejo, como veremos adiante no capítulo sobre *mapas*, tinha a ver com o fato de que as cartas geográficas de um país eram utilizadas para atrair imigrantes quando da realização das exposições universais, por isso tinham aspecto bastante luxuoso e primoroso acabamento.

A questão do despovoamento seria ainda colocada com todas as letras por Bicalho, quando o mesmo defendia que, dadas as condições econômicas daquele Estado Monárquico, a opção deveria ser, em princípio, de compor um sistema misto férreo-fluvial, pois:

> Dada a vastissima superficie do territorio brazileiro e a pequena densidade de sua população, disseminada, com grandes extensões de permeio quasi ou completamente despovoadas, não seria economicamente pratico pretender-se dotar immediatamente o paiz de grandes linhas de tronco no systema mais aperfeiçoado de viação (BICALHO, 1881, p. 9).

Os lugares ermos, os sertões ínvios habitados por bárbaros incivilizados eram não raro, como tão bem demonstrou Lilia Galetti (2001), apresentados também como aqueles em que a natureza em tudo era generosa, com solos ubérrimos e vegetação exuberante. Em função dessas características utilizadas de acordo com as intenções de quem pronunciava o discurso e de quando era pronunciado, Mato Grosso, que ficava naquela condição a um só tempo de sertão e de fronteira, podia ser tanto inferno quanto paraíso.[68]

---

68 Sobre a noção de sertão no pensamento social brasileiro há o belíssimo trabalho de Candize Vidal e Souza. *A Pátria Geográfica: sertão e litoral no pensamento social brasileiro*. Goiânia, UFG, 1997, e ainda sobre o assunto, em artigo recente, Antonio Carlos Robert Moraes. "O Sertão: um 'outro' geográfico." In: *Terra Brasilis*, n. 4-5, 2002-2003 (p. 11-23), faz uma interessante discussão sobre a relação entre sertão e fronteira no Brasil.

Ir a Mato Grosso era, entretanto, atravessar de leste a oeste o imenso território, para unir as águas do mar às águas dos rios, e era exatamente esta a proposta feita pelo Plano Bulhões no tocante à sua *Grande Linha Central*, que atravessaria em seus mil e Novecentos quilômetros diferentes climas, altitudes, terrenos ricos em tudo naturalmente e que *jaziam desaproveitados* à espera da imigração.[69]

A realização do desiderato de estender nos trópicos os benefícios da civilização, em seu elogio à ciência e ao trabalho, apareceria de maneira exemplar no Plano Bulhões:

> Se durante dez ou doze annos consecutivos fôr executado com firmeza [o plano de viação], além das innumeras vantagens antes mostradas, teremos definitivamente resolvido os magnos problemas da emigração e da transformação do trabalho: e entrando em éra nova caminharemos com passo seguro para elevar o Brazil á posição a que tem direito entre as nações prosperas e civilisadas (BULHÕES, 1882, p. 22).

Os planos de viação, enfim, são artefatos discursivos que podem ser apreendidos das mais diversas formas e pondo em relevo os mais distintos temas, como por exemplo o fato de proporem todos, mesmo o mais *ferroviarista* deles – no caso o plano Rebouças –, uma *regionalização natural* do território a partir da compartimentação geomorfológica e do sistema hidrográfico daí resultante. Ao ponto de não ser novo aquilo que diria textualmente a comissão que organizaria o primeiro plano de viação da República em 1890, qual seja, que a base de sua elaboração seriam as bacias hidrográficas.[70]

---

69 "A grande linha central que deve desenvolver-se pelo planalto divisor das aguas na extensão de cerca de 1,900 kilometros fica em geral collocada a uma altitude entre 650 e 1,000 metros acima do nivel do mar, isto é, em clima o mais temperado que podemos offerecer e capaz de todas as especies de culturas. E se ajuntarmos a circumstancia de serem ricas essa paragens de mineraes de toda a especie, em seguida logo se encontrando as melhores florestas e mais ferteis terrenos nos valles que desse planalto correm ao norte e ao sul, teremos evidenciado que não se póde abrir á colonisação e á industria horizonte mais vasto em logares que actualmente devolutos jazem desaproveitados." (BULHÕES, 1882, p. 10)

70 Sobre o assunto ver: Creso Coimbra, *Planos de Viação: Evolução histórica*, 1973, p. 81-89.

A questão que se punha, um plano após o outro, era concernente ao fato de os planos não terem saído do papel durante todo o Império e mesmo depois, no período denominado República Velha. As razões apresentadas para tanto diziam respeito desde as querelas interprovinciais das elites e má gestão do Estado Monárquico, passando pela concentração de investimentos em algumas regiões, como era o caso dos gastos maciços feitos na Estrada de Ferro D. Pedro II, indo até aos aspectos ligados à legislação referentes à captação de recursos financeiros. Fernando de Azevedo, chegou a levantar a hipótese de que os planos viraram letra morta em função de estarem muito adiante do tempo em que foram elaborados e isso os tornava irrealizáveis (TELLES, 1994, p. 440).

Os planos, por sua vez, não seriam os únicos artefatos produzidos com o fito de levar a cabo uma certa modernização do Estado Monárquico. Havia no âmbito da exploração e domínio do território a preocupação em produzir uma certa imagem do Império, através da realização de mapas, muito necessários, inclusive, à elaboração de planos de viação.

Imagens

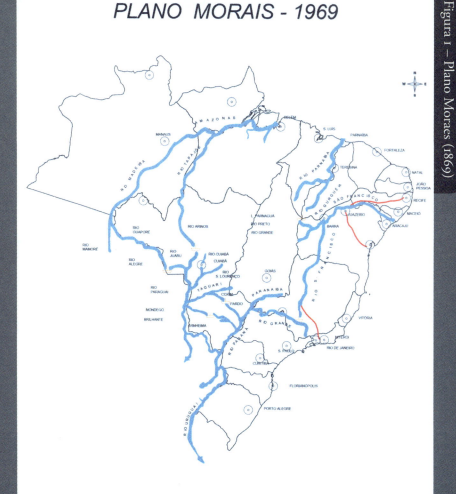

Figura 1 – Plano Moraes (1869)

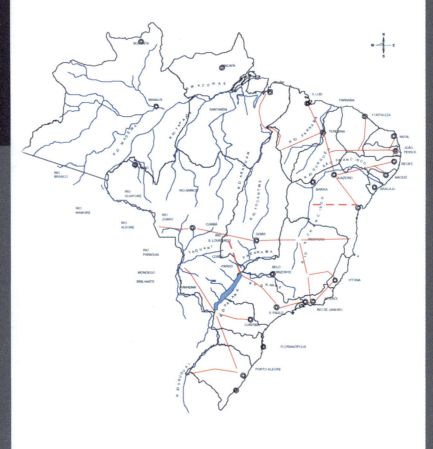

Figura 2 – Plano Queiroz (1874)

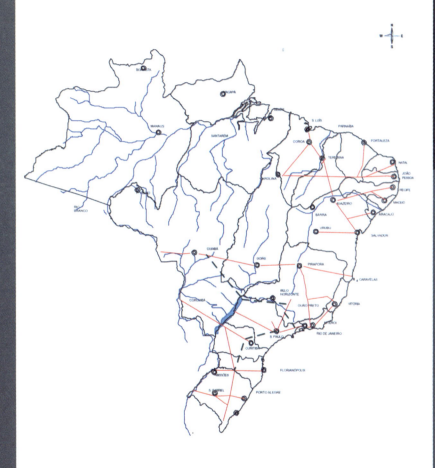

Figura 3 – Plano Queiroz (1882)

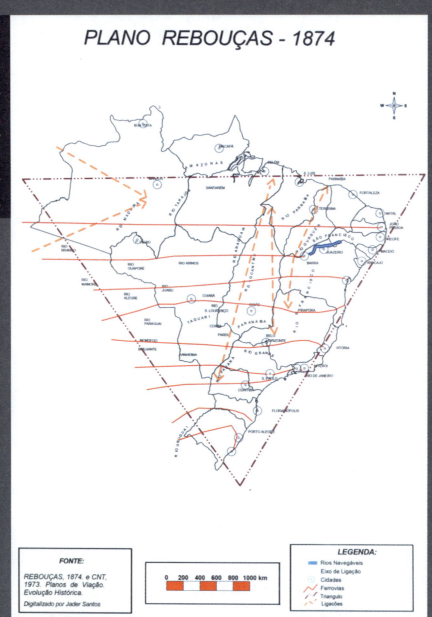

Figura 4 – Plano Rebouças (1874)

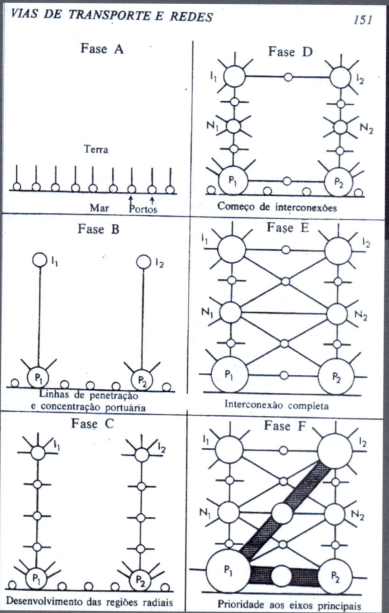

Figura 5 – Modelo de TAAFFE *et al.*

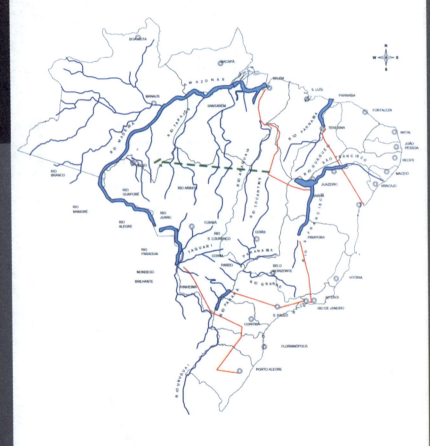

Figura 6 – Plano Bicalho (1881)

Planos para o Império 205

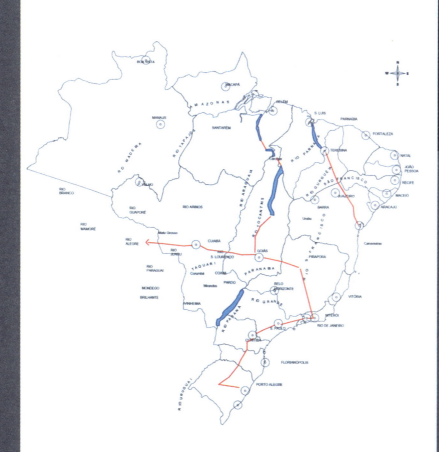

Figura 7 – Plano Bulhões (1882)

Figura 8 – Regiões Naturais de Circulação

Mapas

AS IMAGENS DO TERRITÓRIO *brasileiro* do último quartel do século XIX, que vimos sobre uma das mesas do Arquivo Nacional, foram as primeiras pistas que tivemos acerca de que a tese que originou esse livro era possível. Esses mapas nos recolocaram de volta os caminhos, reorientaram nossas perspectivas, recompuseram as esperanças então já esgarçadas de concluir com sucesso a obra. O olhar inicial foi lúdico, ingênuo, quase tolo, mas é como se aqueles tesouros documentais fossem a própria mina em mapas. Ao chegar em casa, depois da excitação de *descobrir* aquelas três cartas, escrevemos o que havíamos visto para registrar as impressões iniciais, para não perdermos de vista as emoções que as palavras poderiam imprecisamente descrever.

Agora, depois de um périplo longo e cansativo, olhar novamente os mesmos mapas foi como dominar a emoção primeva para mergulhar em suas histórias e buscar compreender o modo como esses documentos foram construídos, quem os fez, sob que condições foram elaborados e quais os interesses a que buscavam responder.

Ao descobrirmos que aquelas cartas geográficas tinham como intenção construir um *rosto* da nação, uma delineação do *corpo da pátria*, nos debruçamos o quanto foi possível nas imagens, com aquilo que revelam e buscam, ao mesmo tempo, esconder e apagar.

Os mapas que analisamos neste capítulo tudo têm a ver com os planos de viação por serem – pelo menos à vista daqueles cartógrafos – o que se havia realizado naqueles tempos de muitas transições e permanências.

Impressões

O mapa, sobre o qual os olhos se debruçam em uma primeira visada traz a data de 1892 [Figura 9], quando já não mais existiam nem a Monarquia que ruíra três anos antes, nem o trabalho compulsório dos escravizados que vigorara até 1888. Sobre o desenho colorido do vasto território brasileiro, embora ainda não tão vasto quanto viria a ser alguns anos depois, percebe-se o cruzamento das informações que versam sobre as linhas férreas, os cabos de telégrafo que mergulham o mar e cruzam os céus, os vapores que ligam os pontos remotos dos sertões e aqueles que entrelaçam diversos portos no planeta a partir do Atlântico.

A viagem da retina em torno das linhas diversas do mapa nos faz perceber o quanto, mesmo nessa mirada ingênua, conforma-se uma configuração que costura densamente o litoral desde os confins do Jaguarão até Belém, e se lança interior adentro em um movimento que atinge Cuiabá pelo telégrafo e diversas outras cidades importantes pelas linhas de navegação fluvial.

Há a evidência de uma costura de tempos desiguais desse território de lugares tão longínquos, mas há também a sensação de que a comunicação entre eles é uma realidade material indiscutível. Para o bem ou para o mal, as inovações técnicas que se implementaram no território a partir da década de 1850 deram outra velocidade aos fenômenos relativos à formação territorial brasileira. E sobre os fluxos socioespaciais e econômicos que vieram a estabelecer ou sobre os quais se estabeleceram, é possível perceber a delicada trama desse desenho que adormece no mapa e revela o modo como se consolidou o sistema de comunicação e transporte ao longo dos últimos decênios do Segundo Império, no âmbito interno e externo.

É possível pensarmos agora que um dono de fazendas de gado em Cuiabá pudesse saber o que ocorrera em Paris no dia anterior e solicitar que lhe mandassem um vestido inglês *para vestir sua senhora, antes que ela pudesse participar de seu último jantar com uma das tribos indígenas ainda existentes e fizesse parte da dieta bastante exótica desses povos "incivilizados".*

E não ao acaso, o mapa editado sob a responsabilidade do Ministério da Indústria, Viação e Obras Públicas da República do Brasil lista as diversas empresas de navegação a vapor, a maioria delas inglesa, que faz a ligação entre os mais importantes portos brasileiros e as principais cidades da Europa, embora se possa ler, em muitas das memórias editadas nas províncias anos antes, das dificuldades de navegação à vela e mesmo a vapor encontradas nos acidentes naturais do terreno e na decantada ferocidade dos indígenas. Ainda o mesmo mapa lista a quantidade de colonos que haviam ingressado no país nos últimos três anos e a distribuição das diversas colônias de imigrantes no território. Ao que tudo indica, o desenho, em seus alinhavos de informação e nos cruzamentos de linhas de mais de uma cor, propõe uma certa fotografia do território em escala de 1:5.000.000.

O mapa de 1892 é em realidade produto de dois outros que lhe antecederam e serviram de base, confeccionados também a mando do Ministério que, à época do Império para o período em que foram elaborados, era o responsável pelas políticas relativas à implementação ou concessão de infraestruturas de comunicação e transporte – no caso, o Ministério da Agricultura, Comércio e Obras Públicas.

Assim, em 1883 [Figura 10], um mapa também litografado por Paulo Robin e em escala de 1:5.000.000, trazia o mesmo conjunto de informações que encontramos no mapa de 1892. A diferença entre eles é, efetivamente, aquilo que nos permite perceber a evolução do sistema de comunicação e transporte nesse intervalo de nove anos.

Em 1883, todas as companhias de navegação que apareceriam no mapa seguinte, fossem elas brasileiras ou estrangeiras, já existiam e já se encontravam ligados no Brasil por telégrafo, os portos do Rio Grande, Florianópolis, Santos, Rio de Janeiro, Salvador, Recife, Fortaleza, São Luiz e Belém. As rotas entre esses portos e entre eles e a Europa não haviam sofrido, pelo menos às vistas dos mapas, nenhuma alteração. E isso demonstra que no âmbito da navegação marítima a vapor e da rede telegráfica por cabos submarinos, já havia se tornado o litoral brasileiro uma peça articulada ainda no Império.

Cotejadas as informações que esses mapas trazem, é possível perceber que a base inicial das articulações por telégrafo elétrico foram as faixas de terra que margeiam o Atlântico, haja vista que a ligação da linha telegráfica que partindo do porto de Santos em direção a Cuiabá cruzava o interior de Goiás e Mato Grosso, não havia no mapa de 1883 sequer chegado a Ribeirão Preto. Isso sem falar que na região hoje conhecida como Sul, o telégrafo ainda não havia ido além de Santa Maria para cruzar Alegrete e ir ao extremo oeste do Rio Grande do Sul, e daí também não se internalizara no sentido de cortar Santa Catarina e encontrar o interior do Paraná à altura de Ponta Grossa para, mergulhando em direção ao porto de Paranaguá, estabelecer quase que um retângulo. No outro extremo ao Norte, depois de uma ligação já concluída das linhas ao longo do litoral brasileiro do Rio Grande à Fortaleza, os fios telegráficos se estendiam até Sobral. Já as linhas que iam de Sobral a Belém, passando por Teresina no Piauí e Caxias no Maranhão, não eram mais que projeto.

Comparadas, por sua vez, às estradas de ferro implantadas entre 1883 e 1892, percebe-se claramente como é crescente a concentração desse equipamento nas áreas que ligam o interior de São Paulo ao porto de Santos, as ilações férreas que margeiam o Vale do Paraíba e se estendem nas proximidades da cidade de Vassouras, no Rio de Janeiro, até Campos, e em Minas Gerais até Juiz de Fora. Pelo resto do territóri,o o que se vê são linhas esparsas ligando portos fluviais a portos marítimos ou pontos do interior através de verdadeiras bocas do sertão, onde já existem fluxos terrestres consideráveis, e os portos à beira mar.

Comissões

A Carta Geral do Império do Brasil, com data de 1875, foi organizada pela Comissão da Carta Geral do Império. O presidente desta comissão seria, a partir de 1874, por decreto do Ministério da Agricultura, Comércio e Obras Públicas, o então General de Campo Henrique de Beaurepaire Rohan.

A indicação de Beaurepaire Rohan, ao que parece, deveu-se a uma série de fatores importantes que entrelaçavam interesses de modernização do Estado monárquico e competências profissionais já largamente testadas.[1]

---

1   Henrique de Beaurepaire Rohan, nascido em 1812 em São Gonçalo-RJ, entrou cedo para a vida militar tornando-se cadete ao sete anos de idade, em função de seu pai ser militar e ter acompanhado a família real ao Brasil, quando Portugal foi invadido pelas tropas napoleônicas. Por isso, quando tornou-se Marechal de Campo, já era longa a folha de serviços prestada ao Estado Monárquico – que

Planos para o Império 213

A Carta Geral do Império já tivera como presidentes da Comissão responsável pela sua efetivação dois outros nomes: Ernesto José Carlos Vallée (RELATÓRIO MACOP, 1868, p. 90 e 91) – que contara com a contribuição de Antonio Maria de Oliveira Bulhões – e João Nunes de Campos (ROHAN, 1875, p. 3). Nenhum deles conseguiu levar a cabo, por razões várias – técnicas, políticas, financeiras –, a construção de uma Carta do Império que representasse o território com a maior *fidelidade possível* nas exposições universais e, como era comum, nas exposições *nacionais* que eram preparatórias àquelas.

Por isso mesmo, Duarte da Ponte Ribeiro, o Barão da Ponte, em documento de 1876 em que lista todas as cartas, mapas e atlas utilizados para a construção da Carta Geral do Império de 1875, nos informa que geralmente o mapa do Brasil que se utilizava apenso aos documentos e expunham o território do Estado Monárquico nas exposições universais, era o trabalho de Jacob Conrado Niemeyer de 1846, reduzido em 1867 por Pedro Torquato Xavier de Brito, e às vezes alterado para alguns fins específicos. Exemplo desse tipo de procedimento é o que aconteceria na Exposição Universal de Viena ocorrida em 1873.

> Não havendo no Archivo Militar uma carta do Imperio propria para acompanhar o Relatorio "O Imperio do Brazil na Exposição de Vienna d'Austria" aproveitou-se a reducção que o Sr. Tenente Coronel Pedro Torquato Xavier de Britto tinha feito da Carta confeccionada pelo Coronel Conrado em 1846, configurando-se o territorio das fronteiras, em conformidade de planos posteriormente organizados á vista de documentos officiaes.
> Tambem se fizeram nella outras correcções, mas só as que a muita pressa permittiu (RIBEIRO, 1876, p. 89).

---

o laudearia mais tarde com o título de Visconde –, contando aí a sua formação em engenharia, um sem-número de plantas de cenários de guerra do período dos conflitos regionais e cartas provinciais, além da administração de três províncias (Pará, Paraíba e Paraná) na condição de Presidente e da ocupação de muitos de cargos importantes nos Ministérios da Guerra e da Agricultura, Comércio e Obras Públicas (BLAKE, 1895, p. 213-216; HOMEM DE MELO, 1899, p. 199-227).

Abrindo pois aqui um parêntese, não houve, como afirma José Veríssimo da Costa Pereira[2] e sugere Barão Homem de Mello,[3] uma Carta Geral do Império do Brasil datada de 1873 e organizada sob a direção de Henrique de Beaurepaire Rohan que representaria aquele Estado pré-nacional na Exposição de Viena. Assim, a Carta Geral do Império que seria muito utilizada e serviria de base à construção de pelo menos duas outras em 1883 e 1892, em realidade só tendo substituta mais *exata e efetiva* em 1922 (PEREIRA, 1994), representaria os interesses das elites monárquicas, aí sim, na Exposição Universal da Filadélfia em 1876.

Essa Carta Geral que representaria o Brasil na Filadélfia, na única exposição universal que ocorreria durante todo o século XIX fora da Europa e teria a participação do monarca D. Pedro II, seria aquela que a Comissão presidida por Beaurepaire Rohan organizaria. Fechando parênteses, poderíamos dizer que a Carta Geral do Império do Brasil de 1875 era um desejo há muito acalentado, mas só realizado mediante certas condições próprias ao contexto em que a mesma surgiu.

Esse contexto não era, como se poderia imaginar, apenas monárquico, já que não podemos falar em nação no Brasil daquela época, mas *universal*, para utilizar uma palavra comum àquele meado de século do espetáculo capitalista *das exposições*, e que trazia consigo a ideia de uma uniformização que, a partir da Europa e dos Estados Unidos, deveria estender-se, de forma desigual, a todos os rincões do planeta.

A ponto de processos similares, que era o de engenheiros militares vinculados a comissões – albergadas ou não pelo Estado – prepararem cartas geográficas dos territórios

---

2   "[...] Henrique de Beurepaire-Rohan deixou uma série de bons subsídios à geografia do Brasil. Como obra de maior importância, porém, destaca-se a *Carta geral do Brasil*, organizada para figurar na Exposição Universal de Viena, e que, desde 1873, foi considerada a melhor, feita no Brasil, até a *Carta do Brasil*, publicada em 1922, pelo Clube de Engenharia do Rio de Janeiro." (1994, p. 376)

3   "Por occasião da Exposição de Vienna, em 1873, resolveu o Governo mandar organizar uma Carta Geral do Imperio, aproveitando-se, para esse fim, do copioso material existente nos Archivos Publicos das Capitais e das Provincias. O Marechal de Campo Beaurepaire, auxiliado por um pessoal de toda a competencia, conseguiu levantar a Carta Geral do Brazil, que foi logo gravada e é ainda a melhor Carta, que possuimos, de todo o nosso território." (HOMEM DE MELLO, 1899, p. 221)

ditos nacionais, terem sido objeto de preocupação tanto na Colômbia como no México, como nos propõem respectivamente os trabalhos de Diana Obregón Torres (1992) e Hector Mendonza Vargas (2001). Em ambos os casos, como veremos ainda mais adiante, as razões eram bastante próximas, como o de estabelecer um claro domínio das fronteiras e das populações aí circunscritas, bem como o de levar àquelas grandes feiras das exposições universais a imagem de um Estado Moderno, que esperava imigrantes educados em uma nova ética do trabalho e desejava ardentemente as luzes e o progresso que a ciência e a técnica podiam proporcionar.

O processo de construção da Carta Geral do Império datada de 1875 é possível de ser historiado mediante relatórios do Ministério da Agricultura, Comércio e Obras Públicas (MACOP) que, a partir de 1868, noticiou sob o título CARTA GERAL DO IMPÉRIO os trabalhos que eram realizados pelas seções que compunham a comissão responsável por sua execução.

Exemplo disso é o relatório de 1874, que nos informa a existência de quatro seções de trabalho: a 1ª de caráter administrativo, a 2ª responsável pela organização da Carta Geral, a 3ªencarregada dos levantamentos geodésicos e topográficos do município neutro e, por fim,

> A 4ª secção [que] occupa[va]-se da organisação da carta destinada á exposição de Philadelphia.
> É serviço de occasião, mas que importa não ser descurado.
> A carta do Imperio que se destina áquele fim é levantada na escala de 1:3.710.220, metade da da carta geral.
> Adoptou-se a projecção de Flamsted modificada.
> Seu primeiro meridiano é o que passa pelo Pão de Assucar (Relatório do MACOP, 1874, p. 218).

Como podemos ler acima, fala-se do tipo de projeção, a escala que seria utilizada e o público a que se dirigia.[4] Ademais, evidencia outro elemento importante, o de que o meridiano utilizado era o do Rio de Janeiro e não o de Greenwich, como queriam

---

4   Versando sobre estudo realizado acerca da cartografia portuguesa no Brasil colonial setecentista, João Carlos Garcia nos dá algumas pistas para que todas as informações constantes no mapa sejam

ingleses e americanos que defenderam a proposta no 1º Congresso Internacional de Geografia realizado em Antuérpia, na Bélgica, em 1871,[5] para o estabelecimento de um meridiano zero e outras convenções cartográficas, em um jogo de forças que envolvia também a uniformização de pesos e medidas baseado no sistema métrico elaborado pelos franceses (SEEMANN, 2003).

No caso da uniformização de métodos científicos e aplicação de técnicas universalizantes, a rede telegráfica exerceu papel importantíssimo, ao permitir que as medidas do território e o estabelecimento das longitudes fosse realizado com maior precisão no momento de fazer as triangulações. Assim foi na Colômbia (TORRES, 1992), assim foi no México (VARGAS, 2002), assim foi no Brasil (ROHAN, 1875, 1877, 1878).

E dizia-se mais no mesmo relatório de 1874. As palavras são exatamente as seguintes: "Essa carta [que irá à Exposição da Filadélfia] deve conter a maior somma de informações sobre as nossas estradas." (p. 219)

Por isso mesmo, pela necessidade de representar com *exatidão* os caminhos do Império, é que em lei n. 1953, expedida a 17 de julho de 1871 (RELATÓRIO MACOP, 1873, p. 158), criou-se normas para a constituição de uma comissão responsável por levantar a carta itinerária do Império. Essa comissão só seria formada em 1873, com a colaboração da

---

consideradas não como artefatos isolados, mas como parte de uma história e inseridas em um dado contexto:
"A imagem cartográfica que se elabora num determinado momento visa um objectivo, daí a sua possível classificação tipológica. Porém, para compreendermos essa imagem há que compará-la com o maior número de mapas contemporâneos, mas também de datas anteriores, portugueses e estrangeiros, manucritos e impressos, de diferentes escalas, respeitantes à cada área ou região." (GARCIA, 2001, p. 93)

5 "Em 1871, por ocasião do Primeiro Congresso Internacional de Geografia em Antuérpia na Bélgica, foi recomendada a adoção do Observatório de Greenwich como meridiano zero para todas as longitudes e todas as cartas marítimas para os próximos quinze anos. Os países, portanto, ainda tinham liberdade de usar seus próprios meridianos. Muitos países começaram a usar Greenwich para as carta marítimas, mas continuaram com seus próprios meridianos para as cartas terrestres." (SEEMANN, 2003, p. 7)

Sociedade de Engenharia da Áustria e mediante a participação de engenheiros austríacos saídos dos contatos realizados pelo governo Monárquico durante a Exposição de Viena.[6]

Assim, ainda o relatório de 1874 do MACOP nos informará que a partir do ano anterior estavam em funcionamento três comissões: 1) a da Carta Geral; 2) a da Carta Itinerária e 3) a da Carta Geológica. Sobre a carta geológica, que aparece como título em destaque pela primeira vez nesse mesmo relatório, lê-se:

> A falta, não direi de uma carta geologica, mas de informações ainda as mais superficiais que dessem idéa da estructura dos nosso territorio, da qualidade e riqueza de seus mineraes, era ha muito para notar no estado de civilisação que attingimos.
>
> E isto era tanto mais digno de reparo, quando algumas das republicas da America começão já a levantar a carta geologica dos respectivos territorios.
>
> Aproveitando a estada no paiz do distincto geologo C. E. Hart, professor da Universidade de Cornell nos Estados-Unidos, encarreguei-o de organisar um plano para o estudo geologico do Imperio (RELATÓRIO MACOP, 1874, p. 222-223).

Para ajudar Charles Hart nos trabalhos foram nomeados Orville Adelbert Derby e Richard Rathbun como geólogos auxiliares (RELATÓRIO MACOP, 1874, p. 225).

As comissões da Carta Geral do Império, Carta Itinerária, Carta Geológica e a Comissão de Astronomia funcionaram sob a égide do Ministério da Agricultura, paralelamente, por pelo menos um período que se estendeu de meados de 1873 a 1877. Posto que a partir desta data final, o Estado Monárquico, alegando falta de recursos, desmontou as comissões da Carta Geral, da Carta Itinerária e da Carta Geológica, além do que a morte de Charles Hart em março de 1878 comprometeria a continuidade dos trabalhos da

---

6   Lutando a administração com difficuldades na escolha de pessoal technico, por isso que uma parte dos mais habeis engenheiros brazileiros se tem dedicado á industria particular, resolveu mandar contractar na Europa, com o auxilio da mesa directora da Associação de Engenheiros da Austria, alguns profissionaes, que, reunidos a outros engenheiros nacionaes e a alumnos da Escóla Polytechnica, devem dar execução ao levantamento da referida carta [itinerária]." (RELATÓRIO MACOP, 1873, p. 158)

comissão que havia dirigido e que buscou no ano anterior, sem sucesso, que fosse mantida em funcionamento pelo Ministério (FIGUEROA, 1997; FREITAS, 2002).

O interesse em modernizar o Estado pode ser ressaltado por essa tentativa de medir o território, explorar suas riquezas *naturais*, delimitar fronteiras, constituir um panorama das vias de comunicação existentes no Império. Como bem disse Heloisa Domingues (1996, p. 58):

> O casamento entre as ciências naturais e a política que o governo imperial empreendeu em meados do século [XIX] contribuiu para promover a integração territorial do Império e fazer a unidade político--nacional do Brasil, tanto quanto contribuiu para institucionalizar aspectos científicos novos e ainda muito pouco estudados, tal como a geografia, a geologia, a astronomia ou a etnografia, ou para reafirmar a importância da botânica e da zoologia naquele contexto político.

Tratava-se, pois, de criar também uma imagem acerca do vasto Império, uma certa representação da *nação*, e de torná-la a figura conhecida em todo o mundo *civilizado* a partir das exposições universais. Não por acaso, o mapa que iria à exposição de 1876 na Filadélfia era "uma imagem de luxo para oferecer, para convencer, para glorificar" (GARCIA, 2003, 93).

Um aspecto interessante que salta aos olhos, entretanto, é que, mesmo em 1883, as conexões já haviam, com padrões diferenciados de uma região para outra, posto em contato algumas áreas do *sertão* com o litoral. Assim, é possível perceber que ali onde a ferrovia ainda não chegara, mesmo em 1892, já existiam portos fluviais que estavam às margens das estações ferroviárias e, não raro, como no traçado da ferrovia Pedro II, à ilharga do Rio Paraíba do Sul, brincam extensas porções de ferro de larga bitola com as águas que serpenteiam no território.

Outrossim, o telégrafo, trens e navios a vapor conformam um conjunto que faz a informação fluir adiante das *máquinas de movimento* e, não ao acaso, cidades onde há estações de trem não raro são aquelas onde estão as estações de telégrafo. Disso tudo resulta a aparência inicial, para além mesmo do que se vê nesses mapas, de que tropas de mulas, pequenas embarcações, trens e navios a vapor de grande calado, tecem uma estrutura articulada de tempos desiguais do território, conformando uma rede assimétrica extremamente funcional para as opções políticas das elites agrárias no regime monárquico e mediante a inserção subordinada do território nos tempos padronizados do espaço geográfico mundial.

Infelizmente, mas como resultante de um construto histórico, o mapa de 1875 [Figura 11], que fora tecido sob a coordenação de Henrique Beaurepaire Rohan em escala de 1:3.710.220 (RELATÓRIO MACOP, 1874, p. 217) e que serviria de base para os outros dois mapas de 1883 e 1892, realizado sob encomenda do Ministério da Agricultura, Comércio e Obras Públicas do Império, traz informações apenas sobre as linhas ferroviárias, além de ser o único dos três em preto e branco, possivelmente em função de limitações técnicas da época e também por ser o primeiro deles com a preocupação de cartografar o traçado ferroviário, a topografia e a rede hidrográfica.

Paralelos

A pista para entendermos o que havia em nível de mundo e o modo como isso se desdobrava no âmbito daquela boa sociedade (MATTOS, 1989) no Império do Brasil vem de Perla Zusmam (2000), ao identificar dois períodos e processos de colonização nos países de passado colonial. O primeiro período se estenderia de 1500 a 1800 e diria respeito àquela relação em que a metrópole dominava a colônia de maneira direta. O segundo período se estenderia entre os anos de 1870 e 1914, caracterizando-se pelo exponencial crescimento do número de Estados Nacionais fora da Europa e pelo estabelecimento de outras formas de subordinação na relação entre as antigas colônias e suas novas metrópoles.

Considerando os elementos atinentes a essa periodização, Perla Zusman aponta para a possibilidade de uma história que, partindo dos territórios herdados das antigas colônias, pode esclarecer, sob uma óptica pós-colonial, a maneira como atuaram as elites dirigentes no processo de constituição dos Estados Nacionais de países de passado colonial.

> Então, a revisão das próprias histórias de formação estatal nacional merecem uma leitura crítica tanto a respeito da consideração dos legados deixados pela ação material e no campo das representações, nos

> territórios herdados e nas próprias atividades das elites dirigentes dos Estados em conformação. Todavia, as mesmas ações de expansão e reconhecimento territorial que os países europeus levam adiante na segunda escalada colonial são postas em prática pelos países americanos no momento de conformação de seus estados. Heranças do primeiro processo de colonização e ações próprias do segundo processo de colonização confluem na constituição dos países latino-americanos. São práticas que quem sabe revisadas desde uma perspectiva pós-colonial permitem um novo ponto de partida para sua crítica (ZUSMAN, 2000, p. 62-63)[tradução nossa].

Usemos pois do expediente de comparar o processo de constituição de mapas dos territórios na construção – material e simbólica – do Estado nacional em três países como Colômbia, México e Brasil, no período referente a meados do século XIX, para percebermos como, a partir da formação politécnica dos engenheiros, da consolidação de suas associações, relação desses profissionais com o Estado por intermédio de ministérios ligados ao desenvolvimento – ou *melhoramentos materiais* –, da instalação da rede telegráfica, criação de comissões geográficas e exposições universais, elaborou-se um conjunto de artefatos de dominação e uma certa imagem do território e da nação.

Segundo Diana Obregon Torres, duas foram as sociedades de engenharia fundadas na Colômbia em fins do século XIX. A primeira delas em 1873, contando fundamentalmente com professores e alunos da Escola Nacional de Engenharia da Universidade Nacional, não obteve êxito em função da falta de recursos, do pequeno número de profissionais e de uma certa indiferença. Já em 1887, tendo mudado a conjuntura, em função da realização de obras públicas por parte do Estado colombiano e em decorrência de uma certa consolidação mínima da profissão, surgiu a Sociedade Colombiana de Engenheiros (TORRES, 1992, p. 105.)

Ali na Colômbia, assim como no Brasil, "A luta dos engenheiros neste período foi dupla: contra os usurpadores da profissão, isto é, aqueles que exerciam o ofício sem a qualificação necessária e contra os engenheiros estrangeiros." (TORRES, 1992, p. 105) [Tradução nossa][7]

---

7   "la lucha de los ingenieros en neste período fue doble: contra los usurpadores de la profesión, esto es, aquelles que ejercían el oficio sin calificación necesaria y contra los ingenieros extranjeros"

Outrossim, a formação dos engenheiros colombianos também fora à época, como no Brasil, fortemente balizada pela educação em matemáticas e ciências naturais.[8] Por outro lado ainda, grande foi o papel desses engenheiros na implementação da infraestrutura material no território e estreita a relação com o aprimoramento das ciência naturais responsáveis pelos desenvolvimento da agricultura[9] e, como decorrência, a sociedade de engenheiros da Colômbia mantinha forte ligação com os Ministérios da Fazenda e do Fomento.[10] Não por acaso "la elaboración de la carta geográfica del territorio nacional fue una de las luchas que libraron los ingenieros" (TORRES, 1992, p. 187).[11] Assim:

---

8   "Por meio do decreto 76 de 1888, 'atendendo à imperiosa necessidade que tem a nação de formar homens de ciencia e de conhecimentos práticos na profissão de engenheiro', pus em execução o decreto 596 de 1886, pelo qual se estabelecia a Faculdade de Matemáticas junto com uma Escola de Engenharia Civil. O programa era equilibrado: os dois primeiros anos seriam de matemáticas; e os outros três, de engenharia propriamente; desta maneira se satisfaziam as necessidades teóricas e as práticas. De outra parte, foi a partir deste momento quando se impôs, em forma definitiva, a tendencia civil da engenharia. Desde o famoso Colégio Militar, fundado por Mosquera em 1848, esta se mantinha em conflito com os partidarios da engenharia militar." (TORRES, 1992, p. 112) [tradução nossa]

9   "Ainda que, segundo Safford, os engenheiros não foram muito hábeis para encontrar soluções a questões 'simples' como o melhoramento da agricultura, o certo é que eles, assim como os médicos, estiveram comprometidos com a luta por desenvolver uma agricultura técnica mais adequada e mais produtiva. Nos Anais de Engenharia se publicaram, como um aporte aos agricultores, observações metereológicas e estudos de Juan de Dios Carrasquilla, entre outros, sobre climatología e sobre técnicas agrícolas." (TORRES, 1992, 117) [tradução nossa]

10   "… as relações do poder público com a Sociedade [de engenheiros da Colômbia] foram estreitas: alguns membros da associação foram comissionados pelo Estado, em particular pelos Ministérios da Fazenda e do Fomento, para estudar diversos problemas: as linhas férreas mais convenientes, a bitola das ferrovías, o estado das vias em Bogotá, a construção de pontes, a exploração de minas e questões de engenharia sanitária." (TORRES, 1992, p. 108) [tradução nossa]

11   "Desde a instalação formal da Sociedade, os engenheiros estabeleceram relações cordiais com o Estado; de fato, nomearam como presidente honorário da corporação o ministro do Fomento e ofereceram a entidade para que servisse como órgão consultivo, em questões técnicas. Todavia, até 1893, quando a Sociedade foi reconhecida como corpo oficial e consultivo e se lhe assegurou um local para suas sessões na Faculdade de Matemáticas, os engenheiros se queixavam da falta de apoio por parte do Estado." (TORRES, 1992, p. 107-108) [tradução nossa]

Em 1890 os engenheiros propuseram ao governo 'a organização de um corpo idôneo para que empreendessem a triangulação geodésica do país', e em 1896 designaram três membros da Sociedade para que manifestassem ao Congresso a conveniência de trabalhar as cartas do território nacional. Todavia, tal projeto não chegou a ser realidade até 1902, quando, por meio do decreto 930, se fundou e se pôs em marcha a Oficina das Longitudes. Se estabeleceu que a nova instituição fosse dependente, em parte, do Ministério da Guerra e, em parte, do Observatório Astronômico, que teria a seu cargo a direção científica dos trabalhos e, por sua vez, estava vinculado ao Ministério da Instrução Pública. O decreto 338 de 1903 organizou o Serviço Geográfico do Exército e dividiu a Oficina de Longitudes em duas secções: a de astronomia e geodésia e de topografia e nivelação." (TORRES, 1992, p. 187-188) [Tradução nossa][12]

A oficina das longitudes tomou para si, como base material para a constituição das coordenadas geográficas da Colômbia, a rede de povoações aonde se havia instalado o telégrafo, com o fito de obter da maneira mais econômica possível os dados necessários à conformação das medidas do território e o estabelecimento de uma carta do país que tinha diversos fins, dentre os quais a demarcação das fronteiras com os países vizinhos. Assim, o levantamento da carta do país a partir da fixação astronômica das coordenadas geográficas foi defendido pelo engenheiro e professor de matemática Julio Garavito Armero, que propôs a utilização do telégrafo e um conjunto de instrumentos simples e

---

12 "En 1890 los ingenieros propusieron al gobierno 'la organización de un cuerpo idóneo para que emprediera la triangulación geodésica del país', y en 1896 designaron a tres miembros de la Sociedad para que manifestaran al Congreso la conveniencia de trabajar las cartas del territorio nacional. Sin embargo, tal proyecto no lleggó a ser realidad sino hasta 1902, cuando, por medio del decreto 930, se fundó y se puso en marcha la Oficina de Longitudes. Se estableció que la nueva institución fuese dependiente, en parte, del Ministerio de Guerra y, en parte, del Observatorio Astronómico, que tenía a su cargo la dirección científica de los trabajos y, a su vez, estaba adscrito al Ministerio de Instrucción Pública. El decreto 338 de 1903 organizó el Servicio Geográfico del Ejército y dividió la Oficina de Longitudes en dos secciones: la de astronomia y geodesia y de topografía y nivelación."

Planos para o Império   223

baratos, tomando como meridiano referencial o Observatório Astronômico de Bogotá (TORRES, 1992, p. 188)

> El "método de Garavito" fue adoptado por la Oficina de Longitudes, así como la concepción general acerca de que la carta geográfica habría de obtenerse por fijación astronómica, ya que la triangulación geodésica, dadas las características del territorio, resultaba altamente costosa en el país. Se trataba de fijar astronómicamente las poblaciones y relacionarlas entre si, tomando datos topográficos. La longitud se obtenía por medio de señales telegráficos; para ello bastaba un teodolito, un cronómetro y un telégrafo, elementos con los cuales fácilmente se podía contar (TORRES, 1992, p. 189).

Processo similar ocorreria no México, como nos propõe Héctor Mendonza Vargas (2001), que em artigo intitulado "Los Ingenieros Geógrafos de México: los orígenes académicos y los desafios del siglo XIX", identifica o mesmo traço de formação politécnica[13] no âmbito da engenharia e, por isso, procura dividir o trabalho em duas partes. A primeira delas refere-se ao modo como se institucionalizou a profissão do engenheiro geógrafo no âmbito dos currículos, planos de ensino e legislação profissional. A seguir, discorre sobre a maneira como na realidade mexicana de fins do século XIX e em função dos desafios do novo Estado, se colocou então a prática social desse especialista responsável por "el conocimento del território a través de la instrumentación, aplicación e precisión" (VARGAS, 2001, p. 114).

Coincidentemente, assim como ocorria na Colômbia, o estímulo do Estado à implementação de uma política de modernização e controle do território viria do Ministério do Fomento:

> O Ministério do Fomento (1853) formava uma nova organização para impulsionar um ambicioso programa industrial e de obras públicas,

---

13   Analisando documento em que se discutia a formação em nível superior aprovado em 1823 no México, Vargas diria:
      "El documento indicaba com precisión la fundación de escuelas especiales com el nombre de Politécnicas" (2001, p. 115).

> necessárias nas mais remotas paisagens da geografia mexicana. Esse
> intento por fortalecer as ações oficiais, sem embargo, não foi sufi-
> ciente e algumas aplicações ficaram limitadas ao âmbito regional.
> A debilidade econômica deixava o trabalho geográfico público e de
> alta precisão sem uma cobertura nacional. (VARGAS, 2001, p. 117)
> [Tradução nossa][14]

As coincidências, entretanto, não param aí, e assim como Henrique Beaurepaire Rohan (1877) havia tomado como exemplo a França,[15] para explicitar as dificuldades de reconhecimento de todo o território monárquico de maneira satisfatória e rápida, bem como seu respectivo mapeamento, estava também em jogo a modernização do Estado, haja vista que ter um mapa preciso significava fazer parte daquele pequeno mundo de países civilizados que dominavam o mesmo conjunto de conhecimentos e métodos da ciência e da técnica, e os aplicavam para além de suas fronteiras territoriais.[16]

---

14   El Ministerio de Fomento (1853) formaba una nueva organización para impulsar un ambicioso programa industrial y de obras públicas, necesarias en los más remotos paisajes de la geografía mexicana. Ese intento por fortalecer las acciones oficiales, sin embargo, no fue suficiente y algunas aplicaciones quedaban todavía limitadas al ámbito regional. La debilidad económica dejaba el trabajo geográfico público y de alta precisión sin una cobertura nacional (VARGAS, 2001, p. 117).

15   "Se nas condições actuaes do Brazil fosse possivel aconselhar a applicação da geodesia de precisão no levantamento da nossa carta geographica, facil se tornaria o desempenho de meu dever em assumpto tão momentoso. Bastaria que, passando em vista as nações de mais adiantada civilisação, onde as operações geodesicas tem sido executadas em todo o rigor, eu citasse a França como um modelo digno de ser adoptado." (ROHAN, 1877, p. 7)

16   "Os geographos europeus, fartos de conhecer seu proprio territorio, promovem expedições scientificas com o fim de explorar longinquas regiões. O interior da Ásia, de África, da América, da Austrália e os mares que separam entre si estes continentes tem sido para elles outros tantos centros de attracção. Não se contentam porém de perscrutar os segredos dos paizes que ainda podem offerecer recursos ao commércio. O amor da sciencia os excita a commettimentos ainda mais arriscados, e com heroica insistencia tentam romper as muralhas de gelo que os separam dos polos." (ROHAN, 1877, p. 5)

> Convém mencionar o caso da França. Como parte da modernização do Estado, novas normas e sistemas de pesos e medida foram introduzidos, com o objetivo de tornar legíveis as formas locais de intercâmbios e conhecimentos. Como parte dessa complexa tarefa do Estado, em fins do século XVIII e boa parte do XIX, se levou a cabo o projeto da carta geográfica ou nacional em grande escala, de acordo com os modernos métodos aplicados de geodésia, os usos de novos e exatos instrumentos de observação e a atualíssima representação com detalhes do relevo e as obras públicas; as cidades e os caminhos (KONVITZ, 1987; GODLEWSKA, 1994)." (VARGAS, 2001, p. 130) [Tradução nossa].[17]

E também no México, para que então as coordenadas geográficas fossem efetivamente conhecidas e fosse possível se acercar delas com a maior precisão possível, o telégrafo[18] foi elemento essencial na consecução dos trabalhos realizados pela Comissão Geográfico-Exploradora constituída no governo de Porfírio Díaz.

> A introdução do telégrafo foi essencial na Geografia mexicana. A aplicação de tal novidade foi possível com a decisão, por parte do governo Porfírio Dias, da criação da Comissão Geográfico-Exploradora (Garcia, 1975). A partir de 1877 e até o período da Revolução Mexicana (1910-1917), foi a oficina geográfica do governo mexicano a responsável pelo mapa nacional do país. Nesses anos, o mais importante da atividade geográfica foi entregue aos militares que se encarregaram de propor

---

17 Conviene mencionar el caso de Francia. Como parte de la modernización del Estado, nuevas normas y sistemas de pesos y medida fueron introducidos, con el objetivo de volver legibles las formas locales de intercambios y conocimientos. Como parte de esa compleja tarea del Estado, a finales del siglo XVIII y buena parte del XIX, se llevó a cabo el proyecto de la carta geográfica o nacional en gran escala, de acuerdo con los modernos métodos aplicados de la geodesia, el uso de nuevos y exactos instrumentos de observación y la novedosa representación con detalles del relieve y las obras públicas; las ciudades y los caminos (KONVITZ, 1987; GODLEWSKA, 1994)(VARGAS, 2001, p. 130).

18 "Os engenheiros geógrafos do México perceberam rapidamente as vantagens do telégrafo e sua aplicação às necessidades geográficas". (VARGAS, 2001, p. 134)

o desenho da série do mapa geográfico com uma nova escala e formato. (VARGAS, 2001, p. 135) [Tradução nossa].[19]

Os mapas, embora houvesse grande esforço do Estado Mexicano, não lograram êxito pleno, como por exemplo o de possibilitar uma visão minuciosa e precisa de todos os pontos do território, que acabou não sendo completamente esquadrinhado.[20] Para Vargas esses mapas eram, juntamente com o telégrafo e o exército, uma das ferramentas tecnológicas de dominação naquele sentido outorgado por Michel Foucalt em seu *Vigiar e Punir* (VARGAS, 2001, p. 140)

Para além disso, os mapas jogavam um outro papel decisivo e importante no sentido de constituir uma imagem do território e da nação, para ser introjetada nas almas que habitavam o interior das fronteiras dos novos Estados e projetada para o mundo por intermédio das exposições universais.

Os códigos empregados nos mapas mexicanos por meio das variáveis visuais, simplificaram uma complexa realidade de povos indígenas, propriedades, limites, lendas e tradições com uma longa herança cultural. Só mostraram uma realidade espacial que prefigurava a uma forma do nacionalismo mexicano. Captado o espaço mexicano em imagens exatas do mapa, só faltava sua exibição pública. As feiras universais foram o lugar natural de tal demonstração visual de mudanças e novos tempos do México. Os mapas foram umas das formas de

---

19   La introdución del telégrafo fue esencial en la Geografía mexicana. La aplicación de tal novedad fue posible con la decisión, por parte del gobierno de Porfírio Díaz, de la cración de la Comisión Geográfico-Exploradora (Garcia, 1975). A partir de 1877 y hasta el periodo de la Revolución Mexicana (1910-1917), fue la oficina geográfica del gobierno mexicano responsable del mapa nacional del país. En esos años, lo más importante de la actividad geográfica fue entregada a los militares, que se encargaron de la propuesta y diseño de la serie del mapa geográfico con una nueva escala y formato (VARGAS, 2001, p. 135).

20   Nos mapas de 1875, 1883 e 1892 que são apreciados neste trabalho, vê-se muitas áreas do território, principalmente aquelas da porção oeste, em que se está escrito áreas desconhecidas.

conseguir os efeitos e a confiança das inversões para mirar ao México como destino econômico." (VARGAS, 2001, p. 147) [Tradução nossa].[21]

Voltando agora à Perla Zusman (2000), é possível dizer que ela aponta, no segundo processo de colonização ocorrido na América Latina (1870-1914), não apenas uma nova relação entre antigas colônias e novas metrópoles, mas para um processo de interiorização da metrópole naquele sentido de que a criação de um Estado Nação implicava em submeter as populações indígenas e suas diversas heranças materiais e culturais a uma nova ordem mundial, modernamente balizada pelo recorte estatal-nacional.

Por isso aqueles mapas eram, a um só tempo, ferramentas políticas de dominação e representações de uma imagem da nação que buscava apagar culturas e histórias, naturalizando em suas cores e luxo o projeto vencedor.

Os planos de viação elaborados nas duas últimas décadas do Segundo Reinado basearam-se, além dos estudos e explorações produzidos por dentro do Ministério da Guerra e do Ministério da Agricultura, em dois importantes documentos: os mapas e os relatórios acerca do Império do Brasil que eram apresentados nas exposições universais – *a melhor imagem que se tinha do vasto Império.*

Projeções

O Plano Moraes se utiliza da *Carta Corographica do Império*, aquela mesma que fora reduzida por Pedro Torquato Xavier de Brito em 1867 da realizada por Jacob Niemeyer

---

21 Los códigos empleados en los mapas mexicanos por medio de las variables visuales, simplificaron una compleja realidad de pueblos indígenas, propiedades, límites, leyendas y tradiciones con una larga herencia cultural. Sólo monstraron una realidad espacial que prefiguraba a una forma del nacionalismo mexicano. Captado el espacio mexicano en los márgenes exactos del mapa, sólo faltaba su exhibición pública. Las ferias universales fueron el foro natural de tal demonstración visual de los cambios y nuevos tiempos de México. Los mapas fueron una de las formas de conseguir el efecto y la confianza de los inversiones para mirar a México como destino económico (VARGAS, 2001, p. 147).

228 Manoel Fernandes de Sousa Neto

em 1846[22] e com algumas modificações realizadas pelo próprio Eduardo José de Moraes, com o fito de tornar mais evidentes as ligações entre as principais bacias hidrográficas do território monárquico. Além do que os dados sobre população e outros são retirados da "brochura – *O Imperio do Brazil na Exposição Universal de Pariz em 1867*" (MORAES, 1894, p. 20).

A *Carta*[...] de Xavier de Brito, classificada por um crítico do trabalho de Moraes como o mapa dos erros geográficos do Brasil,[23] é defendida pelo autor de *Navegação Interior* como sendo o que havia de melhor e mais legítimo – política e cientificamente – à época embora reconheça no mapa alguns equívocos.[24]

> A *reducção* desta carta [de Conrado Niemayer] foi feita em 1867, por ordem do governo imperial, para ser annexada á brochura da noticia sobre o Brasil, mandada por elle publicar por occasião da exposição universal de Pariz, e que tem por titulo – *O Imperio do Brasil na Exposição Universal de Pariz em 1867*.
>
> Assim como o governo imperial não julgou que nullificava o trabalho que havia mandado organisar annexado a carta alludida, áquela brochura, para com ella se apresentar no congresso das nações cultas do mundo, estavamos nós longe de suppor que tal cousa aconteceria ao nosso exiguo trabalho (MORAES, 1894, p. 12).

---

22 Esse trabalho de Jacob Conrado Niemeyer foi modificado, por ele mesmo, à pedido do então Ministro da Guerra – o Visconde de Caxias – em 1856.

23 Em Carta do Correspondente do Pará, publicada no Jornal do Commercio de 10 de fevereiro de 1870, há no início do texto um elogio ao trabalho de Moraes e depois uma enorme crítica ao mapa que o trabalho traz em anexo:
"Lamento que o Sr. Moraes, que á mercê de sua fecunda intelligencia e de seus estudos especiaes, podia facilmente organisar uma melhor carta, nullificasse de certo modo o seu excellente trabalho, addicionando-lhe sem critica aquela carta que merece o titulo de *Mappa dos erros geographicos* do Brasil!" (*apud* MORAES, 1894, p. 11)

24 Versando sobre um tributário do rio Araguaia, diria Moraes:
"A carta chorographica do Imperio indica o contrario, isto é, que o rio Crystalino desagua no sul da foz do rio das Mortes, ou, descendo-se o rio, como fez o Sr. Valleé, antes ou abaixo da referida foz." (1869, p. 131)

Planos para o Império   229

André Rebouças, talvez a figura mais presente nas exposições universais, dentre aquelas que propuseram planos de viação para o Império, diria com todas as letras em seu *Garantia de Juros* que "do mesmo modo que se traça na planta de uma cidade novas ruas e todo o seu systema de viacção, assim póde-se tambem sobre a carta de um paiz determinar ao menos a direcção geral das suas principais vias de communicação" (1874, p. 171). Ademais, utiliza os dados contidos no relatório da Exposição de Viena para reafirmar suas posições, pelo menos quando se trata de verificar o estado da obra de arte no caso do sistema ferroviário brasileiro para a província do Rio Grande do Norte: "A provincia do Rio Grande do Norte não tem no quadro das estradas de ferro, que acompanhou o excelente livro "O Brazil na exposição universal de 1873" caminho de ferro algum nem geral nem provincial" (REBOUÇAS, 1874, p. 155).

Sobre o Plano Queiroz, encontramos, já na apresentação do parecer acerca de seu trabalho quando o mesmo fôra apreciado no parlamento, as seguintes letras: "o trabalho apresentado pelo Sr. João Ramos de Queiroz não póde deixar de ser uma auxilio as informações e dados que encerra, resultado de um estudo feito sobre a Carta do Imperio" (QUEIROZ, 1882, p. 2).

Esse uso da Carta Geral do Império ficaria claríssimo quando se trata de trecho escrito pelo próprio Queiroz:

> Não nos parece de bom aviso que as estradas de competencia do Governo Geral, procurem o littoral, para ligar as capitaes de nossa provincias.
>
> Taes direcções, offerecendo flanco ao oceano, não são estrategicas nem muito menos economicas. Basta consultar-se a este respeito a Carta do Brazil, para ver que desvantagens provirão d'ahi (1882, p. 36-37).

Somente no plano de Honório Bicalho é que não aparecem referências explícitas ao uso de mapas ou relatórios das exposições universais. Já no plano Bulhões, nós veríamos claramente uma leitura do sistema hidrográfico do território a partir das informações da Carta Geral do Brazil.

> Um rapido exame da carta geral do Brazil fez logo ver que mais de 4/5 da sua enorme superficie pertencem as bacias hydographicas do Prata e do Amazonas.
>
> A bacia do S. Francisco (cuja maior parte corre com direcção ao norte) fórma um terceiro systema independente.
>
> Occupam o quarto logar em importancia as outras bacias hydrographicas, que, formadas pelos contrafortes ou ramaes da Serra do Mar, desaguam no Atlantico ao longo da costa (BULHÕES, 1882, p. 8).

É possível supor que as Cartas do Império utilizadas nos planos Moraes, Rebouças e Queiroz fossem aquelas editadas do trabalho de Xavier de Brito, mediante modificações circunstanciais, como a apontada por Duarte da Ponte Ribeiro acerca do mapa que foi levado à Exposição de Viena em 1873. Já os planos de Bicalho e Bulhões, usaram provavelmente o mapa de 1875, organizado sob a direção de Henrique de Beaurepaire Rohan.

O fato é que os autores dos planos utilizaram os mapas do território monárquico, tomaram aquelas representações como instrumentos de trabalho na apresentação de seus projetos no processo de construção do Estado e da Nação.

Para nós a não realização dos planos parece ter outras explicações e, nesse caso, queríamos nos debruçar a seguir sobre algumas razões, não necessariamente as únicas, pelas quais aquele *projeto modernizador contido nos planos saiu derrotado ou vencido*, considerando o presente histórico dos últimos vinte anos do Segundo Reinado.

Imagens

Figura 9 – Carta da República dos Estados Unidos do Brasil (1892)

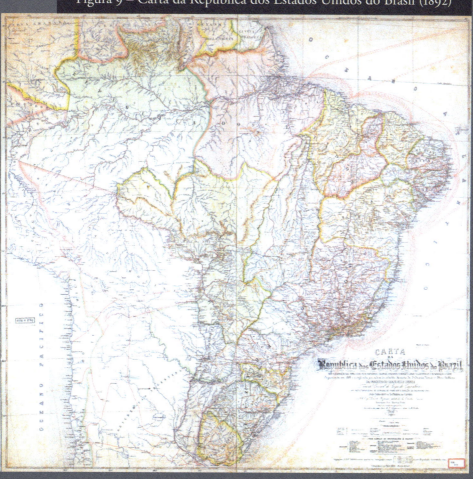

Figura 10 – Carta do Império do Brasil (1883)

Planos para o Império 235

Figura 11 – Carta do Império do Brasil (1875)

Epílogo

VOLTEMOS, COMO SE DIZ CORRENTEMENTE nos filmes policiais, *à cena do crime* ou, para dizer de outra maneira, àquele presente histórico que foi abalado de modo radical pela guerra contra o Paraguai. A guerra contra o Paraguai pôs a nu a precariedade do controle do Estado monárquico sobre o território, desferiu um duro golpe no regime de trabalho escravizado em um Estado que não tinha nação e se pretendia civilizado, debilitou profundamente muitas crenças que no Império ainda se mantinham, como a capacidade do Rei de bancar à frente do conselho de ministros quem lhe conviesse naquele jogo moderador de trocar Saquaremas por Luzias.

A década de 1870, por outro lado, viu surgirem, em diversos recantos daquele tão vasto Império, novas ideias, novos sujeitos sociais, novos artefatos técnicos de comunicação e transporte, cidades renovadas por melhorias urbanas. Mas viu também persistirem, como é comum que aconteça em toda mudança que se prenuncia, as resistências de setores que queriam tudo aquilo que poderia proporcionar o conforto do telégrafo em comunhão com o trabalho escravizado.

É nas resistências à modernização que está a chave do entendimento dos planos de viação do Segundo Reinado terem se tornado letra morta.

Em princípio, os planos foram propostos por engenheiros que, educados por dentro do Estado, mantiveram algum distanciamento com os interesses das classes senhoriais escravocratas agroexportadoras. Esses engenheiros que viajavam o mundo e moravam em cidades cosmopolitas como era o Rio de Janeiro daquela época, foram bafejados pelas experiências técnicas, científicas e políticas de muitos países, como ocorre repetidamente com os exemplos que estavam a puxar de dentro de suas *cartolas* norte-americanas ou europeias. O próprio ofício das engenharias pressupunha intelectuais para um tempo em que o progresso se apresentava na complexa engrenagem das máquinas, na velocidade dos trens, no milagre do telégrafo, nas exposições universais. Depois, os interesses econômicos desses técnicos que surgiram com o advento da própria burguesia estava mais ligado aos empreendimentos, ou *melhorias* como estavam acostumados a dizer, que se relacionassem com a modernização das infraestruturas materiais e, no esteio destas, a transformação moral da sociedade em que viviam. Finalmente, eram funcionários do Estado, seja como professores da Escola Politécnica, como oficiais do Ministério da Guerra ou como técnicos ligados ao Ministério da Agricultura, Comércio e Obras Públicas e, nesse caso, não estavam subsumidos materialmente às elites escravocratas e a seus interesses mais tacanhos e imediatos.

Assim, não é por acaso, que o exemplo mais recorrente nos planos desses engenheiros os Estados Unidos, onde a constituição de um sistema de transporte e comunicação no território[1] ainda em fins do século XVIII e começo do XIX representou um fortíssimo desenvolvimento econômico, ao tornar "vastas regiões dos Estados Unidos em uma economia unificada" (DINIZ, 1987, p. 200).

Fala-se *ainda em fins do século XVIII e início do século XIX*, porque como tão bem propõe textualmente os planos de viação, na Europa e nos Estados Unidos, antes de se fazerem ferrovias, a constituição de estradas de rodagem e obras em canais, bem como a introdução do vapor na navegação fluvial, revolucionaram o sistema de transportes e impulsionaram sua economia.

É evidente que, em fins do século XVIII e início do XIX, a situação no Brasil era distinta, era uma *situação colonial*. Entretanto, como pudemos ver nas palavras escritas em um sem-número de planos, o que se propunha é que o Brasil fizesse na década 1870, o que houvera sido feito nos Estados Unidos e na Europa, cerca de meio século antes. Por isso mesmo, não é difícil entender que o Plano Moraes de 1869, além das opções pessoais do

---

1   "A esse desenvolvimento [nos transportes] aliou-se o fortalecimento na circulação de jornais, serviços postais e do transporte de passageiros, melhorando as informações para a tomada de decisões, tornando exequível a expansão da produção e a integração do mercado." (DINIZ, 1987, p. 198)

autor, era nomeadamente fluvial, já em pleno alvorecer da era ferroviária que estenderia os tentáculos do imperialismo por todos os rincões do planeta.[2]

E é tentando analisar o papel do impacto das ferrovias sobre a economia norte americana que Clélio Campolina Diniz (1987) nos oferece as polêmicas travadas entre aqueles que defendiam: 1) que o desenvolvimento econômico dos Estados Unidos teria proporcionado o desenvolvimento de sua rede ferroviária e 2) os que defendiam que eram as redes ferroviárias que haviam proporcionado o desenvolvimento econômico dos Estados Unidos.[3]

A primeira posição, defendida por Robert Fogel, se utilizava de dois caminhos para compreender o papel das ferrovias na economia norte-americana de meados do século XIX. Em princípio investigou aquilo a que chamaria de "poupança social", que era o resultado da diferença dos gastos com transportes de produtos agrícolas e depois referentes à qualquer mercadoria, feitos por outros meios de transporte e pelos trens. Em seguida examinou os "efeitos derivados" que foram fundamentais para introduzir o processo de industrialização: expansão das fronteiras de recursos naturais, crescimento populacional e demandas relativas às próprias ferrovias (DINIZ, 1987, p. 201-202).

Assim, embora Fogel tenha concluído que não foi a partir do surto ferroviário que se deu o *boom* desenvolvimentista norte-americano, parece assinalar a sua enorme influência na consolidação de um processo econômico que tornou os Estados Unidos uma das principais economias capitalistas do mundo ainda em fins do século XIX. Segundo Diniz (1987), para Fogel, o crescimento era resultado de uma ampla gama de ofertas estruturadas ou decorrentes do conhecimento científico e técnico largamente articulado, que acabaram

---

2   "Na segunda metade do Século XIX, a ferrovia moveu-se para a fronteira da civilização, chegando a América do Sul, Ásia, África e Oceania. Essa dinâmica decorria da expansão do movimento internacional de capitais, com aguda concorrência internacional entre os países europeus, especialmente Inglaterra, França e Alemanha. Por outro lado, ela resultava da ação imperialista, que originou a ocupação e dominação de vastas regiões da África e da Ásia, constituindo-se o Novo Sistema Colonial e subordinado economicamente as regiões do Antigo Sistema Colonial que haviam se tornado politicamente independentes." (DINIZ, 1987, p. 200-1)

3   Os expoentes do debate são para Clélio Diniz (1987): Robert William FOGEL que escreveu *Raildoads and American Economic Growth: essays in economic history* (1969) e Albert FISHLOW que escreveu *American Raildoads and the Transformation of the Antebellum Economy* (1965).

aplicando-se e somando-se sobre os recursos existentes no território, possibilitando a implementação da rede ferroviária e sendo consolidada por ela.

A segunda posição, defendida por Albert Fishlow, trabalhava com a ideia de que a ferrovia criou economicamente o Oeste e o Meio Oeste norte-americano, ao interferir no processo de desenvolvimento das relações interindustriais e possibilitar "a expansão do mercado e sua unificação, os efeitos sobre a tecnologia e sobre a produção industrial, a incorporação de novas terras e outros recursos naturais" (DINIZ, 1987, p. 202-3). Assim, de acordo com a perspectiva de Fishlow,

> A ferrovia permitiu o aumento do valor da terra, fortaleceu as relações agricultura/indústria e alargou o comércio para o leste e oeste e entre norte e sul. Passada a Guerra Civil, a economia americana tinha seu mercado unificado, viabilizado pelas ligações ferroviárias, que permitiram e induziram os investimentos em atividades produtivas (DINIZ, 1987, p. 202-3).

Daí pensarmos que aquela frase lapidar de Honório Bicalho de que *transportar era produzir*, derivava de uma posição que se aproximava muito da perspectiva norte-americana, de modernização da economia brasileira oitocentista a partir da implementação de uma rede de transporte que considerasse as condições naturais e o desenvolvimento tecnológico que se dispunha nos quadros do regime monárquico – daí porque o plano que propunha era misto férreo-fluvial. A mesma posição, entretanto, já estava em Rebouças, que defendia que se utilizasse os recursos técnicos de que se dispunha para criar vias de circulação no território, chegando inclusive a propor que se fizesse trilhos de madeira e se utilizasse de tração animal em alguns lugares, para depois então substituí-las por ferro e trens.

É evidente que as diferenças de formação social na história dos Estados Unidos e do Brasil são razoavelmente grandes, mas há algumas similaridades, como a vastidão do território e seus recursos e a utilização de mão de obra escravizada.

É ainda nos apoiando em Clélio Diniz (1987, p. 205-6) que concordamos com três questões apontadas por ele para compreender as razões pelas quais não houve desenvolvimento dos transportes no Brasil desde o *descobrimento* até meados do século XIX. A

Planos para o Império 243

primeira delas se refere ao desinteresse ou dificuldade da Metrópole em ocupar territorialmente a Colônia. A segunda diz respeito ao modelo de exploração colonial, com uma economia mercantil voltada para fora e uma economia natural voltada para dentro. E, por fim, pela dimensão geográfica da Colônia, que envolvia o desenvolvimento de tempos e espaços diferentes, que depois viriam a constituir os arquipélagos de urbanização.

Em resumo, o fato é que não se gestou no seio do território colonial, uma economia interna capaz de gerar poupança que pudesse ser aplicada em infraestruturas ou quando se gestou alguma poupança interna ela foi imobilizada em gastos consuptivos e não produtivos – como bem assinalaram os estudos de João Fragoso e Manolo Florentino (1993). Depois porque a economia agrário-exportadora exigia baixíssimos investimentos em ciência e tecnologia, o que, aliado ao fato de a Metrópole Portugal não ter se industrializado à época, revestia-se de uma capacidade produtiva de pouca competitividade. Por fim, a lógica do "exclusivo" comercial, baseado em monoculturas de exportação e trabalho escravizado, controlavam a dinâmica demográfica e criavam dificuldades à imigração que não encontrava motivação para vir habitar as terras do Império tropical.

Ora, a economia baseada no duplo monopólio do trabalho e da terra, exigia quase nenhum insumo tecnológico na Colônia e nas primeiras décadas do Império. Equilibravase assim o atraso tecnológico com a possibilidade de incorporação de novas terras a *plantation*, com a oferta elástica de mão de obra escravizada e com o comércio baseado quase completamente em um único produto que não sofria competição no mercado internacional como seria o caso do café (LEFF, 1991).

Entretanto, foi justamente em torno do café que se desenvolveu boa parte da rede ferroviária de fins do século XIX,[4] nomeadamente após 1870, concentrando regionalmente os capitais circulantes do período monárquico do Segundo Reinado e impulsionando a formação de setores urbanos sequiosos de modernização em diversos âmbitos da vida econômica e social do Império.[5] É por isso que tornando livre o trabalho, teria que se tornar a terra cativa (MARTINS,

---

4   Ver os trabalhos de Pierre Monbeig (1984,1985), sobre o papel da malha ferroviária no processo de expansão econômica e urbana de São Paulo, com base na cultura do café.

5   Há um interessante conjunto de obras e autores que buscaram explicar esse período (1870-1930) e o processo de industrialização no Brasil. Sobre o assunto ver a tentativa de síntese feita por Wilson

1986), em um processo de transformação que buscaria, *pari passu*, imprimir o moderno sobre as bases do antigo para cunhar, com o signo de uma história social lenta (MARTINS, 1999), as marcas indeléveis de um capitalismo tardio *à brasileira* (MELLO, 1994).

Depois do fim do tráfico escravizado, o golpe mais duro contra a escravidão seria a guerra contra o Paraguai, que exigiria a modernização do Estado, naquele sentido do exercício do monopólio da violência, e isso requeria a formação de uma nação moderna, coisa impossível de ocorrer com a manutenção do estatuto da escravidão. Por essa razão e não por acaso, encontraremos nos planos de viação comparações como aquela feita por Rebouças de que os trilhos haviam criado a união dos italianos ou o desejo, posto e repetido, de se criar a comunhão brasileira em todos os quadrantes do território. Para que isso ocorresse, lembrando ainda Rebouças, seria necessário que se dividissem as terras com os escravos emancipados e com os imigrantes, para que enfim a riqueza se estendesse junto com a civilização e o progresso por todos os recantos do Império.

Não é por acaso que todos os planos de viação falam em criar condições materiais para que os imigrantes viessem; entretanto, para os senhores de terras e de escravos, o que estava em jogo era manter a oferta elástica de terras e braços que haviam herdado da Colônia.

Trocando em miúdos, era necessário manter a elasticidade da oferta de mão de obra, o que exigiria alguma modernização na infraestrutura de comunicação e transporte para atrair imigrantes "livres". Mas era preciso ao mesmo tempo que se mantivesse também a oferta elástica de terras. Isso resultaria, a nosso ver, em uma dinâmica que era a de investir somente naquelas infraestruturas que tivessem o mais imediato retorno financeiro

---

Suzigan (2000, p. 23-77), que aponta para quatro grandes interpretações na história do pensamento brasileiro, realizadas com o fito de buscar compreender como, a partir de uma economia de base agrícola-exportadora, se deu o desenvolvimento industrial brasileiro. São elas: 1) a teoria dos choques adversos, que propõe que a partir das crises econômicas externas se buscaria substituir as importações, com expansão da produção industrial em nível interno; 2) a ótica da industrialização liderada pela expansão das exportações, que defenderia o processo de desenvolvimento industrial como estando diretamente ligado à economia agrário-exportadora e sendo dependente dela, ao ponto de as crises externas significarem um processo de estagnação do desenvolvimento industrial; 3) a interpretação baseada no desenvolvimento do capitalismo no Brasil, em que o capital industrial teria se originado em torno da exportação do café, mas esta mesma atividade econômica teria retardado o processo de industrialização e 4) a ótica da industrialização promovida pelo Estado.

– geralmente ferrovias que transportavam café – e, *pari passu*, manter as terras e os recursos nela contidos como poupança ou reserva, como *fundos territoriais* que se fizessem apropriar na medida em que se ampliassem as necessidades daquela economia agrário exportadora.

Em outras palavras, o papel especulativo da terra no Brasil teria produzido uma espécie de quarta renda da terra, para lembrarmos as ideias de Inácio Rangel, em citação de Clélio Diniz:

> Rangel enfatiza o papel especulativo na formação da terra no Brasil. A este respeito, diz: "noutros termos, a questão da terra, no Brasil e no presente estágio de seu desenvolvimento, emergiu essencialmente como uma questão financeira. Por outras palavras, a terra não se distribui, subdivide-se, porque tornou-se proibitivamente cara, e é cara, não pelos motivos convencionais – capitalização da renda diferencial I, da renda diferencial II e da renda absoluta – mas sim pelo que propus que batizássemos de IV Renda, isto é, expectativa de valorização" (1987, p. 110).

Por isso, em nosso entendimento, realizar os planos de viação seria o mesmo que quebrar essa lógica da renda da terra baseada na expectativa de valorização apontada por Inácio Rangel e distribuir largamente as terras e os recursos nela existentes, com a população de escravizados emancipados e de imigrantes "livres".

Para finalizarmos, pode-se dizer que a escravidão integrava o território sob diversos aspectos, sendo a base de toda a vida social, regulava a vida de todos os habitantes do Império, até mesmo a vida do Monarca. Tendo sido, pois a escravidão, o principal cimento que unificava os interesses das elites e permitia que o território fosse mantido unificado (MACHADO, 1990) para garantir essas mesmas elites e seus interesses, era também um *sopro de destruição* (PÁDUA, 2002) sobre a sociedade que usava o território de forma extensiva e especulativa, de forma a só alargar as fronteiras de que se pudesse apropriar imediatamente e para manter intocadas aquelas que se transformavam em uma verdadeira poupança, seus vastos *fundos territoriais* (MORAES, 2000).

Uma forma de controlar a necessária e inexorável troca de trabalho compulsório por trabalho assalariado ao longo das últimas décadas do Segundo Reinado, implicava em manter o principal patrimônio daquelas elites que era o *território não usado* (SANTOS, 2002), que a instituição da escravidão, como um fortíssimo cimento, ajudara a consolidar. Estabelecer vias de comunicação que atravessassem todas as latitudes e longitudes não era a melhor maneira de proteger aquela poupança dos fundos territoriais. Por isso, em nosso entendimento, e não por questões geográficas que dificultavam a constituição do sistema de comunicação e transporte, a opção foi para que os planos não deixassem o repouso das gavetas.

Ao fim e ao cabo, nem mesmo o Monarca, que garantira por tanto tempo a escravidão e permitira com força dos símbolos imperiais herdados da Colônia a unidade do Império, era mais necessário. O fato é que nem escravidão, nem monarquia, nem planos de viação faziam parte dos interesses das elites agrárias donas de vastos quintais ao sul do Equador em 1889. Os planos das classes exportadoras, ainda hoje, só permitem a modernização que lhes permite continuar a existir como tal.

E não ao acaso, folheando os jornais de nossos dias, lemos que essa é uma época em que se exporta soja produzida em Mato Grosso para a China e há trabalho escravizado – embora sob circunstâncias históricas distintas – em Minas Gerais e no Rio de Janeiro. E além disso há notícias, povoando as páginas dos mesmos jornais, de que um dos grandes entraves ao crescimento econômico do país atualmente está em sua dificuldade de escoar a produção agrícola dos sertões distantes para os portos no litoral. Até parece que farsa e tragédia andam de mãos dadas, como se as coisas costumassem se repetir, mas essa já é uma outra história.

Bibliografia

ABREU, Capistrano de. "Os Caminhos Antigos e o Povoamento do Brasil." In: *Caminhos Antigos e Povoamento do Brasil*. Nota liminar de José Honório Rodrigues. 4ª ed. Rio de Janeiro: Civilização Brasileira; Brasília: INL; 1975. p. 27-83

ADORNO, Theodor e HORKHEIMER, Max. "Conceito de Iluminismo." In: ADORNO, Theodor e HORKHEIMER, Max. *Textos Escolhidos*. Coleção Os Pensadores. São Paulo. Nova Cultural, 1989 p. 3-30

_____. Max. *Dialética do Esclarecimento*: *fragmentos filosóficos*. Tradução de Guido Antonio de Almeida. Rio de Janeiro: Zahar, 1985.

ALEGRIA, Maria Fernanda. *A Organização dos Transportes em Portugal (1850-1910)*. Lisboa: Universidade de Lisboa, 1990.

ALENCASTRO, Luiz Felipe. *O Trato dos Viventes*: *formação do Brasil no Atlântico Sul*. São Paulo: Companhia das Letras, 2000.

ALMEIDA, Aluísio de. *O Tropeirismo e a Feira de Sorocaba*. Sorocaba: Gráfica Luz, 1968 (93p)

ALVES, Isidoro Maria da S. "Modelo Politécnico, Produção de Saberes e a Formação do Campo Científico no Brasil". HAMBURGUER, Amélia Império *et al.* (org.) *A Ciência nas Relações Brasil-França (1850-1950)*. São Paulo: Edusp/Fapesp, 1996 p. 65-75.

ANDERSON, Benedict. *Nação e Consciência Nacional*. São Paulo, Ática, 1989.

ARAÚJO, Regina. *A Formação da Memória Territorial Brasileira (1838-1860)*. Tese de Doutorado, FFLCH/USP, São Paulo, 2001.

AZEVEDO, Fernando de. *Um trem corre para o oeste*. São Paulo: Melhoramentos, 1960.

BACON, Francis. *Novum Organum ou verdadeiras indicações acerca da interpretação da natureza; Nova Atlântida*. Tradução e notas de José Aluysio Reis de Andrade. 3ª ed. São Paulo: Abril Cultural, 1984.

BADINI, Cássia Maria. *Sorocaba no Império: comércio de animais e desenvolvimento urbano*. São Paulo: Annablume/Fapesp, 2002 (308p)

BATISTA JR., Paulo Nogueira. "Mitos da Globalização". *Estudos Avançados*, n. 32, janeiro/abril. São Paulo, USP, 1998 p. 125-186.

BLAKE, Augusto Vitorino Alves Sacramento. *Diccionario Bibliographico Brazileiro*. 17 vol. Rio de Janeiro, 1883-1903.

BOSI, Alfredo. *Dialética da Colonização*. São Paulo: Companhia das Letras, 1992.

BOURDIEU, Pierre. *O Poder Simbólico*. Tradução Fernando Tomaz. 2ª ed. Rio de Janeiro: Bertrand, 1998.

BRADFORD, M. G. e KENT, W. A. *Geografia Humana: teorias e suas aplicações*. Coleção Trajectos. Lisboa: Gradiva, 1987.

BRAUDEL, Fernand. *A Identidade da França*. Rio de Janeiro: Editora Globo, 1989.

BUENO, Antonio Henrique e BARATA, Carlos Eduardo de Almeida. *Dicionário das Famílias Brasileiras*. 2 vol. São Paulo, 2000.

CALDEIRA, Jorge. *Mauá: empresário do Império*. 20ª reimpressão. São Paulo: Companhia das Letras, 2001

CANO, Wilson. *Raízes da Concentração Industrial em São Paulo*. 4ª ed. Campinas: Editora Unicamp, 1998.

CAPEL, Horacio. *Geografia y Matemáticas en la España del siglo XVIII*. Barcelona: Oikos-Tau, 1982.

CARVALHO, Delgado de e CASTRO, Therezinha de. *Geografia Humana: política e econômica*. 2ª edição. Rio de Janeiro: Conselho Nacional de Geografia, 1967.

CARVALHO, José Murilo de. *Teatro das Sombras*: a política imperial. Rio de Janeiro: Civilização Brasileira, 2003 p. 12-246; p. 247-438.

_____. "Nação imaginária: memória, mitos e heróis". In: NOVAES, Adauto (org.). *A Crise do Estado-Nação*. Rio de Janeiro: Civilização Brasileira, 2003b p. 395-418.

_____. *A Construção da Ordem: a elite política imperial*. Rio de Janeiro: Campus, 1980. p. 12-246

_____. *A Escola de Minas de Ouro Preto: o peso da glória*. Belo Horizonte: Editora da UFMG, 2002 (219p)

CARVALHO, Maria Alice Rezende de. *O Quinto Século: André Rebouças e a Construção do Brasil*. Rio de Janeiro: IUPERJ-UCAM, 1998 (256p)

CASTRO, Iná Elias de. "O problema de escala." In: CASTRO, Iná Elias de; GOMES, Paulo Cesar da Costa e CORRÊA, Roberto Lobato (org.). *Geografia: Conceitos e Temas*. Rio de Janeiro: Bertrand, 1995 p. 117-140.

CIPOLLA, Carlo M. *As Máquinas do Tempo*. Lisboa: Edições 70, 1992.

COELHO, Edmundo Campos. *As Profissões Imperiais: Medicina, Engenharia e Advocacia no Rio de Janeiro (1822-1930)*. Rio de Janeiro: Record, 1999.

COIMBRA, Créso. *Visão Histórica e Análise Conceitual dos Transportes no Brasil*. Rio de Janeiro: Cedop/Ministério dos Transportes, 1974.

COSTA, João Cruz. "O Pensamento Brasileiro sob o Império". In: Holanda, Sérgio Buarque de. *História da Civilização Brasileira. Tomo II – O Brasil Monárquico, Livro 3 – Transações e Reações*. Rio de Janeiro: Bertrand, 1987.

COSTA, W. Messias e MORAES, Antonio Carlos R. *A Valorização do Espaço*. 3ª ed. São Paulo: Hucitec, 1993.

COSTA, Wilma Peres. *A Espada de Dâmocles. O Exército, a Guerra do Paraguai e a Crise do Império*. São Paulo: Hucitec/Campinas: Editora Unicamp, 1996.

CURY, Vânia Maria. *Engenheiros e Empresários: o clube de engenharia na gestão de Paulo de Frontin (1903-1933)*. Tese de doutorado em História, Rio de Janeiro, UFF, 2000. (358)

DANTE, Maria Amélia Mascarenha. "Os Positivistas Brasileiros e as Ciências no Final do Século XIX." In: HAMBURGUER, Maria Império *et al. A Ciência nas Relações Brasil-França* (1850-1950). São Paulo: Edusp/Fapesp, 1996 p. 49-63.

_____. "As Instituições Imperiais na Historiografia das Ciências no Brasil." In: HEIZER, Alda e VIDEIRA, Antonio Augusto Passo (org.). *Ciência, Civilização e Impérios nos Trópicos*. Rio de Janeiro: ACESS, 2001, p. 225-234.

DELSON, Roberta Marx. *Novas Vilas para o Brasil-Colônia. Planejamento espacial e social no Século XVIII*. Brasília: Alva, 1997.

DIAS, José Luciano de Mattos. "Os Engenheiros do Brasil." In: GOMES, Angela de Castro (coord.) *Engenheiros e Economistas: novas elites burocráticas*. Rio de Janeiro: FGV, 1994.

DIAS, Maria Odila Silva. "A Interiorização da Metrópole (1808-1853)." In: MOTA, Carlos Guilherme (org.). *1822: Dimensões*. 2ª ed. São Paulo: Perspectiva, 1986 (160-184).

DINIZ, Clélio Campolina. *Capitalismo, Recursos Naturais e Espaço* (Análise do papel dos recursos naturais e dos transportes para a dinâmica geográfica da produção agropecuária e mineral no Brasil e seus efeitos no padrão regional brasileiro). Tese de Doutorado, Instituto de Economia, Unicamp. Campinas. 1987

DOBB, Maurice. *A Evolução do Capitalismo*. 5ª ed. Rio de Janeiro: Zahar, 1976.

DOLES, Dalisia Elisabeth Martins. *As Comunicações Fluviais pelo Tocantins e Araguaia no século XIX*. Tese de Doutorado, FFLCH/USP, 1972.

DOMINGUES, Heloísa Bertol. "A Sociedade Auxiliadora da Indústria Nacional e as Ciências Naturais no Brasil Império." In: DANTES, Maria Amélia M. (org.). *Espaços da Ciência no Brasil, 1800-1930*. Rio de Janeiro: Fiocruz, 2001 p. 83-110.

_____. "As Ciências Naturais e a Construção da Nação Brasileira." *Revista de História do Departamento de História da USP*, n. 135. São Paulo, segundo semestre 1996 p. 41-59.

DORIA, Francisco Antonio. *Os Herdeiros do Poder*. Rio de Janeiro: Revan, 1995.

DUBY, Georges. *A História Continua*. Rio de Janeiro: Zahar, 1993.

ESCOLAR, Marcelo. *Crítica do Discurso Geográfico*. São Paulo: Hucitec, 1996.

"Estrada Ruim Limita Boom Agrícola no Brasil". *Folha de S. Paulo*, Caderno Folha Dinheiro, 1 de Fevereiro de 2004, p. B1.

FERNANDES, Florestan. *A Revolução Burguesa no Brasil: ensaio de interpretação sociológica*. 3ª ed. Rio de Janeiro: Guanabara, 1987.

FERREIRA, Benedito Genésio. *A Estrada de Ferro de Baturité: 1870-1930*. Fortaleza: UFC/ Stylus, Coleção Estudos Históricos 1, NUDOC, 1989.

FERREIRA, Gabriela Nunes. *Centralização e Descentralização no Império: o debate entre Tavares Bastos e Visconde de Uruguai*. São Paulo: Editora 34, 1999.

FIGUEROA, Silvia. *As Ciências Geológicas no Brasil: uma história social e institucional*, 1875-1934. São Paulo: Hucitec, 1997.

FLEIUSS, Max. *História Administrativa do Brasil*. 2ª ed. São Paulo: Companhia Melhoramentos, 1922

FONSECA, Edgar Fróes da. *Uma Política Nacional de Transporte*. Coleção Mauá. Serviço de Documentação do Ministério da Viação e Obras Públicas. Rio de Janeiro, 1955.

FRAGOSO, João e FLORENTINO, Manolo. *O Arcaísmo como projeto. Mercado atlântico, sociedade agrária e elite mercantil no Rio de Janeiro, c.1790 – c. 1840*. Rio de Janeiro: Diadorim, 1993.

FRANCO, Maria Sylvia Carvalho. *Homens Livres na Ordem Escravocrata*. 3ª ed. São Paulo: Kairós, 1983.

FREITAS, Marcus Vinicius de. *Charlles Frederick Hartt, um naturalista no Império de Pedro II*. Belo Horizonte: Editora da UFMG, 2002.

GALETTI, Lylia da Silva Guedes. *Nos Confins da Civilização: sertão, fronteira e identidade nas representações sobre Mato Grosso*. Tese de Doutorado, São Paulo: FFLCH/USP, 2000.

GARCIA, João Carlos. "Nos Contrafortes dos Andes: reflexões geográficas sobre a cartografia do Brasil setecentista." In: *Portugal e Brasil no Advento do Mundo Moderno*. Lisboa: Edições Colibri, 2001 p. 91-100.

GORDILHO, Osvaldo. *Os Transportes no Brasil*. Coleção Mauá, Ministério da Viação e Obras Públicas, Serviço de Documentação. Rio de Janeiro: Guanabara S. A., 1956.

GOULART, José Alípio. *Tropas e Tropeiros na Formação do Brasil*. Rio de Janeiro: Conquista, 1961.

GRAHAN, Richard. *Grã-Bretanha e o Início das Modernização no Brasil (1850-1914)*. Tradução de Roberto Machado de Almeida. Coleção Estudos Brasileiros. São Paulo: Brasiliense, 1973.

GRAMSCI, Antonio. *Cadernos do Cárcere*, vol. 2. *Os Intelectuais. O Princípio Educativo. Jornalismo*. Tradução Carlos Nelson Coutinho. Rio de Janeiro: Civilização Brasileira, 2000 (334p)

GUIMARÃES, Manuel Salgado. "Nação e Civilização nos Trópicos: o Instituto Histórico e Geográfico Brasileiro e o Projeto de uma História Nacional". *Estudos Histórico*, n. 1, 1988 p. 5-27.

HAIDAR, Maria de Lourdes Mariotto. *O Ensino Secundário no Império Brasileiro*. São Paulo: Edusp/Grijalbo, 1972.

HARDMAN, Francisco Foot. *O Trem Fantasma: a modernidade na selva*. São Paulo: Companhia das Letras, 1988.

_____. "Antigos Modernistas". In: NOVAES, Adauto (org.). *Tempo e História*. São Paulo: Companhia das Letras, 1992 p. 289-305.

HARVEY, David. *Los Límites del Capitalismo y la Teoría Marxista*. Traducción de Mariluz Caso. México: Fundo de Cultura Econômica, 1990.

_____. *Condição Pós-Moderna.* 5ª ed. São Paulo: Loyola, 1995.

HOBSBAWM, Eric. *A Era do Capital (1848-1875).* 8ª ed. Rio de Janeiro: Paz e Terra, 2001.

_____. *A Era dos Impérios (1875-1914).* 7ª ed. Rio de Janeiro: Paz e Terra, 2002.

_____. *Da Revolução Industrial Inglesa ao Imperialismo.* 5ª ed. Rio de Janeiro: Editora: Forense, 2000.

_____. *Nações e Nacionalismos desde 1780: programa, mito e realidade.* Tradução de Maria Celia Paoli e Anna Maria Quirino. Rio de Janeiro: Paz e Terra, 1990.

HOLANDA, Sérgio Buarque de. "A Herança Colonial – sua desagregação". In: HOLANDA, Sérgio Buarque de. *História Geral da Civilização Brasileira – O Brasil Monárquico, Tomo II, 1º Volume – O Processo de Emancipação.* Rio de Janeiro: Bertrand, 1993.

HONORATO, Cesar Teixeira. *O Polvo e o Porto: a Cia de Docas de Santos (1888-1914).* São Paulo/Santos, Hucitec/Prefeitura de Santos, 1996.

_____. *O Polvo e o Porto*: subsídios para uma História do Complexo Portuário no Brasil. Tese de Doutorado, São Paulo, FFLCH, 1994.

_____. *O Clube de Engenharia nos Momentos Decisivos da Vida do Brasil.* Rio de Janeiro, Clube de Engenharia, 1996 (185p)

LE GOFF, Jacques. *O Maravilhoso e o Cotidiano no Ocidente Medieval.* Lisboa: Editora 70.

LEFF, Nathaniel H. *Subdesenvolvimento e Desenvolvimento no Brasil*: estrutura e mudança econômica, 1822-1947. vol. 1. Rio de Janeiro: Expressão e Cultura, 1991.

LENHARO, Alcir. *As Tropas da Moderação: o abastecimento da corte na formação política do Brasil (1808-1842).* 2ª ed. Biblioteca Carioca, vol. 25. Rio de Janeiro: Secretaria Municipal de Cultura, 1993.

LEPETIT, Bernard. "Sobre a Escala na História." In: REVEL, Jacques (org.). *Jogos de Escalas: a experiência da microanálise.* Rio de Janeiro: FGV, 1998 p. 75-102.

MACHADO, Lia Osório. *"Artificio Político en los orígenes de la unidad territorial de Brésil"* In: CAPEL, Horacio (org.). *Espacios Acotados. Geografía y dominación social.* Barcelona: Barcanova, 1989 p. 213-237.

_____. "A questão da unidade territorial do Brasil." In: *ANAIS do Encontro Nacional de Geógrafos Brasileiros.* Salvador: AGB, 1990 p. 717-725.

_____. "As Ideias no lugar: o desenvolvimento do pensamento Geográfico no Brasil no início do século XX." *Terra Brasilis: geografia e pensamento social brasileiro,* Ano I, n. 2, julho/dezembro. Rio de Janeiro: 2000 p. 11-31.

_____. "Origens do Pensamento Geográfico no Brasil: meio tropical, espaços vazios e a ideia de ordem (1870-1930)." In: CASTRO, Iná Elias de; CORRÊA, Paulo Cesar da Costa; CORRÊA, Roberto Lobato (orgs.) *Geografia: Conceitos e Temas.* Rio de Janeiro: Bertrand, 1995 p. 309-353.

MAGALHÃES, Gildo. "Telecomunicações". In: VARGAS, Milton (org.). *História da Técnica e da Tecnologia no Brasil.* São Paulo: Editora Unesp/CEETESPS, 1994 p. 315-342.

MAGNOLI, Demétrio. *O Corpo da Pátria: imaginação geográfica e política externa no Brasil (1808-1912).* São Paulo: Moderna/Unesp, 1997.

MARTINS, José de Souza. *O Poder do Atraso: ensaios de sociologia da história lenta.* 2ª ed. São Paulo: Hucitec, 1999.

_____. *O Cativeiro da Terra.* São Paulo: Hucitec, 1986.

MATTOS, Ilmar Rohloff. *O Tempo Saquarema: a formação do Estado Imperial.* São Paulo: Hucitec, 1990.

MELLO, Barão Homem de. "Biografia do Visconde de Beurepaire Rohan." *Revista do IHGB,* 1899 p. 199-227.

MELLO, João Cardoso Manuel de. *O Capitalismo Tardio.* 9ª ed. São Paulo: Brasiliense, 1994 (182p.)

MELO, Evaldo Cabral de. *O Norte Agrário e o Império.* Rio de Janeiro: Nova Fronteira, 1984.

MERCADANTE, Paulo. *A Consciência Conservadora no Brasil*. Rio de Janeiro: Nova Fronteira, 1980

MONBEIG, Pierre. *O Brasil*. 6ª ed. São Paulo: Difel, 1985.

MONBEIG, Pierre. *Pioneiros e Fazendeiros de São Paulo*. São Paulo: Hucitec/Polis, 1984.

MORAES, Antonio Carlos Robert. *Bases da Formação do Brasil: o território colonial brasileiro no "longo" século XVI*. São Paulo: Hucitec, 2000.

_____. *A Gênese da Geografia Moderna*. São Paulo: Hucitec, 1989.

_____. *Ideologias Geográficas*. São Paulo: Hucitec, 1988.

_____. *Território e História no Brasil*. São Paulo: Annablume/Hucitec, 2002.

_____. "O Sertão: um 'outro' geográfico." *Revista Terra Brasilis – Território*, ns. 4 e 5. Rio de Janeiro, 202-2003 p. 11-23

MORRIS, Arthur S. "Sociedad, Economía y Estructura Geográfica en Iberoamérica." In: GEOCRÍTICA – Cuadernos Críticas de Geografia Humana. Ano III, n. 16, julho 1878.

MOTA, Carlos Guilherme (org.). *Brasil em Perspectiva*. 19ª ed. Rio de Janeiro: Bertrand, 1990.

MUNTEAL FILHO, Oswaldo. "Política e Natureza no Reformismo Ilustrado de D. Rodrigo de Souza Coutinho." In: PRADO, Maria Emília (org.) *O Estado como Vocação: ideias e práticas políticas no Brasil oitocentista*. Rio de Janeiro: Access, 1999 p. 81-110

NAGAMINI, Marilda. "Engenharia e Técnicas de Construções Ferroviárias e Portuárias no Império". In: VARGAS, Milton (org.). *História da Técnica e da Tecnologia no Brasil*. São Paulo: Editora Unesp/CEETEPS, 1994 p. 131-161.

NEVES, Margarida de. "A 'Machina' e o Indígena: O Império do Brasil e a Exposição Internacional de 1862." In: HEIZER, Alda e VIDEIRA, Antonio Augusto Passos (orgs.). *Ciência, Civilização e Império nos Trópicos*. Rio de Janeiro: Access, 2001 p. 173-206.

NOVAIS, Fernando e MOTA, Carlos Gulherme. *A Independência Política do Brasil*. 2ª ed. São Paulo: Hucitec, 1996.

PÁDUA, José Augusto. *Um Sopro de Destruição: pensamento político e crítica ambiental no Brasil escravista* (1776-1888). Rio de Janeiro: Zahar, 2002.

PAIM, Antônio. *História das Ideias Filosóficas no Brasil*. São Paulo: Grijalbo, 1967.

PEREIRA, José Veríssimo da Costa. "A Geografia no Brasil." In: AZEVEDO, Fernando de (org.) *As Ciências no Brasil*. vol. I, 2ª ed. Rio de Janeiro: Editora da UFRJ, 1994.

PIMENTA, João Paulo Garrido. *Estado e Nação na Crise dos Impérios Ibéricos do Prata (1808-1828)*. Dissertação de Mestrado em História, FFLCH/USP, São Paulo, 1998.

_____. *Estado e Nação na Crise dos Impérios Ibéricos do Prata (1808-1828)*. São Paulo: Hucitec/Fapesp 2002.

PINTO, Vírgilio Noya. "Balanço das Transformações Econômicas no Século XIX." In: MOTA, Carlos Guilherme. *Brasil em Perspectiva*. 19ª ed. Rio de Janeiro: Bertrand, 1990 p. 126-181.

PLANOS *de Viação: evolução histórica (1808-1973)*. Rio de Janeiro: Conselho Nacional de Transportes/Ministério dos Transportes, 1973

PRADO JUNIOR, Caio. *História Econômica do Brasil*. 37ª ed. São Paulo: Brasiliense, 1976 (364p.)

_____. *Evolução Política do Brasil*. 12ª ed., São Paulo: Brasiliense, 1980.

_____. *Formação do Brasil Contemporâneo*. São Paulo: Brasiliense/Publifolha, 2000.

RAFFESTIN, Claude. *Por Uma Geografia do Poder*. São Paulo: Ática, 1993.

RAICH, Esther Vidal. "El problema del ancho de via en los ferrocarriles españoles." In: *Suplemento Anthropos*, 43, Antologia de Problemas Territoriales. Barcelona, abril de 1994, p. 121-129.

RODRIGUES, Jaime. *O Infame Comércio: propostas e experiências no final do tráfico de africanos para o Brasil (1800-1850)*. Campinas: Editora Unicamp/CECULT, 2000.

SAES, Décio. *A Formação do Estado Burguês no Brasil (1888-1891)*. 2ª ed. Rio de Janeiro: Paz e Terra, 1985.

SAES, Flávio Azevedo Marques. *As Ferrovias de São Paulo (1870-1940)*. São Paulo/Brasília: Hucitec/INL; 1981.

SANTOS, Milton e SILVEIRA, Maria Laura. *O Brasil: território e sociedade no início do século XXI*. 4ª ed. Rio de Janeiro/São Paulo: Record, 2002.

SANTOS, Milton. *Técnica, Espaço, Tempo: globalização e meio técnico-científico informacional*. São Paulo: Hucitec, 1994.

_____. *A Natureza do Espaço: técnica e tempo, razão e emoção*. São Paulo: Edusp, 2002.

_____. *Espaço e Sociedade*. 2ª ed. Petrópolis: Vozes, 1982

_____. *Por uma outra Globalização*. São Paulo/Rio de Janeiro: Record, 2000.

SANTOS, Paulo. *Formação de Cidades no Brasil Colonial*. Rio de Janeiro: Editora da UFRJ, 2001

SANTOS, Sydney M. G. dos. *André Rebouças e Seu Tempo*. Rio de Janeiro, 1985

SCHWARCZ, Lilia Moritz. *O Espetáculo das Raças*. São Paulo: Companhia das Letras, 1993.

_____. *Os Guardiões da nossa história oficial: os institutos históricos e geográficos brasileiros*. Série História das Ciências Sociais, n. 9. São Paulo: Idesp, 1989.

_____. *As Barbas do Imperador: D. Pedro II, um monarca nos trópicos*. São Paulo: Companhia das Letras, 1998.

SEEMANN, Jörn. *Linhas Imaginárias na Cartografia: a invenção do primeiro meridiano*. Crato, mimeo, 2003

SILVA, Moacir Malheiros Fernandes. *Geografia dos Transportes no Brasil*. Biblioteca Geográfica Brasileira, Série A, Publicação n. 7. Rio de Janeiro: IBGE, 1949.

_____. "Expansão dos Transportes Interiores (alguns planos de viação, à luz da geografia)". *Revista Brasileira de Geografia*, Ano 9, n. 3. Rio de Janeiro, CNG/IBGE, julho/setembro de 1947, p. 57-102.

SILVA, José Luiz Werneck da. "A Sociedade Auxiliadora da Indústria Nacional, matriz do Instituto Histórico." In: WEHLING, Arno (coord.) *Origens do Instituto Histórico e*

Geográfico Brasileiro: ideias filosóficas e sociais e estruturas de poder no Segundo Reinado. Rio de Janeiro: IHGB, 1989, p. 11-20.

SOUSA NETO, Manoel Fernandes de. *Senador Pompeu: um geógrafo do poder no Império do Brasil.* Dissertação de Mestrado, São Paulo, FFLCH/USP, 1997.

SOUZA, Candice Vidal e. *A Pátria Geográfica: sertão e litoral no pensamento social brasileiro.* Goiânia: Editora da UFG, 1997.

STAR, John T. e SLACK, Brian. "Porto como porta de entrada: discutindo a concepção tradicional." In: Coleção Espaço e Desenvolvimento. Rio de Janeiro: DP&A, 1999.

SILVA, Gerardo e COCCO, Giuseppe (org.). *Cidades e Portos: os espaços da globalização.* Coleção Espaço e Desenvolvimento. Rio de Janeiro: DP&A, 1999, p. 195-208.

STRAFORINI, Rafael. *No Caminho das Tropas.* Sorocaba: TCM, 2001.

SUZIGAN, Wilson. *Indústria Brasileira: origem e desenvolvimento.* São Paulo: Hucitec/ Campinas: Editora Unicamp, 2000.

SWYNGEDOUW, Erik. "Neither Global nor Local: 'glocalization' and the politics of scale". In: FOX, Kevin R (org.) *Spaces of Globalization: reasserting the power of the local.* Nova York/Londres: Guilford Press, 1999 p. 137-166.

TELLES, Pedro Carlos da Silva. *História da Engenharia no Brasil: séculos XVI a XIX.* 2ª ed. Rio de Janeiro: Clube de Engenharia, 1994.

TORRES, Diana Obregón. *Sociedades Científicas en Colombia: la invención de una tradición (1859-1936).* Bogotá: Banco de la República, 1992.

TRAVASSO, Mário. *Introdução às Vias de Comunicação no Brasil.* Coleção Documentos Brasileiros, n. 33. Rio de Janeiro: José Olympio, 1942.

TURAZZI, Maria Inez. "Exposição de Obras Públicas de 1875 e os 'produtos da ciência do engenheiro, do geólogo e do naturalista'." In: HEIZER, Alda e VIDEIRA, Antonio Augusto Passo (org.) *Ciência, Civilização e Impérios nos Trópicos.* Rio de Janeiro: Access, 2001 p. 145-163.

TURAZZI, Maria Inez. *A Euforia do Progresso e a Imposição da Ordem: a engenharia e a organização do trabalho na virada do século XIX ao XX*. Rio de Janeiro/São Paulo: COPPE/Marco Zero, 1989.

VARGAS, Héctor Mendonza. "Los Ingenieros Geógrafos de México: los orígenes académicos y los desafíos del siglo XIX." *Revista Terra Brasilis*, n. 3. Rio de Janeiro, 2001 p. 113-150.

WALLERSTEIN, Immanuel. *O Fim do Mundo Como o Concebemos: a ciência social para o século XXI*. Tradução de Renato Aguiar. Rio de Janeiro: Revan, 2002.

WITROW, G. J. *O Tempo na História: concepções do tempo da pré-história aos nossos dias*. Tradução de Maria Luiza de A. Borges. Rio de Janeiro: Zahar, 1993.

ZUSMAN, Perla Brígida. *Tierras para El Rey*. Tese de Doutorado, Barcelona, Universidade Autônoma, 2000.

_____. *Sociedades Geográficas na promoção do saber a respeito do território: estratégias políticas e acadêmicas das instituições geográficas na Argentina (1879-1942) e no Brasil (1838-1945)*. Dissertação de Mestrado, São Paulo, FFLCH/USP, 1996.

Fontes

ALMANAK LAEMMERT. Rio de Janeiro, 1882

BICALHO, Honório. *Estudos Sobre a Largura das Bitolas e a Resistência dos Trens*. Rio de Janeiro: Typographia do Globo, 187.

BICALHO, Honorio. *Rede Geral de Communicações*. Projecto apresentado a S. Ex. Sr. Conselheiro José Antonio Saraiva, Presidente do Conselho de Ministros e Secretario de Estado dos Negocios da Fazenda e interino dos da Agricultura, Commercio e Obras Publicas. No Terceiro Volume de Annexos ao Relatorio apresentado a Assembléa Geral na Primeira Sessão da Decima Oitava Legislatura. Rio de Janeiro: Typographia Nacional, 1882 p. 3-18

BRASIL. Relatórios do Ministério da Agricultura, Comércio e Obras Públicas, 1861 a 1886.

BULHÕES, Antonio Maria de Oliveira *et al. Parecer Apresentado ao Primeiro Congresso das Estradas de Ferro do Brazil pela Commissão de Viação Geral do Imperio.* Rio de Janeiro: Clube de Engenharia, Typographia Cruzeiro, 1882.

FUNDO FAMÍLIA BICALHO, Arquivo Nacional.

MORAES, Eduardo José de. *Navegação Interior do Brasil. Notícia dos projetos apresentados para a junção de diversas bacias hidrográficas do Brasil ou Rápido Esboço da Futura Rede Geral de Suas Vias Navegáveis.* Rio de Janeiro: Typ. Montenegro, 1894.

MORAES, Eduardo José de. *Via de Communicação para Matto Grosso.* Rio de Janeiro: Typographia Comercial, 1873.

OTTONI, Cristiano Benedito. *O Futuro das Estradas de Ferro no Brazil.* Rio de Janeiro: Tipographya Nacional, 1859.

QUEIROZ, João Ramos de. *Esboço de um Plano de Viação Geral para o Império do Brazil.* Rio de Janeiro, 1882.

REBOUÇAS, André Pinto. *Garantia de Juros: estudos para sua applicação ás emprezas de utilidade publica no Brazil.* Rio de Janeiro: Typographia Nacional, 1874.

REBOUÇAS, André. *Agricultura Nacional: estudos econômicos.* Rio de Janeiro: A. J. Lamoreux e Co., 1883.

Revista O Auxiliador da Indústria Nacional – AIN, ano II, n. 3. Rio de Janeiro: SAIN, 1834 p. 88-95

RIBEIRO, Duarte da Ponte. *Exposição dos Trabalhos Históricos, Geographicos e Hydrographicos que serviram de base á Carta Geral do Imperio exhibida na Exposição Nacional de 1875* pelo conselheiro Barão da Ponte Ribeiro. Rio de Janeiro: Typographia Nacional, 1876.

ROHAN, Henrique Beaurepaire. *Estudos Acerca da Organização da Carta Geographica e da História Physica e Politica do Brazil.* Rio de Janeiro: Typographia Nacional, 1877.

SILVA, Rodrigo Augusto da. *Plano Geral de Viação.* In: *Relatório do Ministério da Agricultura, Comércio e Obras Públicas,* 1886 p. 174-178.

_____. *Relatório da Comissão da Carta Geral do Império.* Rio de Janeiro, 1875 p. 30

_____. *Relatório Final da Comissão da Carta Geral do Império* apresentado ao Ministério da Agricultura, Commercio e Obras Publicas. Rio de Janeiro: Typographia Nacional, 1878 64p.

Documentos Cartográficos

CARTA DA REPÚBLICA DOS ESTADOS UNIDOS DO BRASIL. Escala 1:5.000.000. Rio de Janeiro, Litógrafo Paulo Robin, 1892 [mapa colorido nas dimensões de 94x97 cm]. *Arquivo Nacional, Fundo/Coleção Ministério da Viação e Obras Públicas, Código do Fundo 4Y, mapa 70.*

CARTA DO IMPÉRIO DO BRASIL. Em escala de 1:3.710.220. Convenções: Capital, cidade, vila, povoados. Fortaleza. Estradas de Ferro construídas, Estradas de Ferro projetadas [Carta somente em preto e com 4 folhas de 64x67 cm]. Rio de Janeiro, Instituto Heliográfico A. Henschel, 1875. *Arquivo Nacional, Fundo/Coleção Ministério de Viação e Obras Públicas, Código do Fundo 4Y, mapa 43.*

CARTA DO IMPÉRIO DO BRASIL. Escala 1:5.000.000. Rio de Janeiro, Litografado por Paulo Robin, 1883. *Arquivo Nacional, Fundo/Coleção Particular, Código do Fundo 50, mapa 12.*

Esta obra foi impressa em Santa Catarina no outono
de 2012 pela Nova Letra Gráfica & Editora. No corpo
do texto foi utilizada a fonte Adobe Garamond Pro
em corpo 10,5 e entrelinha de 14 pontos.